本书系国家社科基金项目
（批准号：12BYY125）研究成果。

认知时间词义学

肖燕 著

中国社会科学出版社

图书在版编目（CIP）数据

认知时间词义学/肖燕著. —北京：中国社会科学出版社，2022.8
ISBN 978-7-5227-0442-5

Ⅰ.①认… Ⅱ.①肖… Ⅲ.①名词—语义学 Ⅳ.①H042

中国版本图书馆CIP数据核字（2022）第117875号

出 版 人	赵剑英
责任编辑	王小溪
责任校对	师敏革
责任印制	戴 宽
出 版	中国社会科学出版社
社 址	北京鼓楼西大街甲158号
邮 编	100720
网 址	http://www.csspw.cn
发 行 部	010-84083685
门 市 部	010-84029450
经 销	新华书店及其他书店
印 刷	北京君升印刷有限公司
装 订	廊坊市广阳区广增装订厂
版 次	2022年8月第1版
印 次	2022年8月第1次印刷
开 本	710×1000 1/16
印 张	21.25
插 页	2
字 数	338千字
定 价	108.00元

凡购买中国社会科学出版社图书，如有质量问题请与本社营销中心联系调换
电话：010-84083683
版权所有 侵权必究

序

应重庆师范大学肖燕教授之邀，为其新著《认知时间词义学》作序，无比高兴。本书是她继《时间的概念化及其语言表征研究》（由博士学位论文修改而成）完成后，继续深入研究时间这一范畴的相关议题，在知识储备颇丰的基础上获得国家社科基金资助，完成的又一力作。阅后，喜见认知时间词义学的理论建构日趋完善，对于认知语言学的范畴研究来说，也是一大贡献。本书以认知语言学为本，在时间范畴研究的理论建构、时间语言语料剖析、时间词汇语义系统性特征考察等方面有突出特色。

首先，本书体现了认知时间词义学研究的跨学科性。就时间概念的研究而言，西方哲学和认知心理学已有较系统的研究，而且或多或少与语言有联系。哲学的时间研究有悠久的历史和丰富的成果，本体论对时间真实性的讨论，永恒论者和现实论者都承认这种语言所描述的真值所在，Baker 和 Sider 在讨论时间时认为，无论过去的存在之物还是现存之物，都体现出其时间性。存在主义哲学的时间概念和时间思维表征是隐喻的，对时间的讨论就是对存在的讨论。特别是海德格尔的存在哲学对人的存在与时间的关系有深入的论述。认知科学做到了对时间思维的精确测量，认知心理学对时间思维的分析也从时间的知觉实验研究发展到对时间的隐喻思维的研究，其学术意义上的时间河流隐喻对后来认知语言学的时间自我中心隐喻认知模型的建构具有深远影响。

其次，本书对时间范畴研究的理论建构完整而稳固。本书对认知语言学的概念化理论（如概念隐喻和概念转喻、隐转喻和意象图式理论）都有明晰的阐释，对这些理论与时间思维和时间词汇语义的关系也有充分的阐释。特别是对时间隐喻和转喻的类型的考察不仅展现出时间语言特征，也展现了人类时间认知的特点与抽象思维的隐喻性和转喻性。时间的各种意义都具有典型性，通过隐喻思维，时间成为可以想象、可以交流、可以相互谈论、可以借用、可以消费的各种实体。基于范畴转移隐喻映射原理，时间、空间范畴和资源范畴的映射充分地表达了人类生活经历中的时间体验。时间转喻和隐转喻的语言特色考察则进一步拓展了时间概念化的词汇语义诠释。

再次，对时间思维主观性的语言表现形式的考察结合了时间认知模型和时间参照框架，具有系统性。在对主观性时间参照框架和客观性时间参照框架考察的基础上，肖燕发现无论选择哪种时间参照框架，时间认知和时间表征都呈现出主观性，只是程度有所不同。在此过程中，人类自身并没有刻意付出认知努力，而是自动无意识地使用指示性或非指示性参照框架，这种无意识选择却体现了不同的主、客观性。非指示性并列参照框架用于表达时间时，一般只涉及时间与外部事物，或者两个相关的时间，说话人对过去和未来的理解是以两个相关时间实体的相互参照实现的，时间的表征有较强的客观性。说话人使用指示性参照框架时把自己置于显性的场景中，是绝对的认知主观性。但总的来说，无论说话人使用哪一个参照框架，他都会选择一个最佳视点来观察和描述相关的时间或事件，因此，即使是非指示性并列参照框架，其表达时间也有一定主观性。

最后，对时间思维的语言文化类型特点的深入考察。通过对汉语"前—后"时间图式和"上—下"时间图式的分析，肖燕发现在时间认知表征时自我中心的指示性参照框架和非指示性参照框架对两者都有使用，时间的语义的识解可以根据上下文进行判断。而英语的 before 和 after 时间图式主要使用非指示性参照框架，描述了时间和事件的先后顺序。Up-down 图式一般用来描述垂直空间方位或方向，偶尔也用来表达时间。在表达时间概念时，时间的方向和方位与汉语一样，过去在上，未来在下。在表达运动的时间时，时间运动的方向与汉语表达的垂直时间方向有所不同，英语中的垂直时间既可以自上而下运动：时间从过去自上面运动到现在，也可以自下而上运动：时间从未来自下面运动到现在。

在认知语言学的时间范畴研究方面，时间的词汇语义研究仍然处于初始阶段。我相信，《认知时间词义学》的出版必将为该领域研究注入新的活力，带来众多期盼。诚然，时间是一个复杂的概念和范畴，涉及的学科多，研究的内容广，有关时间的很多议题还需要进一步探索，如时间的空间识解的语言类型学研究的多语种考察、时间的历时语言学研究和时间的意象图式研究的拓展等。希望肖燕百尺竿头更进一步，在时间研究领域取得更多、更辉煌的成就！

是为序。

文旭

于西南大学

2021 年 8 月 16 日

目录

前 言 ··· 1

第一章 引论 ·· 1

1　时间的语言学研究基础 ·· 1
2　时间词义学的认知语言学研究视角 ·· 5
3　本书的研究方法 ·· 7
4　本书主要内容 ·· 10

第二章 时间词义学的跨学科研究基础 ·· 14

1　引言 ·· 14
2　隐喻与哲学时间 ·· 14
3　隐喻认知观与时间表征 ·· 19
4　时间作为概念和范畴的语言学研究 ·· 21
5　小结 ·· 31

第三章 理论前提 ·· 32

1　引言 ·· 32
2　时间表征的基础条件 ·· 33
3　概念隐喻、语言表达与思维机制 ·· 35

4　概念转喻：概念与思维机制 · 47
　　5　隐转喻理论：互动中的融合 · 59
　　6　意象图式 · 64
　　7　小结 · 71

第四章　概念与时间概念 · 73

　　1　引言 · 73
　　2　关于概念的概念 · 74
　　3　概念的功能特征 · 80
　　4　概念（化）与范畴（化） · 82
　　5　概念、思想与语言 · 84
　　6　概念、认知与词汇语义 · 86
　　7　时间的词义概念 · 87
　　8　时间概念表征 · 90
　　9　时间的属性与词义表征 · 96
　　10　小结 · 109

第五章　时间与空间 · 111

　　1　引言 · 111
　　2　时间与空间的相似性 · 112
　　3　概念和范畴的相互关系 · 117
　　4　维度关联 · 119
　　5　时空构想 · 121
　　6　隐喻联系 · 123
　　7　小结 · 132

第六章　时间概念化表征机制 · 133

　　1　引言 · 133
　　2　时间隐喻认知与词汇语义表征 · 134

  3　时间转喻认知与词汇语义表征 ……………………………………… 153

  4　时间隐转喻认知与词汇语义表征 …………………………………… 182

  5　小结 …………………………………………………………………… 193

第七章　时间参照框架与时间表征的主观性 …………………………… 196

  1　引言 …………………………………………………………………… 196

  2　时间参照框架 ………………………………………………………… 196

  3　时间参照框架与时间表征 …………………………………………… 211

  4　小结 …………………………………………………………………… 218

第八章　时间认知与表征：来自身体的影响 ……………………………… 219

  1　引言 …………………………………………………………………… 219

  2　时间的自我中心模型 ………………………………………………… 220

  3　时间词汇语义的隐喻性 ……………………………………………… 221

  4　时间性与时间词汇语义 ……………………………………………… 229

  5　身体意识与时间词汇语义表征 ……………………………………… 232

  6　小结 …………………………………………………………………… 244

第九章　线性时间思维的空间性 …………………………………………… 245

  1　引言 …………………………………………………………………… 245

  2　时间轴线表征的空间思维 …………………………………………… 246

  3　线性时间思维及其表征的特点 ……………………………………… 253

  4　小结 …………………………………………………………………… 264

第十章　线性时间思维表征的英汉语言类型差异 ……………………… 266

  1　引言 …………………………………………………………………… 266

  2　空间—时间图式的词汇语义表征 …………………………………… 266

  3　时间—空间图式：时间方位与参照框架的选择 …………………… 279

  4　上—下图式：垂直时间隐喻的语言文化特征 ……………………… 288

  5 小结 ··· 292

第十一章 认知时间词义学：成就与未来 ····························· 294
  1 认知语言学时间范畴研究基础与视野 ································· 294
  2 认知时间词义学研究的成就 ·· 296
  3 认知时间词义学研究的前景 ·· 300

参考文献 ··· 302

图目录

图 3.1	转喻分类	54
图 5.1	联系图式：时间与空间	123
图 6.1a	时间前后序列	162
图 6.1b	时间顺序模型	162
图 6.2	时间和事件的参照点转喻	170
图 6.3	转喻与隐喻的概念互动	187
图 6.4	转喻隐喻连续式的语义延伸	189
图 6.5a	时间隐转喻并列式	192
图 6.5b	隐喻和转喻并列式：复合语义的形成	192
图 7.1	时间运动的顺序	204
图 7.2	指示性时间参照中的观察者视角	207
图 7.3	说话人（观察者）的最佳视点	211
图 8.1a	运动的自我	223
图 8.1b	运动的时间	223
图 8.2	时间（事件）的顺序	230
图 8.3	北斗卫星发射的时间顺序	230
图 8.4	事件的顺序	231
图 8.5	观察者与"运动的时间"	236
图 8.6	"运动的自我"认知模型	241
图 9.1	空间—时间图式：水平时间隐喻	248
图 9.2	空间—时间图式：垂直时间隐喻	249
图 9.3	侧轴时间线	253
图 9.4	"左右"与"前后"时间关系	253
图 10.1a	时间轴线上的位置顺序：春分在夏至之前	281
图 10.1b	时间轴线上的运动关系：夏至快到了	282
图 10.2	汉语的垂直时间的方位与方向	289
图 10.3	英语的垂直时间的方位与方向	291

表目录

表号	标题	页码
表 3.1	*Anger is heat of a fluid*：本体相关性	39
表 3.2	*Anger is heat of a fluid*：认识相关性	39
表 5.1	此、彼、这、那与 *here*、*there*、*now*、*next* 的时间和空间描述	115
表 5.2	空间—时间隐喻映射关系	127
表 6.1	*time* 与 *go* 和 *come* 的空间运动频度例示	138
表 6.2	资源/商品与时间映射类型	139
表 6.3	距离隐喻时间例示	146
表 6.4	"远"（*far*）、"近"（*near*）的时间用法频度与频率	148
表 6.5	时间的事件性与时间存在的方式	157
表 6.6	全球主要城市时区时差转换计算表	182
表 7.1	时间副词或介词表达的时间	205
表 8.1	空间与时间映射及投射	222
表 8.2	"身体部位词+方位词"表示的时间	234
表 9.1	*up* 和 *down* 的时间使用频率例示	250
表 10.1	时间频度与频率："前"与"后"	269
表 10.2	*before* 和 *after* 的时间频率	272
表 10.3	时间频度与频率："上"与"下"	273
表 10.4	汉语水平时间与垂直时间使用频率	276
表 10.5	英汉语水平时间隐喻使用频率	278

前　言

　　认知语言学的时间范畴和概念承续了哲学和认知心理学关于时间的基本理念，认为时间是人类认知世界的基本概念和范畴，时间认知与人类的经验现实直接相关。人对时间的体验离不开客观世界，特别是与空间和事件体验联系密切。因此，时间的空间性和事件性是时间隐喻和转喻最显著的特征。在时间和空间的隐喻映射中，空间中的物体特别是运动的物体映射到时间范畴后，时间具有了方向性、不可逆性、持续性和可测量性等特征。

　　本书对时间的词汇语义探讨在理论渊源上依据认知语言学的意象图式和概念化理论，以此为基础建构了认知语言学的时间词义学研究框架。在方法上使用了描述性方法和基于语料库方法。在语料的选择上，取用权威语料库如 CCL 语料库、BNC 语料库、COCA 语料库的语言素材以及各种实时媒体和文学作品语料作为例证文本，遵循概念隐喻及意向图式隐喻、概念转喻等理论原则，从语言本体视角分析了时间的词汇语义特征及其时间的认知机制。简言之，本书从时间认知的概念化表征、时间认知的主观性特点、时间认知与人的关系、时间认知表征的语言与文化属性等方面进行了考察。主要内容包括以下几个方面。

　　第一，时间属性对时间隐喻表征的影响研究。一维性和不可逆性特征使时间变得非常珍贵，成了有价值的资源或物品，因此时间获得了商品意义，可以被拥有、被消费、被赠送甚至被储存。同时，时间的一维性和无限流逝性带来的变化不可逆转，这种变化使时间被隐喻为一个具有无比力量的实体，有行动力，可以对自然和人类有所作为。时间的矩阵意义和无限流逝性在表达时间无限性的同时，也因为时间的事件性把时间限定在空间内发生、发展并终止。时间的空间性使时间与空间一样具有了点、线、面。因此，时间被隐喻为容器或平面，如英语中用 in、on、at 等表达的时间；时间也被隐喻为空间距离，如汉语的"长""短"和英语的 long、short 表达的时间，它们很多是广为接受的常规隐喻，也是意象图式隐喻，在 CCL 语料库和 BNC 语料库有较高的使用频率（例如，"长时间"：5.87%，"短时间"：1.79%，"一段时间"：6.79%，"*long time*"：3.24%，"*short time*"：1.02%）。

第二，时间的空间隐喻识解的认知普遍性研究。人类的空间具身经验决定空间性时间的构想方式与特征，主要包括以下几点。

一是时间与空间的映射在时间构想和表征中表现为线性时间，有存在的方位和运动的方向。空间中运动的物体在时间范畴是运动的时间，静止的拓扑空间在时间认知模型中表现为静止的时间线或面。

二是时间与空间映射的不对称与人体结构特点相关。通过空间和时间映射，时间获得的特征是直线性而非弧线性的，但空间中物体的弧线形运动无法映射到时间范畴，人逆向行走也不能映射到时间范畴，从生物体的解剖原理看，人体结构和身体朝向决定其向前直行更自然，方向更准确，无须付出认知努力，空间和时间映射的不完全对称也是人的前后运动的不对称性所致，因此，空间更多地用来隐喻时间。

三是时间运动的方向和存在的方位取决于观察者的身体朝向和观察视角，即使非自我中心的 B 系列时间表征也有一个观察时间的最佳视点。因此，无论是运动的时间还是运动的自我时间认知方式，时间的存在与运动都与人的存在相关。

第三，转喻和隐转喻是时间概念化中不可或缺的认知表征手段。人类认知具有转喻性属性，时间认知与转喻认知是相似的概念化过程，它主要与事件、空间运动以及其他相关事物发生转喻联系，包括事件与时间转喻、空间与时间转喻、活动内容转喻活动时间、时间特征转喻时间概念、实物转喻时间概念、整体时间与部分时间转喻等几种时间转喻类型。

事件与时间转喻包括嵌入式转喻和指称参照点转喻。任何事件都有开始和结束的时间，在某个时间点发生并在一个时间段内持续，是嵌入时间中的有界事件，这种内在转喻联系是一种嵌入式转喻。另外，时间与事件转喻中的两个实体的联系基于相似性，转喻与其所指之间总有一种联系的纽带，转喻也是两个概念之间的推理关系。根据 Langacker（1993）、Pankhurst（1994）的转喻推理观，源概念为理解目标概念提供了一个指称参照点，是指称参照点转喻。时间与事件概念性转喻联系是在对事件因素认知过程中自然产生的，时间实体与事件实体融为同一图式后，时间和事件二者互相指代，时间或事件都可以成为一个参照点，为识解另外一个实体提供心理通道。

时间与空间共存于一个四维时空连续体中，它们之间的维度关联也是一种邻接性，是一种潜在转喻联系。包括时间的空间识解和空间的时间识解两种转喻形式。一是空间距离与时距转喻。时间借助空间距离的量化使时间事件从开始到结束也可以在一定程度上量化，这种量化通过在机械钟表上的数字距离与空间测量的距离单位之间的匹配变得精确化，是距离转喻时间的物化标志。二是时距转喻空间距离。人类的日常活动与时间的联系更紧密，更容易意识到时间的存在，而空间距离的记忆需要付出更多的认知努力，因此，认知从简倾向性使我们更趋向于用时距转喻空间距离，这就是为什么我们知道"从 X 地坐火车到 Y 地要一个小时"，但很少有人记住 X 地到 Y 地的距离有多少公里。活动总是发生在一定的时间和空间范围，活动时间包含了特定空间中所发生的活动，某个活动的时间实际上指代了活动内容和过程。例如，"交谈了一个小时"中，"一个小时"是一个包容性器皿，容纳了这段时间内的谈话活动，参与交际的人通过转喻思维把活动实体和活动时间结合起来，形成活动实体与活动时间之间的转喻关系。

无论概念的抽象程度如何，都会显露一定的特征。这些特征也代表这个概念，因此特征可以转喻概念。时间概念可以具体到一个时间点或时间段（时点与时距），而我们经历的时间段，比如自然时节，一般具有标记性特征，这些季节里的某个或某些特征常用来转喻具有这些特征的某个时间，即特征转喻范畴或概念。计时仪器（如古代的沙漏和日晷、现代的机械钟表和电子计时器）等实物都是抽象时间概念的象征，是人类转喻思维的体现。在具体语境中，钟表类实物和电子计时方法都可以代表时间概念，时间等同于时钟等实物，因此时钟类实物可以转喻时间，或者时间转喻时钟类实物。范畴是由部分组成的整体结构，时间范畴也不例外，不同的时间段组成一个整体时间。每天的早、中、晚阶段合起来是一整天时间，每月的上、中、下旬，每年的四季等加在一起都是部分时间与整体时间的关系。这些部分常用来指它们代表的某个整体时间，形成部分时间与整体时间之间的转喻关系。

在认知思维中，隐喻和转喻区分有时并不明显，会在认知操作中形成一个隐喻和转喻连续体，在这个过渡领域，隐喻一端是多层对应映现，起建构认知域的作用，转喻一端是单一对应映现，起指称作用。时间概念化认知表征中的隐喻和转喻与其他自然范畴一样，存在成员归属的等级性和范畴边界模糊性，因此，隐喻转喻连续体在时间概念化中也常常出现。包括三种情况。

一是由转喻引发的隐喻。转喻和隐喻两种语义延伸先后发生，从语言形式上看，时间转喻首先产生，然后引发隐喻联想，在时间认知模型中，从转喻到隐喻又连接起一个多义网络。

二是隐喻引发的转喻。时间表征中有较多常规隐喻，在时间信息的认知过程处理中会引发转喻，例如，*round the clock* 的理解是首先取其隐喻意义（"夜以继日地工作"），其中的 *clock* 联系思维中的时间，联想到 *clock* 的所指，是实物（时钟）转喻"概念"（时间）的时间转喻，整体而言，隐喻中产生了转喻。

三是隐喻和转喻并列发生。时间识解中隐喻和转喻可能会交替出现，先后的顺序并不明显，它们共同建构某个时间概念的复合语义。由于没有先后之分，隐喻和转喻是一种并存关系，先后选择表现了识解人的认知倾向性。隐喻和转喻的交替出现也是两个不同的语义重建过程：先隐喻后转喻是隐喻中产生转喻的语义建构过程，先转喻后隐喻是转喻中产生隐喻的语义建构过程。

第四，时间认知和时间表征的主观性研究。时间的静止或运动都是主观想象，是一种隐喻思维，它可以被隐喻为运动或者静止的物体，语言表征依赖时间参照框架。由于时间认知是一种自动无意识性，在表征时间时会自动选择使用指示性或非指示性参照框架，体现了不同的主、客观性。指示性参照框架表达未来和过去概念时，说话人把自己置于显性场景中，对时间的认知和表征都以自我为中心，这种认知方式是一种心理时间旅行，是绝对的认知主观性。非指示性并列参照框架表征的时间只涉及两个相关的时间，说话人对时间的理解以这两个实体互为参照。虽然非指示性参照框架表征的时间有较强的客观性，但说话人会选择一个最佳视点来观察和描述相关的时间或事件，因此，时间的认知和表征都具有主观性。

第五，时间认知及其表征的语言文化属性研究。人类的时间思维方式主要是线性的，时间思维和时间表征中有前后定位的水平时间轴线，也有上下定位的垂直时间轴线和左右定位的边轴时间线。由于时间的一维性特征与人类时间认知的方向性具有一致性，因此在时间认知表征中，水平轴线的使用更具普遍性。在语言表达线性时间概念中，虽然英语和汉语的线性时间表征存在差异性，但也有较大趋同性，即二者都是线性隐喻思维，都借助空间词汇表达时间概念。以汉字"前""后""上""下"和英语的 *before*、*after*、*behind*、*ahead* 以及 *up*、*down* 为例，它们组成的时间词语的使用频率和在 CCL 语料库选取表达时间用法频率在 COCA、BNC 和 CCL 语料库的对比，发现两种语言的线性时间思维表征有如下特征。

一是汉语和英语线性时间表征都以水平时间词汇为主。"前""后"在汉语中为空间和时间共用词汇，CCL 语料库中的使用情况看，时间用法明显多于空间用法，为 63%，说明汉语本族语者的水平时间思维较普遍。英语语言的发展已经让水平时间词汇从空间语义中分离出来，有了 *before* 和 *after* 专门描述时间，*in front of* 和 *behind* 主要用于描述空间，*before* 和 *after* 用于表征时间的使用频率高达 95.6%，进一步证实了英语本族语者水平时间思维的普遍性。

二是汉语和英语水平线性时间表征中的参照框架使用有很大的趋同性，但也有一定差异。从"前""后"在 CCL 语料库的使用情况看，表达时间概念时，自我中心的指示性参照框架和非指示性参照框架都有使用，语义的识解可以根据上下文进行判断。当观察者把自己置于时间事件的场景中时，使用指示性参照框架，"前""后"与观察者身体方向有直接关系，例如，时间隐喻"前面的路还很长"。但当"前""后"用于描述两个相关的时间事件时，时间与观察者身体方向没有直接关系，如"放假前"，这种用法与英语的 *before* 和 *after* 表征水平时间方位一样，中心参照点是某个时间或事件，不使用自我中心的指示性时间参照框架，而是使用非指示性参照框架。总之，

"前""后"和 before、after 表征的时间方位不一定指示未来和过去的方位，它们更多的表示时间和事件的先后顺序。

三是汉语表征垂直方位的词汇也用于表征线性时间。虽然垂直时间隐喻思维不如水平时间思维普遍，但"上"和"下"在 CCL 语料库中用于描述时间的频率仍然分别有 13% 和 5.3%。垂直时间表达的方向或方位中，静止的时间可以指示方位顺序：过去的时间为上，未来的时间为下，或者早先的时间在上，晚些的时间在下。表达时间运动时，时间的方向自上而下，先后顺序犹如受到地球引力影响，与其方向一致。

四是英语中也存在垂直时间词汇表征的隐喻思维。up 和 down 一般用来描述垂直空间方位或方向，无论在语料库中还是在一般文本中，up 和 down 用于描述时间的情况都不多见，在 BNC 语料库中的时间用法极为罕见。尽管如此，英语中也存在垂直时间隐喻思维表征，因此，up 和 down 偶尔也用来表达时间，表达时间概念时，时间的方向和方位与汉语一样，过去在上，未来在下。在表达时间的运动时，时间运动的方向与中文表达的垂直时间方向有所不同，英语中的垂直时间可以自上而下，如 *down to 21st century*，时间从过去自上面运动到现在；也可以自下而上运动，如 *come up* 和 *up to now*，时间从未来自下面运动到现在。因此，在英文本族语者的垂直时间构想和英语的垂直时间隐喻表征中，时间可以从过去向未来运动，也可以从未来向过去运动。

第一章　引论

1　时间的语言学研究基础

时间是一个抽象概念，同时，它又与人类的日常生活息息相关。就"时间"这个词的词汇语义而言，我们对其承载的内容习以为常，似乎一切不言自明。实际上，时间是一个很复杂的概念和研究议题，古往今来，自然科学和社会科学对时间的探究从未停止，也从来没有对这个概念给出一个封闭的解释。在生活中也并非如我们提及的表面现象那么清楚，如果要追问时间到底是什么，我们无法就时间本身给出一个准确定义，只能借用其他事物和概念来理解时间，像汉语的"时间就是效率""时间就是生命"，英语的 *Time is money*、*Time is like a river*、*Time is a physician* 等语言描述，都说明了时间概念界定的复杂性，很难用准确的语言说清楚时间到底是什么。由此可见，理解时间必须依托时间以外的概念，这也决定了时间认知和时间表征的隐喻性和转喻性特质。

1.1　认知科学及认知心理学的概念建构

认知科学及认知心理学对人类认知的研究表明，时间和空间是人类认知中两个最基本的概念，也是建构人类思维的基础概念。认知科学认为，在人类对范畴的认知上，时间范畴和空间范畴是两个最基本的范畴，它们包容其他范畴并协助人类理解其他范畴。人类的集体协调行为和人类社会向前发展都需要有足够的空间和时间交流（Klein，1994：1）。时间和空间在组织语言结构方面有基础性，语言和语言的使用中充满时间信息。在某种意义上，时间范畴更加基础，人类概念系统和语言使用都离不开时间，日常生活中的衣食住行也依循时间顺序。Langacker（1997：236-238）认为，任何概念的语言表征形式并不是大脑中像建筑物一样存在的物体，也没有必要从时间上在任何时点全部展现其表征形式或结构。一个活动的范式不必局限于一套具体神经系统的瞬间活动层，而在于随时间变化的活动值，在不同阶段和不同场合所发生活动中涉及的成员可能也包括在其中。在这个意义上，时间性是一切人类活动所拥有的特质，但凡认知处理都涉及概念结构，而且总有一个时间的维度。

认知语言学的时间词汇语义研究从认知科学的时间研究中获得了有力的理论支持。认知科学对时间和空间认知的研究，特别是认知心理学关于时间的空间隐喻研究成果为认知语言学的时间研究提供了实验支持，在建构相关理论和语言本体分析方面有了现实依据。认知语言学继承了哲学和认知科学的时间研究传统，立足于语言本体研究，把时间和空间这两个范畴作为重要的研究对象，例如，Levinson（1996，2008）、Levinson 和 Wilkins（2006）对空间认知和空间关系表征的研究，Evans（2005，2006，2007，2013b）对时间概念结构认知的研究，都为我们目前的研究奠定了坚实的基础。就语言学领域的研究而言，空间的语言学研究时间并不长，而时间的语言学研究从亚里士多德时期就开始了，在这个领域，语言的时间范畴研究也更为基础，例如结构主义语言学在时、体方面的句法研究历史悠久，特别是对限定动词的形式和意义研究成果丰富，为认知语言学的时间语义研究奠定了一定基础。尽管如此，时间在认知语言学领域的研究仍然不够充分。而时间的表征和语言中的时间信息在词汇语义学中是一个重要议题，对时间的概念认知过程研究和时间概念化表征研究都有待拓展，特别是时间语言表征的形式与手段有待进一步厘清，在此基础上建构较为系统的时间语义表征网络。因此，认知语言学的概念化原理及其相关的意象图式、概念隐喻、概念转喻理论等都为探寻时间概念化机制、解释时间语言现象提供了坚实的理论基础。

1.2 哲学时间概念与语言学时间的内在关联

哲学的时间概念主要从存在主义和现象学角度考虑时间的物理现实性问

题，把人体作为时间的载体，例如讨论人从出生到死亡的过程。在现代哲学中，时间以物理的和人类的两幅面孔出现。有关人的时间属性观点认为，离开人体就没有时间的现实性，而物理性时间观在描述时间时完全排除人类的存在（Dolev，2007：1–3）。这两种全然不同的观点裂痕也催生了分析哲学产生和发展。在时间的概念追述中，分析哲学的理论框架根植于二者，对时间是什么和时间现实性的探讨并不急于给出封闭的答案，而是留下开放的空间。无论是存在哲学、现象哲学，还是分析哲学的时间观，都为理解时间的抽象性和现实性提供了多种可能，也为语言学特别是认知语言学角度解释时间概念提供了基础条件。

在海德格尔的存在哲学中，时间即存在，存在也是人的存在，这种哲学隐喻思想也与认知语言学时间认知隐喻模型的建构有着内在联系，"运动的时间"和"运动的自我"两个隐喻图式把人与时间放在了同一个空间，无论人还是时间，运动和静止都是相对的，特别是相对于人存在的状态而言。

语言学对于时间概念的抽象特征认同也为解释时间表征的丰富性提供了依据。时间不是一个可以自我充实的概念，因此也不能根据时间自身名称来进行概念化，只能借助其他概念，并以隐喻和转喻方式对时间进行概念化表征。从现象语言学视角看，汉语和英语都有极为丰富的表达时间的语言形式，例如都通过时间隐喻产生了流淌的河水（逝者如斯夫，*time flows*）和射出的箭（光阴似箭，*the arrow of time*）之说。这些自古传承的语言遗产也从心智角度解释了人类对时间概念的感知和理解，但从理论探讨的角度研究时间隐喻概念化表征始于 Smart（1949）提出的时间河流隐喻，在对持续流淌的河流隐喻描述中，讨论的时间（河水）的持续性、变化性和不可逆性特征，以隐喻方式对时间进行了概念化。虽然"时间河流"隐喻不只是时间概念化语言表征的一个方面，但 Smart 首次使用的 *the river of time* 隐喻为后来的研究者提供了研究时间概念化隐喻表征和进一步拓展时间隐喻研究的基础。

1.3　时间与空间内在联系与研究方向融合

语言中的时间研究始于时体，历史悠久，涉及"时"（tense）和"无时"（tenseless）的讨论今天仍然是非常受观注的问题。认知语义学兴起后开始从范畴视角讨论时间和空间。受认知心理学影响，初期的研究更重视空间范畴和空间语言的讨论，时间在语言学学术研究中的地位并没有得到足够的重视。西方传统的语言研究和近年来的这两个概念和范畴的认知语言学研究，空间优于时间，研究也更普遍。例如，语言类型学和认知语义学的研究中，空间范畴和概念空间都被认为具有中心地位，空间认知被看作人类最基本的认知形式，人类许多基本推理形式依赖空间认知（Levinson & Wilkins，2006；Croft，1999）。在研究这两个范畴的英文文献资料中，当它们同时作为研究的议题出现，或需要用语言同时表征两个概念时，空间一般在时间的前面，这种排列也说明人们更重视空间而不是时间。例如专著：*The Philosophy of Space and Time*（Hans Reichenbach，2012），*Space, Time and the Limits of Human Understanding*（Wuppuluri & Ghirardi，2017）；学术论文也是如此，例如："Space, Time, and Person Reference in American Sign Language"（Friedman，1975），它们的内容描述和论述中对概念的表达也是如此。但在中国语言文化中，时间是一个更加重要的概念，从古到今，人们遵从"天时"与时机，农耕文化中的生活劳作都讲究"时"，例如，被列为联合国非物质文化遗产的二十四节气，不仅是文化，也是依时而为进行生产劳动的科学依据，像"芒种""谷雨""小满"等节气，把"时"与自然和人与自然互动的时机和规律表现了出来，每一个节气都是严谨的"时"，而且非常准确。在一般性表达中，时间和空间两个概念如果同时出现，时间一般在前面。两个概念的首字组合"时空"已是一个约定成俗的词语，如果说"空时"就显得另类，可以说"时空隧道"但不说"空时隧道"。在对外文资料进行翻译介绍时，也会按照中文的习惯在顺序上做出相应的改变。这种语言表征的差异折射出讲两种语言的使用者认知世界的差异性以及思维中时间、空间优先性的不同。

随着认知语言学对两个范畴研究的深入，空间语言和时间语言研究的这种不对称现象正在慢慢发生变化。研究者开始认识到时间和空间在认知和经验上的同等重要性以及在语言结构组织方面的相同基础性（Klein，1994：1）；虽然空间范畴似乎主宰了所有的范畴，但它却受时间范畴主宰（Navon，1978）。这表现在确定物体的运动轨迹和事件的发展过程中，每一个节点的确定都受时间限制，通过时间来定位这些事件及运动事件，它们才能成为完整的事件。

例如火车的运行区间,从起点到终点,每一个途经站点都对应一个准确的时间点,这个过程遵循严格的时间顺序,时间因素一直伴随到运动过程的完成。

认知语言学从这些发现中建构了时间和空间范畴的研究基础,有关时间概念的议题具有多学科性,对时间概念理解也因为研究领域不同而表现出多角度和多样化,Tenbrink(2011)也从空间和时间概念在语言中的使用分析了它们在语言中的无所不在和它们在认知中的凸显作用。因此,对时间概念的认知和时间表征同样是多方位和多角度的,这也体现了时间概念意义的跨学科本质。认知语言学从词义学角度研究时间概念化及其语言表征,可以通过理论和语言研究优势,提取语料库、媒体资料和各种文学文本中的时间语言,探析时间概念认知和时间表征机制,更好理解时间概念在人类认知中的基础地位和不可或缺性。因此,本书以认知语言学的相关理论为依据,可以进一步探寻时间词义学研究基础、时间的语言表征如何反映时间概念化机制,并考察汉语和英语文本在反映时间概念认知表征时呈现的趋同性与差异性。

2 时间词义学的认知语言学研究视角

本书对时间的词汇语义研究遵从基于使用(usage-based model)的语言观,立足于各种文本反映出的真实语言使用,多角度探析时间概念化的语言表征,进一步丰富和完善认知语言学的时间词汇语义研究。

2.1 理论研究

对时间概念和范畴的研究是诸多学科的一个永恒议题,我们从认知语言学特有视角去管窥时间的概念化表征不仅拓展了对时间认知的讨论,也可以丰富时间的词汇语义研究。

在语言及语言使用中,时间无所不在,正如 Tenbrink(2007:30)所说:"几乎每一话语都隐含时间信息"。但是我们不一定使用"时间"这个词本身来指称时间,而是借用来自空间、事件以及其他相关词汇和概念来完成时间的概念化表征。比如,当我们说"时不再来"或 time flies 时,空间中物体的运动帮助我们表达和理解时间的流逝,而当我们表达"上课""吃饭""打球"等日常活动时,每一个活动都有一个时间维度,因此,我们不能脱离时间的限制,理解其他任何事件都离不开时间。

语言学的时间范畴研究始于结构主义语言学的时体研究,这个领域的研究历史悠久、成果斐然。时间在认知语言学中的词汇语义研究历史并不长,也不够充分,但从认知的角度探讨时间的词汇语义可以帮助我们了解人类认知系统、概念结构和语言表征之间相互关系,并为理解、建构其他范畴的概念和概念结构奠定基础。因此,从词汇语义角度研究时间概念化表征,完善时间语义研究体系,认知语言学责无旁贷,其理论研究及其意义表现在以下三个方面。

第一,从相关学科的时间概念及其概念化研究中建构认知语言学的时间研究基础。根据认知语言学的跨学科研究方法特点,厘清相关学科如认知科学,特别是认知心理学和哲学的时间概念及其理论如何影响时间认知语义学理论建构,进而更好地发展本学科的时间概念化理论。

第二,探析时间词汇语义的语言类型特点,丰富认知词义学的研究议题。本书主要基于语料分析,中英文语料库、网络媒体和其他纸质文本中的时间语言使用都是本研究的实例分析素材,在此过程中发现中英文时间概念化表征的共性与个性,探析语言类型与时间概念化表征的关系。

第三,完善认知语言学的时间词汇语义学体系建构,拓展认知语言学的时间研究视域,弥补时间词义学研究尚存的不足。

2.2 语言本体研究

本书的研究基于使用中的语言和语料库语言素材,取自现实语料和权威语料库,通过汉语和英语语料库和语料的分析对比,可以为两种语言和文化对时间表征产生的影响研究提供依据。鉴于正规语料库拥有的庞大语言信息量和多样性语言文体,语言使用有较广泛的普遍性,基于语料和语料库的时间语言对比结果也具有广泛的代表性。

在汉语和英语本族语者的时间构想和时间表征研究中,目前的成果主要是西方学者(Fuhrman et al., 2011; Radden, 2011; Boroditsky et al., 2011; Boroditsky, 2000, 2001)从心理学和基于心理学的语言观察视角进行的研究,而且仅限于时间隐喻思维习惯的实验观察。认知语言学的时间概念和范畴研究在理论探讨方面也卓有成效（Evans，2013a，2007，2005），时间概念化原理的讨论主要基于概念隐喻的理论探讨，在隐喻研究方面，认知语言学在时间与空间、时间与事物、时间与人等方面的时间研究从理论上提供了依据，有研究者（Evans，2013a，2007，2005；Lakoff & Johnson，1999，1980a；Radden，2011，2004）从时间的概念化和语言的本体论视角进行了较为充分的理论研究。在时间隐喻理论研究的基础上，Lakoff 和 Johnson（1999）也提出了转喻在时间概念化中的作用的不可或缺性观点，充实了时间词汇语义学的理论建设。即使到了 21 世纪的今天，仍然是对时间隐喻的讨论较多，对时间转喻的研究罕见且缺乏系统性。对语言类型特别是汉语和英语的时间词汇语义表征差异的动因探讨也较少，既有的西方研究有失偏颇。总之，时间词汇语义研究主要是理论研究，从语言本体视角的分析研究并不充分，特别是通过语料库及现实语料对中英文时间表征分析的时间词汇语义学研究视角仍然是空白的。

因此，本书立足语言的本体研究，通过时间语言使用的分析探寻时间认知的原理和规律，致力于建构认知时间词义学的分析框架，在一定程度上丰富了认知语义学的研究成果，为认知语言学教学和语言实践增加了成果案例。

3　本书的研究方法

认知语言学的时间研究根据时间的自然属性和时间认知的特征，揭示时间概念化及其语言表征方法。从整体上，我们的研究是一项基于语料的语言本体性研究，主要使用描述性研究方法和语料分析方法。

3.1　描述性研究

描述性研究作为语言学本体研究的主要方法，可以从现实语言使用和语言文本中获得语言使用的大量信息，使语言的研究经济、方便而有效。本研究也主要根据认知语言学"基于使用的模型"，采用语言本体研究方法，考察语言中的时间信息、时间词汇以及时间表述。同时，文献研究、追溯、演绎、类比和综合等也是必要的研究方法，在构建理论框架和科学方法方面有更为牢固的基础，使时间概念化表征研究在理论上有据可依，在方法上有可靠性，在内容上有信息包容性。

第一，文献研究将涉及中外相关领域的时间理论与基于理论的时间概念及时间语言学研究，特别是认知语言学领域的时间研究，包括时间概念化表征和时间的认知语义学研究现状，通过较为翔实的文献梳理和理论研究，建构研究框架。在理论基础方面，本研究立足于认知语义学的概念化理论和识解理论如概念隐喻和概念转喻、范畴化、意象图式等理论与方法，分析时间语言形式和时间概念化语言表征机制，充实时间词义学研究。

通过文献研究方法，可以对本学科领域及相关学科的时间概念研究进行全面了解，这也是梳理、分析文献资料的过程。这个过程还涉及分类、选择、综合等方法，全面和系统考察相关研究，揭示时间在不同学科中的概念意义及其与本学科的时间概念及概念化之间的内在联系。

第二，追溯性方法是语言本体分析中的常见方法，本研究使用的方法也不例外。通过追溯性方法，我们可以从现象推导本质，正如刘润清（1999：194）所说："原因已经发生，研究者从结果着手向返回方向寻求根源"，因此，本研究借助语料库语言信息和其他来源的语料分析，了解时间的概念化以及语言表征的各种手段，透过语言现象去探析时间概念化本质。

第三，对于语言的创新性研究来说，演绎、类比是不可缺少的方法。在推理方面，演绎法有重要优势，可以检验已有假设和理论。时间转喻是本研究的创新点之一，演绎法重点用于时间概念化的转喻研究。在隐喻和转喻都被看作时间概念化手段（Lakoff & Johnson，1999：154）后，时间词汇语义研究多从隐喻视角讨论其概念化表征，特别是时间的空间隐喻研究（Evans，2013a，2007，2005；Fuhrman et al.，2011；Boroditsky，2002，2001，2000；Boroditsky et al.，2011；Radden，2004，2011）。但时间概念化转喻研究仍然少见，有待系统、深入研究。因此，我们将使用演绎法来检验时间的概念化转喻表征机制及形式，在使用概念转喻理论分析时间转喻现象的基础上，结合归纳法，总结时间转喻的形式。

3.2 语料分析与基于语料库的研究

自第一个电子语料库——布朗语料库（Brown Corpus）创建以来，出现了诸多关于语料库语言学的研究,这种语言学方法的讨论逐渐演变,形成了泾渭分明的两大阵营:语料库驱动(Corpus-driven)的研究和基于语料库(Corpus-based)的研究两种主要范式。前者把语料库语言学看作一门独立的学科,根据真实数据对语言进行全新的描写。后者视之为一种研究方法和手段,依赖大量文本分析,以验证已有假说和理论(桂诗春,2009:19;梁茂成,2012)。认知语言学对语言的研究更多是一种本体研究,因此更倾向于接受后一种范式。基于语料库的研究主要采用语料库方法、词典语料收集方法以及提取其他来源的语料,以认知语言学的基本理论为指导,在构建的理论框架内对某些语言现象和语言使用进行研究。到 21 世纪初,已经在隐喻和转喻研究(Deignan,2005;2008)、句法、词汇研究(Gries & Stefanowitsch,2006)等方面取得较多成果。

在时间范畴的研究中,现有成果多为语言描述和演绎及归纳推理方法,包括语言学的本体研究和语言学与其他相关议题结合的跨学科研究特别是心理学的语言观察研究(Boroditsky et al.,2011;Fuhrman et al.,2011;Radden,2011;Boroditsky,2001)。这些研究从心理学和基于心理学的语言观察视角研究时间的思维方式和中英文空间—时间的隐喻及其概念化方式,在某种程度上揭示了二者的时间思维差异。

时间研究的语料库方法的应用目前仍然是个空白。时间的方位和方向思维在自然语言的表征中呈多样化,但由于时间具有一维、线性特征,所以水平时间和垂直时间是普遍性存在。当时间—空间隐喻思维是一条水平时间轴线时,空间关系在时间轴线上是前后参照,中英文空间词汇或空间时间共用词汇如 *ahead*、*before*、*behind*、*after* 和"前""后"等指示方向的词汇所表征的都是水平时间关系。当时间轴线上的空间关系是上下参照时,英语的 *up* 和 *down*,中文的"上""下"所表征的是垂直时间关系。因此,时间的语料库研究可以从语料库中提取研究文本,也可以从真实语境、文学文本、媒体和新媒体等语料源中提取语料,把这些来源的时间语言现象作为研究对象。本研究采用上述方法对比中英文线性时间使用情况,从时间表征中分析描述时间的倾向性、时间表征的习惯以及语言类型不同情况下时间方位与参照框架使用的关系。

语料分析很大程度上是基于语料库的研究方法。首先是例句的选择主要来自 CCL 语料库（北京大学中国语言学研究中心）和 COCA（美国当代英语语料库）和 BNC（英国国家语料库）。在对空间方向词汇表时间的研究中，中文语料库主要使用 CCL 语料库检索系统，从中提取"前""后""上""下"的时间使用频率，英文语料库主要使用 BNC 和 COCA，从中提取 before、after、up、down 几个词语的使用情况，特别是用于时间描述的使用频率，与中文的对应词语使用进行对比。

总之，本书依据认知语言学基于使用的语言观，把语言看成一个由开放式语言符号和片语组成而非自动封闭系统的观点，在认知语言学理论框架内分析讨论时间语言现象和语言使用，从语言现象和语言使用中找寻时间认知规律和概念化原理。

4　本书主要内容

在认知语言学的理论框架内，本书基于语料和语料库，从词汇语义视角对时间概念进行了语言本体性研究。主要研究时间概念化的语言表征。从概念相关理论与时间概念联系中，我们考察了时间概念的形式和时间的属性。在时间语言学研究方面，从跨学科视角考察了时间概念的心理学、哲学和语言学传统研究。在时间的空间识解考察方面，时间与空间的关系、时间认知模型的语义识解、时间参照框架的与时间认知及时间表征的主观性等都是重要议题。在以汉语和英语语料库为基础的英汉语空间—时间思维与时间表征的对比分析中，通过"前""后""上""下"组成的词语用于时间的频率和英文 before、after、behind、in front of、ahead、up、down 的时间用法频率及特点，比较了汉语和英语水平时间思维与垂直时间思维的共性和差异性，以及时间轴线与语言表征中时间参照框架使用所表达的时间方向或方位。在时间转喻的研究中，分析了时间概念化的转喻机制和时间转喻的类型。在时间概念化表征中的隐喻和转喻互动方面，讨论了三种形式的时间隐转喻认知表征。总之，对时间概念化表征的系统、综合研究，特别是基于语言语料的中英文对比分析对于时间认知和时间表征与语言和文化类型的关系认识探讨对认知语言学的时间词义学研究有重要贡献。本书主要包括以下章节。

第一章为引论,主要对时间的多学科研究和认知语言学的研究视角进行了说明。

第二章主要讨论认知语言学的时间概念跨学科研究基础。包括哲学和心理学的时间概念研究与语言学的时间研究之间的联系。与认知语言学的跨学科研究方法一样,时间词义学也吸收了许多相关学科的理论知识,有深厚的哲学基础和心理学基础。

第三章为本书的理论前提。根据时间概念化表征基础条件,从意象图式及概念化理论以及建构在它们之上的概念隐喻、概念转喻和隐转喻理论等与时间概念化表征的关系角度,阐述了这些理论在人类思维、推理以及概念化中的工作原理,与人类认知和表征时间的机制一致,是探讨时间推理机制和概念化表征的基础,也是研究时间概念和范畴认知及表征的理论依据。本章的理论引介建构起了一个稳固的时间概念化表征和时间词义学的理论框架。

第四章主要讨论概念、范畴以及时间概念和时间的属性。通过对概念和范畴的讨论,厘清概念的功能特征,特别是概念在范畴化中的作用,概念与图式、思想、语义等的关系,为进一步讨论时间概念化表征奠定基础。通过比较时间的词汇语义概念和对时间概念认知,明确认知语言学中我们应该如何界定时间,通过对时间属性的讨论,理解如何根据时间的属性对时间进行概念化表征。

第五章主要讨论时间与空间的关系。在概念和范畴特征等方面,时间与空间有着较多的相似性和关联性,这些联系是时间和空间之间的隐喻和转喻表征基础。

第六章主要讨论时间概念化表征机制。本章从语言本体视角、根据概念隐喻、概念转喻及隐转喻理论对时间的概念化表征进行了考察。通过语料及文本分析,梳理了时间语言的隐喻表达形式和类型。在对不同文体文本采取的语料分析中,总结了时间描述所涉及非时间范畴,所有的语言信息中都确切表达当时语境中的时间信息,以隐喻或转喻方式表达了时间的概念。根据时间存在的方式、时间的事件性和事件的时间性等方面考察了时间概念化中的转喻机制与形式。本章还对时间概念化中隐转喻认知现象、形式及其工作原理等进行了讨论。

第七章主要讨论时间参照框架与时间表征的主观性。本章主要讨论时间参照框架的类型及其呈现的主、客观性，分析了时间参照框架体系的特征与时间表征的主观性。参照框架的类型本身有主观性和客观性之分，指示性时间参照表达了以说话人为中心的时间构想，有较强的主观性。顺序时间参照是两个并列的时间或事件，有较强的客观性。但两个相互参照的时间中，说话人在表征时间时，可以选择其中任何一种时间参照方式作为参照中心点，仍然有一定的主观性。因此，描述时间时选择哪种类型的参照方式是说话人对话语情景参与程度的表现，这种参与度体现了不同程度的主观性。

第八章主要讨论时间认知与表征及其与人的关系。在自我中心时间认知模型中，由于观察者的视角转换，时间想象也相应变为动态或静态形式，观察者始终是中心参照点，如果时间运动，自我则静止，反之亦然，这两种识解方式都基于人在空间中的位置，是空间隐喻。通过对时间与空间实体的运动和静止、观察者与时间和空间的关系、观察者视角中的最佳视点等的讨论，本章分析了时间自我中心认知模型几个特点。

一是时间与空间的映射在时间构想中表现：空间中运动的物体在时间范畴表现为运动的时间，静止的拓扑空间在时间认知模型中表现为静止的时间线或面后，时间表征方式有什么特点。

二是时间与空间的映射不是对等的，这种不对称的特点如何影响时间表征。通过空间和时间映射，时间获得了直线性特征而不是弧线性特征，但物体在空间中的运动是弧线形时无法映射到时间范畴。人逆向行走也无法映射到时间范畴，从生物体的解剖原理看，人体结构和身体朝向决定其向前直行更自然，方向更准确，具有认知经济性，因此，需要考察空间和时间映射的不完全对等与人的前后运动不对称性的关系对空间隐喻概念化时间的影响程度如何。

三是时间运动的方向和存在的方位与观察者的身体朝向和观察视角的关系。即使非自我中心的 B 系列时间表征也有一个观察时间的最佳视点，无论是运动的时间还是运动的自我，时间都与人的存在相关，需要考察这些特点如何影响时间描述。

第九章主要讨论线性时间思维的空间性。在线性时间表征中，时间的方向性思维是多样化的，中西方语言文化都以一维、线性的时间概念为主。西方认知心理学和语言学与心理学结合的跨学科研究普遍认为人类的时间思维方式主要是线性的，特别是水平的线性时间概念更具普遍性，这个推论也符合多数学科对时间一维、线性特征的认同。即使环形和螺旋形时间概念的确存在，其中也包含线性时间，这是因为路径内包含了线性拓扑学，运动实体在环形路径上的任何位置点实际上都处于局部线性环境中，于是在局部有了相关的前后定位，思维中因此会形成线性时间轴线，借助水平时间轴线，空间水平方位词用来表征时间。在有些文化（例如中国文化）中，除了前后定位方向的水平时间轴线，上下定位和左右定位的时间轴线也用来帮助表征线性时间，因此有垂直时间轴线和侧轴时间轴线。

第十章主要讨论线性时间轴线与时间隐喻思维中的语言文化属性。根据汉字"前""后""上""下"在 CCL 语料库中的时间用法频率，英语词汇 *ahead*、*before*、*behind*、*after*、*up*、*down* 在 BNC 中的时间用法频率分析，对英汉语线性时间思维表征做了对比研究，考察了这些时空共用空间词汇在水平时间思维和垂直时间思维上的特征和语言文化共性与差异，并分析了语言使用与心理学所做的实验观察结果不一致的原因。

第十一章对全书进行了总结，包括对相关研究的贡献与欠缺的研究发现，对本书研究成就的梳理。本章总结了认知语言学时间研究的哲学、心理学理论基础，认知语言学的时间表征理论如何引导时间词汇语义学研究，时间与空间的关系，等等。在语料库的利用和研究中，除了对英汉语语料库的空间性时间词汇进行比较研究之外，我们力求尽可能使涉及语料的语言本体分析素材都取自语料库和实时中英文主流媒体中的语言使用。因此，本书对时间概念化和时间语言表征中的隐喻和转喻认知方式、时间表征与时间参照框架的使用、英汉语空间时间思维的语言表征研究等进行了较为详细的总结。同时，本章还对本研究的不足和未尽议题进行了总结与展望，期望今后能够继续沿着这个方向进行深入研究，在涉及时间表征与文化类型、时间词汇语义的历时研究等方面进行深入探讨，进一步拓展时间词汇语义学研究。

第二章 时间词义学的跨学科研究基础

1 引言

时间的认知语言学研究重点是从词汇语义视角探讨时间的概念化原理及语言表征,但从研究基础看,认知语言学本身的理论构建决定了时间词义学研究实质上是跨学科研究。从 Lakoff 和 Johnson(1999)在 *Philosophy in the Flesh: The Embodied Mind and Its Challenge to Western Thought* 一书中对概念与概念化的论述看,时间首先是一个哲学命题,其概念化表征是一个思维与语言问题,这与人类思维的隐喻和转喻性特征密不可分。通过对时间概念的研究和时间与空间关系的探讨不难发现,在与语言学相关的时间讨论中,哲学和心理学的时间概念化方法总是和时间的语言的表征联系在一起。认知语言学的时间概念化同样离不开时间概念化的哲学原理和心理学基础。因此,本章主要从认知语言学视角讨论时间的跨学科概念意义,以及语言学的时间研究传统与继承。

本章主要考察哲学、认知心理学和语言学三个学科领域的时间研究。

2 隐喻与哲学时间

哲学与隐喻的关系千丝万缕,Johnson(2008:39)认为,所有抽象概念都用隐喻界定,包括所有哲学概念,没有隐喻就没有哲学。哲学家使用了人类相同的概念资源,哲学家之所以让人生变得有意义,是因为我们都是隐喻性动物。Lakoff 和 Johnson(1999)从苏格拉底之前的形而上学、柏拉图和亚里士多德的存在哲学、笛卡尔的心智与思想以及其他基础性的语言与思维的分析哲学思想假设等几个方面分析了隐喻的哲学背景，从而让概念隐喻的理论建构有了坚实的哲学基础。

2.1 时间的本体论视角

哲学领域对时间概念的探讨多从时间的本体论视角讨论时间的真实性，焦点是时间存在的现实性与非现实性，即永恒论者（eternalists）和现实论者（presentist）。在二者的观点交锋中，前者认为非现实的实体的确存在，例证之一是恐龙曾经在地球上存在。而现实论观点认为只有现实之物才是真实存在的。Sider（2006）对此进行了批驳，他认为，现实论关于只有眼前之物才存在，过去和将来的东西都不存在的观点在时间本体讨论问题上从根本上讲是一种误导，以恐龙的存在为例，永恒论和现实论都承认恐龙存在过，每个人都认同这一点，那么存在过就是事实。永恒论也承认恐龙现在已经不是眼前的存在，但承认它曾经的存在，实际上认同了过去的真实存在。

关于现在和未来的许多事件，永恒论者和现实论者都承认这种语言所描述的真值所在，对于永恒论来说，过去和将来的描述是一种绝对真实，与过去和将来的实体之间是等量的。例如，"*Dinosaurs once existed*"的存在真值不可否认，这也成为时间本体论的疑问起源，二者虽然认同语言所描述的真值，但对于什么让"时间性"（tensed）表述成为可能并没有一致的看法。

根据 Baker 和 Sider 的时间论，无论过去的存在之物还是现存之物，都体现出它们的时间性。Baker（2010：35）认为，时间性是普遍存在的，即使不受时间限制的范畴也有时间性。虽然某些范畴受变化限制，在不同时间点（段），世界在本体上不同，即使不受时间限制的范畴，其内部也有特定的时间性物质，在某个时间存在或不存在。受这些时间观点影响，对世界的认识也有时间性，虽然对非时间范畴的识解有非时间性，但非时间范畴依赖特定时间世界的存在之物，因此还是直接或间接具有时间性。Sider（2006）也认为，对于现在和未来的许多事件，永恒论者和现实论者都承认这种语言所描述的真值所在。因此，对于永恒论来说，过去和将来的描述是一种绝对真实，与过去和将来的实体之间是等量的，时间的永恒性是真实的存在。

2.2 时间与存在哲学

哲学的时间研究有悠久的历史和广泛的讨论，特别是海德格尔的存在哲学对人的存在与时间的关系有深入的论述。

存在主义哲学的时间概念和时间思维表征是隐喻的，对时间的讨论就是对存在的讨论。在海德格尔对时间的哲学讨论中，主要议题是时间与存在问题，但他关于时间的三部著述几乎都没有直接讨论过时间，也没有讨论隐喻问题。虽然书中内容更多的是关于存在的讨论，很少直接触及时间问题，讨论方式显示出绝对的隐喻性。在海德格尔的时间研究中，时间概念的历史即时间之发现的历史，也就是追问存在者之存在的历史（海德格尔，2009：190），因此，海德格尔的时间研究在于时间与存在的关系研究，谈论存在几乎等于谈论时间，特别是把时间、存在与人的存在研究融为一体。在他的三部关于时间的著述中，时间都是存在的基础，甚至等同于存在（海德格尔，2004；2006；2009）。他在论述时间概念和时间概念史时，都是通过讨论存在问题来讨论时间，在《时间概念史导论》一书中，直到最后一章他才"冒险"讲述有关时间各方面的问题。在《存在与时间》（*Being and Time*）一书中，对时间的讨论也多是间接的，海德格尔从本体论视角讨论人的存在，对"此在"这一概念的讨论贯穿全书。不仅如此，在他的《时间概念史导论》和《存在与时间》两部著作中，"此在"还是一个中心话题。存在主义哲学中的"此在"是存在者，海德格尔称之为自我的存在，这个存在者就是所有我们所谈论的东西，我们所意指的东西，我们对之有所思有所行的东西，是所有我们与之有干系的东西，是我们自己之所是与我们如何是之方式……是当下切己的我的此在（海德格尔，2006：49；2009：196、431）。

海德格尔对时间的讨论实质上是对人的存在的讨论。他认为，存在是自明的概念，在所有场合都缺失的一个问题是时间到底指什么。我们对时间的理解仅停留在时间的各种命题上，并没有时间本身的完整概念，也没有对时间本身的表征，时间的表征在于世界万物的存在及存在之物所呈现的时间性。"存在"是一个普遍性概念，其普遍性又超越了一切族类的普遍性，是一个不可定义的概念，因为它既不能用定义的方法由更高的概念导出，也不能由较低的概念来表现，它是一个自明的概念。这个概念与我们的所思、所见、所为相关，"在一切认识中，一切命题中，在对存在者的一切关联行止中，在对自己本身的一切关联行止中"（海德格尔，2006：5）。海德格尔对存在的普遍性解释其实最好地解释了时间的普遍性，普遍存在的世间万物都有时间性，事物的发展变化同样具有时间性或者说是其时间性的表现。对时间普遍性思维印证了认知语言学关于隐喻思维的普遍性，时间以隐喻的方式被分布在了存在的事物上，有生命之物的存在，特别是人的存在所显现的时间性尤为显著。

时间与存在的议题主要涉及这样两个方面。

第一，时间性解释此在。存在哲学用时间性来解释此在，实质上是解析存在者。在海德格尔对时间和存在的论述中，存在者就是自我，其存在"总是我的存在"（海德格尔，2006：49）。他认为，存在也是现成状态，或者说现实的存在，此在的意义则是生存，即自我生命的存在。此在的本质是生存，也是存在者的现成属性。虽然自我有多种现实存在方式，但都在世界中，具有空间属性，因此，此在的时间性是常态，空间性是存在的基础。

第二，此在具有时间性。从存在主义哲学视角出发，任何事件都于某个时间在世界存在，是时间性事件，每个个体都有时间性，其存在就是时间性事件。也就意味着，某个人的存在就是在某个时间存在（或存在过），某个个体存在的起始时间，也有一个存在的历程，还有一个消失的时间。

在感知时间与存在方面，人类有相同的体验，即通过体验事件和运动来体验时间。人所经历的所有事件都是具有时间性的事件，也是特定的空间场景中的时间，体验运动就是体验物体在某个时间点或时间段的运动，而事物的运动总是限定在某个空间范围内，人与事物的存在或运动总是在某个时间存在于某个空间里。由此可见，时间无所不在，世界就是一个时间性实体，按照 Baker（2010：35）的说法，世间万物皆有时间性，都在某个时间存在于世界中。例如：

（1）a. 新华社消息，俄罗斯驻土耳其大使安德烈·卡尔洛夫当地时间19日晚在土耳其首都安卡拉出席一个活动时遭枪击，因枪伤严重不幸身亡。（凤凰网，2016年12月20日）

b. 据德国媒体报道，一辆货车 19 日晚冲入柏林市西部城区繁华地带一个圣诞市场的人行道，造成至少 9 人死亡，现场至少有 50 名伤者。（凤凰网，2016 年 12 月 20 日）

c. 一种说法是，在白垩纪末期约 6500 万年前，地球上发生了严寒，恐龙没有御寒的生理机能，无法抵抗和适应寒冷，最后被大自然消灭了。

（2）a. A lorry ploughed into a Christmas market in Berlin on Monday evening, killing 12 people and injuring 48.

b. The country last suffered a spate of violence in July, with four attacks in just a week.

c. It's 70 years since the end of the Second World War, Germany has got to start showing that its democracy is a muscular democracy.

（1）和（2）的枪击事件、货车伤亡事件（*lorry ploughed into a Christmas market*）、*four attacks* 都有明确的时间性和空间性，两个条件必须同时具备，否则事件不完整，也没有可理解性。

事物具有时间性，对这种时间性的认识和体验与事物的发展相关。例如，恐龙的消失也说明了恐龙在一定时间里的存在，当时是一种直接体验的存在，在某个时候以一个全新的实体开始存在，这种存在并不是永恒的，后来终止了，消失后只能通过知识和经验间接感知。因此，Baker（2010：35）认为，在一定时间里的存在之物是"时间性物体"。（2）c 描述的 *the Second World War* 之后的一段时间存在于 *Germany* 这个空间范围内，德国人从第二次世界大战结束后到话语发生时的 70 年时间过程中，经历并体验了 *democracy* 从弱到强，*democracy* 成长壮大，事件的时间性和空间性也在这个过程和范围内显现。

总之，哲学的事物皆为存在，存在皆有时间性和空间性。"哲学即隐喻"思想表明，任何事物在哲学范畴都有解，"时间是什么"同样也能在其中找到答案。我们理解事物的同时也在对其进行概念化，无论抽象还是具体，在认知和概念系统中，都可以直接或借助网络内部的其他概念间接识解。被哲学概念化的时间是存在，是抽象概念，是具体事件的发生或发展过程，是运动的物体，是静止的原野，归根到底，它是我们的隐喻思维。

3 隐喻认知观与时间表征

认知科学的发展使时间研究在隐喻思维分析基础上做到了对时间思维的精确测量，从时间的知觉实验到时间的隐喻表征，认知心理学的时间实验和观察方法主要把检测时间与人的思维特别是思维对时间的反应，以此探究人类的时间经验和时间的心理表征。例如，时间经验中个体的时间记忆与其对时点、时距、时序反映的关系（Michon，1975；宋其争、黄希庭，2004；黄希庭等，2003）。心理学同时也把时间与存在相联系，即时间是物、人、心理过程和人格特征的存在方式（黄希庭等，2005），追根溯源，认知科学的时间观与存在主义哲学的时间论有异曲同工之处。

在心理学的时间隐喻理论建构方面，从隐喻视角讨论时间源自 Smart（1949）关于时间流动（the flow of time）的时间隐喻表征在 *Mind* 上发表的 "The River of Time" 这篇文章里，根据河水流动原理详细阐释人对时间的感知。他把时间描述为一条永不停息的小溪，首次直接用"隐喻"一词阐释时间的认知和表征。与认知语言学的时间语言表征一样，时间概念依附在了具体的实体范畴和概念上。Smart（1949）用流动的物质（如 *sea*、*river*、*flow* 等）隐喻描述时间。不仅时间表征是隐喻的，时间与人的关系也是隐喻的。就人对时间的感知而言，存在运动和静止两种形式，运动的时间是流淌的河水，人作为观察者静静地观察时间河流的流淌；静止的时间则是平静的河流或大海任观察者畅游行走。这是一组相对关系，人运动时，Smart 把人经过的时间描述为静止的可流动物质：水、大海、河流，人像一条船，从已知的过去行至已知的现在，驶向未知的水域（将来）。换个角度看时间，观察者也视自己为静止之物，静观时间的流逝，就像看着桥下河水流过，看着河面上的树枝树叶漂过，联想到时间，犹如这些漂走的枝叶，它们来自过去，漂到了现在，漂向未来。从这种视角出发，观察者不说自己从何时来，去向未知，也不说自己随时间运动，只是关注时间的运动，对时间的这种隐喻表征不会因为时间变化而发生变化，而是与认知者对时间的认知相关。与水流有舒缓与湍急一样，时间的感知也有快慢，我们的时间经历也是如此，有 *Time flies* 的感觉，也有"度日如年"的感觉，这就是时间及其时间认知主观性。这两种视角的时间隐喻思维也为后来的时间认知模型奠定了理论基础。

在认知时间的问题上,心理学家认为,我们无法直接认知时间,只能间接通过事件和空间运动认知时间。他们充分认识到了时间的抽象性,因此,Gibson(1975:295)视之为一种虚无,在他的解释中,时间和空间都是虚无抽象的,都是一种幻象(ghost):抽象时间是世界的事件中的一种幻象,抽象空间则是世界浅表中的一种幻象,对时间的感知和空间的感知都是一个谜。时间和空间都是从事件和浅表中抽象出来的概念,人类实际上看不到时间和空间的维度,只能看见空间中的物体。但这种虚无主义只是否定了时间和空间的直接感知,肯定了间接感知,因此,Gibson(1975:295)认为没有对时间的感知,只有对事件和运动的感知,这种观点与认知语言学关于空间借助物体识解、时间以事件方式存在的观点是一致的,两个学科的共识是,时间和空间感知都需借助他物,人类主要通过认知事件和空间运动以隐喻和转喻的方式认知时间,并借助语言表达时间是什么。

时间隐喻研究也是时间词汇语义范畴的重要议题,具有跨学科特点。基于时间认知的间接性特点,认知心理学在很大程度上也使用认知语言学的概念隐喻理论讨论和分析时间认知,认同时间概念的隐喻性建构。周榕和黄希庭(2000)认为,时间表征有隐喻性本质,不借助隐喻很难表征时间。因此,无论是时间认知还是时间表征,都有隐喻特质。认知心理学的时间隐喻思维表征研究也与时间词义学有着诸多相似性,例如周榕、黄希庭(2000)对时间概念化表征的跨文化对比研究中的喻体分类包括骏马、小溪、珍宝、尺度、魔术师、大海、空间、人等,从认知语言学的概念隐喻视角看,通过范畴映射,这些喻体在时间词义学中是相应的隐喻图式,各种时间图式都是时间概念的潜在知识结构,它们已经成了约定俗成的意象图式隐喻。

认知心理学的时间观与认知语言学的时间概念化表征理论有着内在联系。一方面,该学科的时间概念研究对于认知语言学的时间研究有理论启发和支持;另一方面,现代心理学借用了更加系统的概念隐喻理论,从单纯的时间反应研究发展到了时间概念化的心理表征研究。

4 时间作为概念和范畴的语言学研究

不存在没有时间的世界，如果没有语言，也无法表达时间是什么，但语言与时间之间需要有联系的媒介。Lakoff（1987：291）认为，这个媒介便是人类的认知。一方面，语言基于认知，另一方面，很大程度上，时间表征依赖语言。认知正好在语言和时间二者之间起了纽带的作用，语言与时间关联的方式在语言的使用中都有证据可寻。根据 Klein（2009：17-18）的时间和语言联系观，我们可以从四个方面理解语言与时间的联系。

第一，历时语言观中的时间性：语言发展变化都在时间的进程中进行。从语言的历时研究视角看，语言是随时间的推移持续变化的，这种变化包括句法、形态和音系等语言各个层面的变化。其中最明显的变化表现在词汇层面，语言的历时对比研究可以从已有词汇的消失、新词汇的产生和词汇的语义变迁三个方面得到充分证实。由于社会现实形态有很强的时间性，描述这种状态的语言也会相应地适应这种变化，结果是新词语随时间变化不断涌现、部分词语消失或原有词语的语义发生转移。现代科技、政治、经济等发展带来的新词语，如"赛博""克隆""转基因"一类的科技词语，"北约"、Brexit、WTO 这类的政治和经济词语，running dog（走狗）、buzheteng（不折腾）、taikonaut（太空人，一些英语媒体在报道中国载人航天飞船时创造的词），等等。网络词语更是以各种方式表达新的语义，例如"打工人"、"集美"、"逆行者"、"给力"、"神马"、"吃瓜"、"洪荒之力"、Dama（大妈）、Tuhao（土豪）、amazeball、unfriend、Human Bean、Moobs、human flesh search（人肉搜索）等，有的中文词语还被收录进了《牛津英语词典》。有的是临时造词、有的是隐去原有的词义加上新的语义、有的是谐音。同时，部分词汇慢慢淡出而不再被使用，随时间流逝而消亡，如"洋火""收录机""赤脚医生""万元户""停薪留职""四川省重庆市""欧共体""关贸总协定""法郎""德国马克""汉城"等都不再使用或极少使用。另外，词义扩大、缩小和转移也是语言随时间变化的表现，如"小姐"（从大家闺秀到贬义称呼再到泛指女性）、"老师"（从学校教育从业者到社会上对陌生人的泛称），rubbish 从原来的 rubble 变成了今天的"垃圾"，bonfire 从原来的 fire on bones 变成了今天的"篝火",girl 从 *young person of either sex* 变成了今天的"女孩",knight 从 *servant* 变成了今天的"骑士"。

第二,持续变化作为语言的特征之一,表现出的显著特点就是语言在时间进程中不断被使用者修改。从历时的角度看,被加工处理后的语言在音系、形态和句法方面发生了改变。在具体的交际活动中,人对语言的在线处理是维持相互关系的纽带。人类日常的群体交际依靠语言实现,这是一个互动过程,需要随时立即处理语言,人类能够以惊人的速度处理语言,说话人的编码和听话人的解码都在瞬间完成,话语在交际双方的认知共识中立即变得清楚明白,体现了语言的高度时间性。例如在会话中,说话人的编码几乎是一种自动化,听话人对话语的声音、组词规律、词义和语义理解也在转瞬之间,对相应问题的反应也在认知无意识状态下紧随话题内容继续下去。会话中的话题发展、话轮转换、过渡、话语修正和规避等言语行为都是瞬间完成的。

第三,语言体系的建构性特征与时间的属性相似,呈线性顺序特征。语言的使用遵循一定的顺序,特别是时间顺序。无论语言体系多么复杂,它在表征复杂或简单事物时,都按照一定的时空顺序有序进行。人类语言编码的三大形态——说、写和手势,在表达思想和描述情景时,都会把复杂、多维的思想和事件整理为一条条线索而逐一展开,话语或篇章的呈现一般遵循线性顺序,与时间线性特征吻合。因此,语言在本质上有时间属性。当交际者表达"把你的想法告诉大家"或"把桌子移动一下我们来围成圈"的意义时,这个顺序是先组织思想(有可能在认知无意识状态下进行),再通过发音或用纸、笔把信息传递出来。听话人或读者也是根据话语的成分的先后顺序处理信息的,实际上,双方都以空间隐喻表现了时间顺序。

第四,时间表征依赖语言,因此语言用来表达时间。语言不仅表达了时间是什么,也用一定的方式呈现了如何表达时间。在任何文化中,有无复杂时间理论,人们都能够自由谈论时间,时间会自然与个体和群体的经历联系起来,例如描述如何上一堂课、谈论过去的求学和工作经历、设想未来、安排聚会等,这些语言描述的活动和事件会涉及时间概念中的时距、时间连续和同时等概念,也就是通过这些事件,对时间概念有清晰的表达,同时也定位了事件,因此,从现在的视角描述过去和将来的任何事物或事件都不会引起混淆。

时间概念和范畴的语言学研究与语言学的传统研究一样有着悠久的历史，只是研究的内容随时间变化而不同。从亚里士多德时期开始，传统语言学的时间研究就一直关注两个语法范畴——"时"（tense）和"体"（aspect），从词汇体（lexical aspect）和时间副词等方面解构时间。特别是结构主义语言学的"时""体"研究成果斐然。在结构主义语言学研究基础上，认知语言学更重视时间的概念意义，包括时间指示、形态屈折变化、词序、词汇语义、语义依存等方面。两相比较，结构主义语言学的视角是句法研究，关注动词内在结构，特别是限定动词（finite verb）的形式和意义，基于结构主义语言学的语言教学也在具体的语言体系内，对句子的时制、时态和时体等方面的认识和教学有着一套系统的规则。认知语言学重视时间的词汇语义研究，通过时间词汇语义分析解构时间概念，并以跨学科视野和方法探讨时间概念化表征，既关注时间的语境意义，也关注人对时间认知的心理表征意义。

4.1 时体研究

对"时"和"体"的研究是结构主义语言学时间研究的重要内容，涉及了不同的语言类型。人类语言种类繁多，从语言类型学的研究成果看，每一种语言都有各自的时间表述方法，形式丰富。有的语言有专门的时间标记，如多数印欧语系中的语言，时间表达几乎是强制的（Klein，2009：39），例如在英语中，限定动词的时态表达必须有强制性标记：除了 *have*、*has*、*had*、*do*、*does*、*did*、*be* 这类助动词的使用，还有单词的屈折变化。虽然语言学意义上的标记性和无标记性这对概念是针对小众与大众而言，但从词尾变化与原形比较看，几乎所有的限定动词都是有标记的，根据具体时间指示用屈折变化标记形式 *–s*、*–ing*、*–ed*，如 *forces*、*forcing*、*forced*。例如：

（3）a*. US media say two senior members of the transition team working on national security **be forced out**.

    b. US media say two senior members of the transition team working on national security **have been forced out**.（http://www.bbc.com/news/2016

11 16）

c. US media say two senior members of the transition team working on national security **was forced out**.

d. US media say two senior members of the transition team working on national security **will be forced out**.

  be 无论作为系动词还是助动词，具体使用中几乎不用原形标记主语的状态。因此（3）中各个情景表达的被强迫状态也是根据事件时间与当前时间关系选择了不同的时间性标记。即使没有按一定规则变化来标记，也有非屈折变化形式的其他特殊变化，如 *forget–forgot–forgotten, see–saw–seen*。

  有的语言没有专门的时间标记，但也会有自己独特的方式来表现时间的变化。如汉语虽然不是动词框架语言，即无论是否使用动词标记符号，汉语都有独特手段标记动词的时间性。根据 Talmy（2000a：117；2000b：222）的划分，汉语属于附目框架语言，运动动词 211 的路径需要与方式融合，而不是由动词表现，动词需要有补语，即附目把核心动词变成了完整谓语。尽管汉语动词无屈折变化，在附目构成对谓语的作用这一点上，汉语与英语有相似之处。在表达过去、现在、未来时间概念时，由于没有字词本身的屈折变化，词语也不发生形态变化，但一些助词（如"啦""了""吗""呢""着""过"等）可以指示时间（事件是处于进行、过去还是还没有发生）状态，同时，说话人、作者、听话人或读者等参与交际的各方还有共同的语境认知途径，能完全清楚地表达和理解话语表达的时间意义。

  在有动词时间标记的语言中，时间标记或动词的时间表现手段是组词成句的必要途径，也是表达话语意义的必要手段。时间作为一个语法概念，除了借助动词的时和体表征这个概念，时间副词（如 *before*、*after*、*since*、*when*、*while* 等）也是表达语法概念的补充。"时"（tense）包括过去和现在，"体"则包括进行体和完成体以及词法（主要是动词）上表达的静态和动态形式。每个动词都包含一个论元结构，以此限定名词短语之形式和意义，动词一般给予论元一定的时间间隔。Klein（2010）认为，动词论元还有一个论元时间结构，这样就可以对"时"、"体"及词汇体进行简单分析。尽管"时"

和"体"在传统语言学的时间研究中是中心内容,但时体并不等同于时间,"时""体"是严格的语法范畴,时间则是一个语义概念,也就是说从形式上看,"时"涉及动词词尾屈折变化,尽管动词以外的非"时"表现如人称、名词单复数也有词尾变化,但动词的屈折变化很多时候是在与这些名词或代词结合后才产生了标记的需要。因此,形式上的过去"时"不一定指时间概念意义的过去,形式上的现在"时"也不一定指时间概念意义的现在。例如:

(4) He told me yesterday that the deadline to submit our paper was on the end of this week.

(5) Since she stopped taking exercises, she has started to gain weight very quickly.

动词 told、was、stopped、started 有共同的屈折变化形式途径,但两个时间事件的"时"并不是完全一样的,(4)表达了还没有发生的事,(5)描述了事件的现实状态。

"体"主要"指语法所标记的动词表示的时间活动的长短或类型"(Crystal,2007:29),可以是进行体,也可以是完成体。"体"表征了特定的情景,包括固定和变化两种情况,有瞬间和持续两种状态。因此,"体"涉及的行为、过程及事件这类时间性进程取决于说话人视角:把这些行为、过程、事件等放在时间轴上,可以是已完成、正进行或即将发生等,但与此同时,说话人视角又可独立于时间(Klein,1994:16),只是从一个最佳视角描述时间,不必非把自己置于情景中。英语动词的"体"有静态体,也有动态体,认知性动词如 know、love、understand、believe、want、like、appreciate、enjoy、hate 和联系动词如 be、turn、look、resemble、seem、appear、remain、have 等都可以用来描述事物的静止状态,更多的动态体动词如 come、leave、read、play、eat 等都可以描述事物的运动状态。

时间语言学在汉语中的研究一般从结构主义语言学的描述方法视角,研究动词的内在结构和句子的时制、时态、时体(袁莉容等,2010),时间主要被视为语法概念(陈昌来,2003:245),包括时间词汇如何与名词和数词搭配使用,例如,它们的词性、句中表达时点和时段动作的行为或状态发生、进行和结束的时间等：

（6）10年前、2016前、5天、暴雪过后；3天的工作，多年的战争（数词和名词搭配："天"和"年"是量词，因此后面可以跟名词）。

（7）一天，一只羊在吃草时掉进了溶洞。

（8）从那时起，他就开始集邮。

（9）到上个月底，公司已经完成了全年60%的销售额。

汉语的时间研究更多关注时间表征的基准、手段、内容等（陈昌来，2003：246–247；文炼，1984：3–7），在时间表征的基准方面，遵从事件基准和当前基准，与英语时间认知模型和时间表征的参照框架有很多相似之处，参照点和参照框架都起了基准的作用。例如：

（10）根据尹泰乾的说法，预计潘基文在返回韩国前不会正面回答参选问题。（事件基准）

（11）《一句顶一万句》上映了，晚上去看吗？（当前基准）

4.2　时间的词汇语义研究

由于时间在认知语言学中首先被看成一个概念，因此对时间的研究重点是揭示时间的概念化构想方式，在解构时间概念的同时揭示语言如何表征时间思维。在学科研究体系构成上，时间和空间一样是一个重要的范畴。根据Langacker（2001：252）对意义和概念化关系的阐释，在广义上，意义是对概念化的认同，固有概念、新概念、抽象概念、感官经历、运动情感经历等都具有概念意义，还包括那些变化的非瞬间概念和随时间推移更加彰显的概念等。而Evans（2005b）则认为在语义记忆中，"时间"作为词素可以实例化为具显著意义之词汇范畴。正是在这个意义上，时间研究在认知语言学里成为词汇语义研究，时间词义学的主要任务就是解构时间概念、弄清楚如何更好对其进行概念化表征。Evans（2007：733–765）提出了时间语言学三原则：语义原则、语法原则和概念详述原则，综合起来就是当某个具体"时间"用法的语义和概念阐述方式清楚，或呈现独特语法形式时，就是认知语言学的词汇语义"时间"。例如：

（12）The project lasted a long time brfore it was cancelled.（时间持续）

（13）The time for returning the book is arriving.（时间点）

（12）和（13）正确的词汇搭配表达语义和词汇概念，也表达了时间内容，有明确的时间概念和意义，是完整时间概念使用。在句法上，（12）和（13）分别表达了时间持续和时间点，即使 time 一般情况下不可数，但由于英语中的可数名词是以说话人为中心的动态物体（Evans，2007：738），在编码和解码中，time 有可数的时间语义。

时间的认知语言学研究也是时间的词汇语义学研究，虽然人类理解时间的方式多种多样，但时间词义学主要以时间的概念化思维为基础，从时间隐喻思维和转喻思维角度特别是概念隐喻表征出发，探索时间概念化表征方式。根据时间概念多角度和多维度特征，Evans（2005a：107-185；2007：739-748）从时间的商品意义（The commodity sense）、持续（duration）意义、测量—系统意义（The measurement-system sense）、瞬间（moment）意义、事例（instance）意义、事件（event）意义和矩阵（matrix）意义七个方面去阐释时间概念，把对时间的理解和表征与生活中的时间体验结合起来，使时间语言表征从抽象的概念变成切身的时间理解和体验。时间的这些意义也是时间隐喻理解的形式内容依据。

通过隐喻映射，时间概念具有了商品意义并获得了价值，例如：

（14）a. People typically devote **time** and attention to using sovereign applications. Each user spends **time** as a novice, but only a short period of **time** relative to the amount of **time** he will eventually spend using the product. End goals must be met for users to think that a product is worth their **time** and money. Take the **time** to understand everyone's perspective. For security-minded individuals, this feature can be turned off, but for the rest of us, it saves **time** and prevents errors.（句酷，www.jukuu.com/show–time）

b. 在他生命的最后一年，他感觉到时间的不够用，恨不得把时间撕碎

了来用。（凤凰卫视，《我们一起走过》）

在这些时间话语中，时间从抽象的概念变成了可以用来储存、使用和给予的实物，是物品或商品，甚至可以作为私有财产被使用者所占有，这种理解和表征时间的方式在英语和汉语中都较为普遍。在语法层面，具有商品意义的时间是一个物质名词，因此在两种语言中分别可以用 some、enough 等，"很多""一些""一点"等来修饰，例如：

（15）The TV company sold more advertising time to maintain/ The company bought more advertising time for the new products.

（16）这些年浪费了好多时间去做，他决定从头做起。

时间的持续意义包括时间挤压和时间延伸两种"持续"方式（Evans，2007：738），这也是时间的现实经验和体验。由于时间的主观性，我们对时间的现象认知和感觉到的时间有"快"有"慢"。就主观体验而言，幸福欢乐的时光过得很快，是时间的挤压，痛苦无聊的时光过得很慢，是时间的延伸。例如：

（17）孟晚舟：忙碌把时光缩短，苦难把岁月拉长。（https://news.ifeng.com 201912）（时间挤压与时间延伸）

孟晚舟在被加拿大羁押一周年之际，以此为题发了一封公开信，把时间的持续意义以隐喻的方式表现出来，而且对全文起了一个点睛的作用，短短两句话，在国内为工作忙碌的各种活动和在加拿大被限制自由的漫漫长夜跃然纸上。

时间的持续意义是对生活中事件发展的体验，时间的持续是一种主观感受，是对事件持续的感受，汉语和英语的语言文字表征都用"长"或"短"，时间的"长""短"就是运动事件延续的长度。

时间瞬间意义通过运动动词表达，当话语描述的时间词汇概念中包含离散时间点时，往往指一个自我中心运动事件，使用 reach、arrive、pass、approach、come 等动词，时间点所指示的瞬间意义也是一种空间运动，瞬间意义的"时间"在语法上是非物质的可数名词。例如：

（18）He will arrive on time if he is interested in the movie.

（19）These signs denote that a great economic crisis is approaching.

时间的事例意义是事件整体形态的呈现，包括事件的过程、状态、进行等，所有与时间有关的词汇概念都与具体活动、过程和状态相关。例如：

（20）Henry is really a movie bug, going to the cinema at least **five times** a week.

（21）She will speak publicly for the **first time** on Friday following her release from hospital.

（22）In July 2000, the heads of state of the five countries met for the **fifth time** in Dushanbe of Tajikistan. The President of Uzbekistan attended the meeting as an observer.

（20）和（21）都描述了已经发生事件的特例或活动，没有专门的时间词汇表达持续或瞬间，表面看并无典型的时间概念，从概念角度看，time 的语义学"时间"意义并不存在，事件实体联系起来才获得时间意义。根据 Evans（2007：741）的解释，即使 time 表达的是一个具体事例的写实，但 time 是与基数词（five times）或序数词（fifth time）一起使用的，其语法意义暗指不止一次发生过这类事例或活动（Evans，2007：741）。时间的理解很多时候联系了事件，其事件意义一般与词汇概念中涉及的具体的有界事件相关，即无论某个事件多么复杂，它的顺序都有始有终。这种顺序在写作方法上称为时间顺序，其实也是一种空间顺序。在概念理解和描述时，事件多数是自我中心运动事件，也是以空间思维理解时间概念。例如：

（23）The Czech, 26, faces 14 days of bed rest and a slow rehabilitation process after she had an operation to repair tendons and nerves in her playing hand.

在语法概念上，英语的 time 是物质名词，前面不能搭配冠词（Evans，

2007：743），但不直接使用 time 这个词语也能表达时间的概念。"时间"在这里是十四天的卧床休息，休息时间事件一定是在空间开始并持续到结束。

时间的持续与不可逆也说明了其无限性，这些属性也代表了时间的矩阵意义，虽然可以分段理解时间，时间的无限流逝意味着时间本身是无界的，无论从静止还是运动的视角看，时间都收纳了所有的事件。例如：

（24）Time keep flowing like a river.
（25）天可补，海可填，南山可移。日月既往，不可复追。（曾国藩）

这些话语描述的时间是其他事件发生的背景，不与事件融合，按照牛顿的物理时间观理解，时间的自然属性就是不与外部事物发生联系，因此是一种绝对时间，与外界无关，是独立于事件但不独立于时间的时间。时间的矩阵意义诠释了一种稳定、无终点的运动状态。

时间的施事意义表明时间实体有强大的能量和影响力，这种力量足以改变周围事物和环境，继而产生新的状态和结果。在概念化中，往往以隐喻或转喻方式附着在有生命力的实体中。例如：

（26）时间检验人心。
（27）Time will tell.
（28）Time brings the truth to light.
（29）Time tries friends and fire tries gold.

人类在生产和生活的具身体验中产生了时间认知、形成了时间概念并发明了相应的量化工具和标准，时间因此获得了测量—系统意义。事物的阶段性与持续主观经验互动，一起表征时间。世界万物都在存在和发展进程中显现一定的阶段性特征，这些特征表现出有节奏的时钟般的循环性，因此可预测，可用时钟法划分时间或事件，时钟工作也是根据这种有节奏的循环原则把一天等分，并按照这个原则在分定的等分内继续细分，于是有了小时、分、秒乃至更小的时间单位。测量单位具体细化后的时间有了特殊功能来规范事件，即用时间单位量化事件，使我们很自然地表达"下午工作 3 小时"、"每节课 45 分钟"、one week holiday、thirty minutes' walk 等，或者按照一定的时间标准规范作息。例如：

（30） The introduction of "**railway time**" within countries didn't help very much.

（31） The English people will put on（the hand of）their clocks one hour for **summer time** the day after tomorrow.

（32） Standard time in Turkey is two hours ahead of **Greenwich Mean Time**.

"时间"在这些语境中都是一种标准，暗示用某种测量体系来规范并相互协调。

5　小结

早期的时间研究为时间的词汇语义学研究奠定了坚实基础。无论是先前的哲学时间还是现代的认知心理学时间，其意义的表达和理解都与隐喻相关，这对认知语言学的概念隐喻方法研究时间无疑提供了强有力的理论支持。

时间在语言学中作为一个概念的研究早在亚里士多德时代就开始了。结构主义语言学把时间看作一个语法概念，采用描写方法对动词的内在结构和句子的时制、时态、时体进行研究，具体涉及时点、时段、词性等。包括词语如何描述行为和状态，动作的发生、进行以及结束的时间，时间词汇如何与名词、数词搭配以及所表达的意义。时间在认知语言学的研究实际上是从词汇语义学角度从概念、形式及意义上综合解读时间概念，是对时间的概念思维方式及过程、语言如何表征时间概念进行解构。对"时间"概念的解构也是对时间的词汇语义进行解析，时间作为一个有意义的词汇范畴有自己的词汇语义，在合乎语法原则的基础上，意义和形式相结合，这就是认知语言学的词汇意义"时间"。

第三章 理论前提

1 引言

你还在我身旁

瀑布的水逆流而上，
蒲公英种子从远处飘回，聚成伞的模样，
太阳从西边升起，落向东方。
子弹退回枪膛，
运动员回到起跑线上，
我交回录取通知书，忘了十年寒窗。
厨房里飘来饭菜的香，
你把我的卷子签好名字，
关掉电视，帮我把书包背上。
你还在我身旁。

（https://www.douban.com/group/topic/6933045/?type=rec）

这首"你还在我身旁"的诗歌获得了2014年香港中文大学《独立时代杂志》微情书征文大赛一等奖，被多家网站转载，除了感动，其中对时间的想象既合乎常理，又别出心裁。在写作手法上是一种倒叙，尽管主题是怀念亲人，但这种叙事其实整体就是一条时间线，虽然诗里面没有一个字提到时间，但作者和读者大脑中最强的影响力和冲击力一定是"时间倒流"的隐喻思维。

从认知想象角度看，是时光倒流，从时间本身的特征来看，它只能在想象中实现，这是一种心理时间旅行（Stocker，2012；Viard et al.，2011；Tulving，2002）。从概念化角度看时间思维，这首诗的字里行间满是时间的隐喻和转喻思维。

不同学科领域对时间概念的理解各异，方法研究也存在较大差异。认知语言学的时间概念表征更多地反映了人们在生活经历中对时间的认知，通过语言描述出不同语境中人们对时间的理解。因此，更加重视时间概念的语言表征，其理论依据是语言的认知基础，经验现实主义与具身认知、意象图式、范畴化，以及在这些理论建构基础上的概念隐喻、概念转喻和隐喻转喻互动理论，它们都是时间认知与时间表征的依据与手段。

在概念隐喻、概念转喻以及其他认知语言学的理论建构中，意象图式在具体范畴或概念认知与语言表征的关系中的作用有基础性。由于概念是经验的而非客观的，意象图式作为一般知识结构在人类思维和概念形成中具有基础地位，人类通过隐喻思维完成从意象到抽象思维的过程。因此，意象图式理论是认知语言学的概念与概念化理论特别是概念隐喻研究中不能缺失的重要方面，"是认知语言学及其相关学科的中心概念支柱"（Grady，2005：35）。

本章主要引介认知语言学的概念隐喻、概念转喻和意象图式理论，以建构本书关于时间研究的理论基础。

2 时间表征的基础条件

时间认知表征是一个从对时间的概念化到语言表征的过程，语言表达的时间是其概念化结果的最终呈现。这是一个连续过程，包括概念和范畴认知或时间体验、概念化合成，语言最终表征了这个过程。从认知语言学视角看，时间的语言表征是在对其进行概念化基础上实现的，可以用认知语言学的概念隐喻、概念转喻和隐转喻（Metaphtonymy）理论来解释各种时间语言。

时间作为认知系统的一个抽象概念，其概念化无法靠自身完成。所有时间理解方式都与其他概念相关，如空间、感情、事件。这是因为"我们没有一个关于时间本身的充实概念，只能以隐喻和转喻的方式对时间进行概念化"（Lakoff & Johnson，1999：137）。虽然时间概念是抽象的，但对其进行概念化不是凭借抽象推理，而是基于对现实事物的经验认知，因此理解时间时需要联系现实经验中的具体概念。对时空关系的讨论显示，在理解时间概念时，空间和空间中的物体是时间概念化表征中最为常用和有效的媒介。例如，在线性、循环和螺旋认知模型中，认知主体都把自己或时间想象为在空间中运动的实体。Tenbrink（2007：13）认为，当过去被构想成在观察者后面、将来在前面时，就体现了思维中的隐喻和转喻方式，这是时间线性模型中最明显的概念和范畴借用。

时间概念的依赖性反映在时间的语言表征中，几乎所有的时间语言都可以用概念隐喻和概念转喻来解释，语言是对时间认知过程的结果再现。认知语言学中，隐喻和转喻都是基本认知形式，是概念化的，在思维中无所不在。Brdar（2009：259）认为，隐喻和转喻概念化过程不一定是语法化或词汇化语言现象，但隐喻和转喻几乎在现存自然语言中都广泛使用。时间理解首先是一个概念化推理过程，思维中的概念形成和习得都根植于切身经验，很大程度是意象的。人的理解和语义识解能力都依赖想象能力，隐喻和转喻是想象能力的一部分（Panther & Thornburg，2009：35；Langacker，2009：46）。因此，作为基本的思维能力，隐喻和转喻也是理解和表征时间的基本能力，用隐喻和转喻手段表征时间可以使时间概念直接、形象、易理解。

与认知语言学本身一样，隐喻也具有跨学科本质，在认知语言学的时间概念化表征中，概念隐喻是最基本的时间表征理论。哲学和心理学领域都把隐喻看作一种普遍的思维方式，Johnson（2008：48）认为，"哲学即隐喻"，任何抽象概念都由无数典型、不连贯的概念经过隐喻组织起来。Hawkes（1972：55）把隐喻看作一种正常思维，我们可以把这种思维延伸到现实的语言手段中。用隐喻创造奇迹。我们生活的世界是一个隐喻世界，因此，能够实实在在地感受到隐喻的存在。哲学、认知科学、认知语言学有着相同的时间观，都认为时间是智力构想、是一种永恒存在（Evans，2007：752），对时间的存在的理解依赖其他概念，因此我们以隐喻的方式把时间与其他事物和概念联系起来，于是隐喻成为时间表征的主要手段。时间在语言中常常被描述为运动的物体、动物或流动的水，如"光阴似箭，日月如梭""流金岁月""时间就像东流水""似水流年"*"Each moment in history is a fleet-*

ing time, precious and unique（Richard Nixon）" "*Time has wings, time is a bird for ever on the wing*"。

转喻也是人类的认知特征之一，Gibbs（1999：62）把转喻看成人类思维的一种自然属性，它在建构人类思维中与隐喻类似，有同等重要的作用，是俗世经历经验的一部分。由于转喻是一个概念化过程（Radden & Kövecses，2007：336），时间认知同样是一个概念化过程，这就意味着转喻也是时间概念化中不可或缺的思维方式（肖燕、文旭，2012），是时间语言表征的基础。

虽然隐喻和转喻是思维中的两种根本认知方式，但并不是每一个思维过程都是典型的隐喻思维或典型的转喻思维，在概念化推理过程中它们之间的界限有时会变得模糊，往往是隐喻和转喻同时起作用。同样，表征时间的语言并不都是绝对隐喻或绝对的转喻形式，存在许多隐喻和转喻的融合现象，是隐喻和转喻的互动完成了时间的概念化表征。例如，"双11就要到了"是时间指代节日的描述，话语表达了相关的活动内容，它也是时间转喻节日和活动，成了商家的销售日，年轻人的购物日。年轻人在调侃中重视这个节日的到来，里面也包含一个把11月11日这天或这个节日概念化为运动的、有生命力的时间隐喻，隐喻和转喻共同作用实现了对这个特指时间的概念化及话语的意义。

3 概念隐喻、语言表达与思维机制

Lakoff（2005）认为，抽象思维不能没有隐喻，几乎所有抽象思维都以隐喻方式根植于具体的感官运动概念。绝大多数抽象概念是通过从更具体概念的结构隐喻映射理解的。映射在本质上是认知的，独立于具体的语言而实现，但又通过语言表现出来，这种映射具有如下特点。

–The mappings are cognitive in nature, and independent of particular linguistic realizations.

–The mappings are asymmetric.

–The mappings are not arbitrary, but rather are grounded in experience.

–Linguistic metaphors arise when linguistic expressions for source domain concepts are also used for target domain concepts.（Lakoff，1989）

由此可见，语言隐喻是思维隐喻的表现形式，当用于描述源域概念的语

言也用来描述目标域概念时,就出现了语言隐喻。Halliday(1994:348)认为,人类语言的发展史就是隐喻解构历史,我们用隐喻去理解所有不能直接理解的东西,使它们慢慢失去其隐喻特征,或者失去最初的隐喻意义而获得新的意义,继续被隐喻的方法解构。

在传统的语言观里,所有约定俗成的语言、词汇意义、语法意义和概念意义都是通过文字描述解释的,是一个真实与不真实的问题,不需要隐喻思维和隐喻语言来完成,隐喻只是美化语言的修辞手段。在传统的修辞研究中,隐喻在各种语言环境中的使用都被看成增强语言表现力的手段,也就是说,它是语言表述中的一种修辞方法。在对语言的理解上,首先分析字面意义(例如传统的语篇分析),在发现文字本身不能表达其在上下文中的意义时才使用隐喻理解,因此认为语言表达中多数是非隐喻的,当不需要理解字面意义之外的东西时,可以直接理解文字表达的真实意义,从语言和思维的角度都不考虑隐喻方法。因此传统研究把隐喻的使用和理解看成一个可选的替代方法,只有字面意义表达存在缺陷时才去寻找非字面意义(Lyons,1995)。后来的研究证明这个观点有失偏颇,认知语言学对隐喻代替文字而且意义相等的观点是持否定态度的,其他领域(如认知修辞和认知诗学)也认同并借鉴了认知语言学的概念隐喻方法。总之,在语言的自然使用中,隐喻思维和隐喻语言的使用都是一种认知自动化。例如,下面话语中用"飞逝"表达具体物体和抽象事物的运动速度时,除了有美化语言的作用,更多的是一种隐喻自动化。

(1) a. 凝视满天星星的夜空,一旦有一颗流星**飞逝**而过,就会立即引起你的注意。(CCL 语料库)

b. 这是炙烈的阳光,火红的藏袍,**飞逝**的流云,飘扬的经幡,皓首银发的老人,质朴粗憨的农妇……(CCL 语料库)

c. 时光**飞逝**,经过数十载的苦练之后,他终于成了全国第一流的名画家之一。(CCL 语料库)

d. 光阴荏苒,时间**飞逝**。当 2000 年的钟声敲响的时候,世界各国人民普天同庆……(CCL 语料库)

e. 时光飞逝,转眼间到了 2015 年。(CCL 语料库)

认知语言学认为，语言隐喻与字面意义同时自然产生，处理文字和隐喻意义的速度也相当，任何一个方面在时间上都没有优先性。因此，隐喻不是弥补字面意义的不足，不具有选择性，是自动的（Glucksberg，2008：68-70）。无论语言表达还是对语言的理解，当我们理解时间、物体等"飞逝"时，都不会刻意去把这种理解设定为隐喻后再表达出来或理解语言表达的真实意义。

虽然人们对沃尔夫假说关于语言与思维的关系中到底语言决定思维还是思维决定语言问题一直争论不休，但无论什么时间和场合，思维都需要借助语言表达才能被听话人和读者了解，并实现人际交流中思想和语言的互动。在对物体运动速度和时间运动的描写中，无论文字产生的隐喻意义还是人的空间和时间思维的语言表达，它们都是以人为中心的视觉、感觉和语言表征的结合。（1）a和（1）b中对空间中物体速度的语言表述首先是建立在说话人对所看见的物体感知基础上，对流星、流云和时间怎么运动有所思想和理解，说话人对空间运动的描述也是对自己思想的描述。对时间的描述具有更强的主观性，借助语言，把思想以隐喻的方式表现，在说话人已经具备完整的语言体系前提下，语言帮助了隐喻思维的表达。（1）中所有的描述都表达了说话人的思维方式，正如Lakoff和Johnson（1980a：3）所言，隐喻不仅仅是语言表达形式，更是一种思维和行为方式。学界普遍认为，这种思维方式是用一个更具体、直接的范畴经验来概念化另一个更抽象的范畴（Kövecses，2015：2）。

在认知语言学领域，语言和思维的隐喻属性已成共识。Lakoff（2006：185-186）认为，隐喻的核心根本不在语言本身，而是我们以一个心理范畴去概念化另一个心理范畴的方式，普通隐喻理论就是根据这样的跨范畴映射特征来界定的。在这个概念化过程中，日常生活中的抽象概念（如时间、状态、变化、致使、目的等）都是隐喻的，文字隐喻只是日常隐喻的延伸。认知科学和认知语言学从人的思维自然属性视角探索隐喻表明，语言在使用和理解中无法掌控自己是否使用隐喻，它是一种自动使用和理解（Gildea & Glucksberg，1983），语言本身也是高度隐喻化的。Croft（2002：194）认为，隐喻不具有字面解释可能性，它本身就具备文字所拥有的所有基本意义，它并不是一种特殊意义，而是达成意义或识解意义这个特殊过程产生的结果。Graf（2011）和Svanlund（2007）认为，人类的认知隐喻是一种自然属性，在与世界的互动中，自动产生了语言的隐喻，在这个意义上，隐喻也是语言的自然属性。

隐喻思维通过语言表征，语言使用中的各种情景会在现存的语料中反映出来。因此对隐喻的讨论分析上，语言隐喻具有很强的可操作性。在概念理解上，一个词或短语表达的隐喻意义是我们用来谈论一个实体或其性质，而不是这个词或短语的核心意义或最基本意义。这种非中心意义的使用基于理解隐喻使用与核心意义之间的关系，一般情况下是对两个语义范畴的理解（Deignan，2005：54）。由于隐喻在抽象语言中的中心作用，在自然的语言交际编码和解码过程中，隐喻被参与交际者自发使用。隐喻能帮助我们表达很多无法直接表达的东西，交际中的信息传达、语言表达思想、思想理解语言都依靠语言隐喻。交际本身就是一个抽象概念，如果不通过物理转换使用源域中的语言隐喻，交际会变得异常困难，它需要比较具体的区域来过滤，因此几乎不存在没有隐喻的交际主题。

3.1 隐喻的跨范畴映射

从认知语言学视角把隐喻作为一种认知现象和认知机制进行探讨始于Lakoff和Johnson（1980a，1980b）。他们提出的基本观点是：语言使用中无处不在的隐喻并不只是语言的美化与装点效果，也不是修辞和语言目标，它是语言目标揭示的概念及认知组织。对于语言和思想来说，隐喻不是可有可无的，而是语言和思维的中心。在进一步讨论中，隐喻的更多功能显现了出来，Lakoff（2006：194）认为，语言中的隐喻具有系统性，隐喻主导推理，而推理主导人的行为。Deignan（2005：13）认为，隐喻塑造我们的知识和思维，它的作用在思维层面而不是语言层面，例如，*Feeling on top of the world* 表达的是思想情感，不是语言包装问题，语言只是描述了这种自然感觉的状态。隐喻为理解像时间、情感这些日常使用的概念提供了连贯的框架与图式，这些框架与图式帮助人们理解某些专门的知识，如社会上多数人接触不到的学术知识和那些能够触动每个人的经历的共同话题知识。总之，抽象思维离不开隐喻，几乎所有的抽象思维都是以隐喻方式基于具体、感官的运动（Lakoff，2005）。因此，隐喻并不是凭空想象的，它源自人类的生活经历，这种经历足以让人们把两个范畴的事物以隐喻思维的方式联系起来，两个范畴中的概念产生类比映射联系，它们会共享诸多特征（Grady，2005）。例如，认知语言学的经典例子 *Anger is heat of a fluid*（Lakoff，1987：387；Croft，2002：197；Ungerer & Schmid，2008：133-134），在"热流体"与"愤怒"两个范畴找到了本体和认识方面的相似性（表3.1、表3.2）。

表3.1 *Anger is heat of a fluid*：本体相关性

源域 source: heat of fluid 热流体	目标域 target: anger 愤怒
container 容器	body 人体
heat of fluid 热流体	anger 愤怒
heat scale 热度	anger scale 愤怒程度
pressure in container 容器中的压力	experienced pressure 人经历的压力
agitation of boiling fluid 沸腾的液体	experienced agitation 人经历的激动
limit of container's resistance 容器承受压力的极限	limit of person's ability to suppress anger 人的抗压能力极限
explosion 爆炸	loss of control 失控

表3.2 *Anger is heat of a fluid*：认识相关性

源域：对热流体的认识	目标域：对与热流体相关的情绪的认识
When fluid in a container is heated beyond a certain limit, pressure increases to point at which container explodes. 容器中的流体加热超过一定限度，压力上升到某个点，容器会爆炸。	When anger increases beyond a certain limit, "pressure" increases to point at which person loses control. 愤怒增长超过一定限度，"压力"到某个点时，人会失去控制。
An explosion is damaging to container and dangerous to bystanders. 爆炸损坏容器和旁人。	Loss of control is damaging to person and dangerous to others. 失去控制害人害己。
Explosion can be prevented by applying sufficient force and counterpressure. 足够的力量和反压力可以防控爆炸。	Anger can be suppressed by force of will. 意志力可以控制愤怒。
Controlled release of pressure may occur, which reduces danger of explosion. 可以有控制地释放压力，减轻爆炸危险。	Anger can be released in a controlled way, or vented harmlessly, thus reducing level. 可以可控、无害发泄愤怒，减轻程度。

Ungerer 和 Schmid（2008：136）还从隐喻和转喻互动视角来分析"热流体"与"愤怒"的映射原理。于是后来的隐喻延伸有了各种与身体反应相关的隐喻或转喻表述：

（2）a. You make my blood boil.

b. He was red with anger.

c. She's just letting off steam.

d. Don't fly off the handle.

e. Try to get a grip on yourself.

f. He almost burst a blood vessel.

（Evans，2006：291）

隐喻思维通常是根据已经概念化的实体印象，把两个范畴进行比较，通过比较找到相关性，因此，一些研究者也把隐喻看成两个范畴的类比，是相似隐喻（Evans，2006：293）。人类经历和认知相似性在不同的语言中表现出来，例如，汉语中的愤怒往往与"火"有关："发火""冒火""火冒三丈""火气大""怒火冲天""怒火中烧""火上浇油"，从愤怒与火两个范畴的映射看，在本体上，火燃烧的方式和人生气的生理反应是相似的，都有从力量积蓄到爆发的过程。在对两个范畴的认识上，它们的发展方向、过程和结果有着相似性。在方位上，在没有风的情况下火燃烧时是向上的，在力量上是一种冲击力和爆发力。人发怒时，情绪的激动会让血液快速向上流动，产生了生理的外部表现及生理转喻，例如面红耳赤，还会有言语（如大声吼叫）和行为的爆发（如扔东西，甚至打人）。把生气与热流体或火联系起来也是建立在经验基础上的。最后，两个范畴通过思维和语言结合起来，隐喻的思维和语言的隐喻共同作用表达了一个言语事件，而且进一步通过隐喻和转喻的结合，以隐转喻（metaphtonymy）方式表征出来。

3.2　隐喻思维的创新性与语言创新性

隐喻本身具有的创造性使隐喻的使用及其语言表征具有创新性和非规约性（Kövecses，2010）。因为有隐喻思维的存在，才有可能理解隐喻的创新延伸意义和约定俗成隐喻意义之间的关系（Lakoff，2006：194）。隐喻思维从周围世界自发产生，具有普遍性，它不仅美妙，而且必不可少（Lakoff，2005）。因为有隐喻，新的词汇语义不断出现，特别是网络语言的快速传播，产生了很多隐喻语义。例如，"任性"原本的隐喻意义多用来描述孩子不懂事时的所作所为，后来始于网络流行语"有钱，就是这么任性"的慨叹，使

"任性"在各个场景和语境中被频繁使用，用来描述成人的自负、自由、不受约束、自我中心思维与言语行为以及局面失控等褒贬义兼具的情况，例如下面这几个与"任性"有关的语境：

（3）a. 飞机上岂可放肆随意"任性"，还有哪些"大牌"在"任性"？
　　 b. 你爱吃辣椒吗？热爱探索的专家们说：性格开朗的人爱吃辣，性格内向的人保守不感兴趣！小编不禁"内牛满面"：难怪重庆人"吃辣"这么厉害，重庆人这么耿直开放，这是天生就"任性"的节奏吗？！
　　 c. 近年来不少打着青春旗号的电影几乎都有类似"打胎"情节，有草根微博大V就吐槽"毁三观"，引发了众网友吐槽。不同年代的青春真实情况是怎样的？你的青春这样"任性"过吗？
　　 d. 别墅后院修游泳池把河道都占了，这位业主有钱也别任性。

"任性"的不同使用语境和意义不仅仅是语言创造性的体现，像这种用已经规约化的语义去表达不同意思的情况，也是一种思维的创新性，没有隐喻思维，这种创造性就无法实现，因此可以说是隐喻思维让语言的创造性释放持续的活力，隐喻在语言中无所不在。Perlovsky（2009）对这种现象的解释是，大脑里有隐喻结构理解抽象概念，隐喻是修辞工具，也是思维机制，思维中的隐喻能够产生新的抽象意义。正如Lakoff（1990）、Jackendoff和Aaron（1991）所言，隐喻不仅是一个语言问题，更是一种思维和推理方法。

隐喻在认知中居中心地位，人类隐喻思维的自然倾向性和特征就是用已经熟知的现象去理解不太熟悉的现象，语言学和哲学等领域关于手语、家庭语言使用、儿童隐喻思维等方面都有大量研究证明这种隐喻思维倾向性。另外，隐喻的巨大影响力也在科学发现、艺术创作和幼儿学习中存在（Fauconnier & Turner，2002：15）。因此，隐喻也被看成思维中强有力的概念结构。通过使用隐喻，抽象概念的概念化更容易被理解，因此，Johnson（1987：XV）、Mihatsch（2009：83-88）等认为，思维中的隐喻帮助把有序的经历和内部关联起来，经过推理后成为有意义的结构。利用具体经历获得图式结构并依靠隐喻组织起来，在此基础上，能够理解更复杂的抽象概念。

另外，隐喻思维与意识形态相关，在这个问题上，Lakoff（2002，2004，

2006，2008）的几本著述专门讨论了隐喻与政治及意识形态等问题。从大的社会语言环境看，语言隐喻的使用也为思想和意识形态服务。正常的中国人对"法轮功"三个字的隐喻理解是极端、蛊惑人心、有政治图谋等；某些西方人会根据他们的意识形态需要解读为宗教、自由、信仰等，这可以印证 Lakoff 和 Johnson（1980a：156）以及 Deignan（2005：23）提出的隐喻具有意识形态特征的观点。

3.3 隐喻的主要类型

从隐喻思维的视角看，概念隐喻没有类型区分，但可以根据隐喻的概念特征分为结构隐喻、本体隐喻、方位隐喻等。从语言隐喻的表现形式看，根据功能、使用语境、历史发展等，语言隐喻被理解为不同的形式。从语义类型上看，根据 Croft（2002：203）、Lakoff 和 Johnson（1980a：52-53）、文旭（2014：59-60）等的描述，隐喻可以分为三种类型：一是死隐喻（dead metaphors），二是常规隐喻（conventional metaphors），三是新隐喻（novel metaphors）。这三种隐喻也是在分析研究中被广为接受和使用的类型。由于是根据隐喻的语义类型进行分类，具有更高的概括性和更广的适应性，可以用来解释不同的语言和思维现象。

3.3.1 死隐喻

从认知语言学角度讨论死隐喻并不是一个有价值的话题，因为死隐喻的概念更多的是从语言的字面意义和修辞角度来界定的，"是指那些特有的、孤立的、无系统性的隐喻表达式"（文旭，2014：59）。从语言学角度看，当一个隐喻表达失去了其隐喻地位和作用，只剩下字面意义时就成了死隐喻。例如英语的 *electric current*，最初的隐喻类比发生在 *electricity* 和 *water* 之间，最后只有电没有水。

从修辞的角度看，死隐喻是由于人们在使用中逐渐抛弃了其初始时的意象图式，在使用过程中，语义变得越来越窄小，最后剩下的常规语义，与初始时的语义已经大相径庭，不需要了解其初始语义也能理解目前的意义。语言中的语义变迁是一个自然又必然的过程，死隐喻的存在也是不可避免的，有的死隐喻的初始语义源头本身就不清楚，如英语中经典例子 *to kick the bucket*。有的死隐喻是初始语义清楚但不需要知道也能理解其语义，例如 *to fall in love*。从语义变迁的角度看，语言中很多用法可以看作死隐喻，例如汉语和英语中的成语，不需要知道这个词语拆字后各个词素在成语中的贡献，也无法对一个成语进行分解，而是作为一个整体构式，理解其语义。

学界对死隐喻这个概念的提法也有质疑，因为如果一个隐喻变成死的隐喻，从概念隐喻的角度看，它就失去了隐喻特征，但隐喻特征仍然存在的隐喻并不是"死"的，死隐喻被看作一个孤立的词汇项而不是一个隐喻。总之，死隐喻虽然可以被看成隐喻家族中的一员，但不与其他成员发生关系，在我们的语言思维中也没有被系统使用。

3.3.2 常规隐喻

由于很多语言的使用是约定俗成的，在使用过程中也形成了许多规约性隐喻，也就是常规隐喻，常规隐喻是人类真正赖以生存的隐喻，建构人类文化的一般概念系统，并在日常语言中反映出来（文旭，2014：59）。

常规隐喻在语言中很常见，它是语言隐喻最为显著的特征。由于语言和语言表征的思维方式都已经约定俗成，这种隐喻或说隐喻思维在我们的日常生活中无所不在。Lakoff 和 Turner（1989：99）、Lakoff（1993：229）、Croft（2002：195）等把常规隐喻称为"意象（图式）隐喻"（image metaphors），它们往往根植于人们的生活经验，在生活中不断被重复，具有显著和普遍的认知意义，不仅在某一种语言中存在，在很多语言中也有相似的表达，例如对中英文中 *Time flies* 和"光阴似箭"时间流逝的表达，用 *in*、*at* 等把时间看成容器或地点的语言表述。例如：

（4）a. 七年级是小学的最后一年。在这一年里，她的任务是使学生们掌握升入中学所必需的各种知识和学习技巧，为将来的成功打下基础。（CCL 语料库）

    b. After 35 years as president of the company he founded back **in 1957**, Ken Olsen will give up the reins at Digital Equipment Corp this October, aged 66.（BNC 语料库）

这种语言使用不是有意识的美化语言或特意用某种隐喻语言表述思想，而是一种自发的语言流露，再如：

（5）a. I'll see you **at** 2 o'clock.

b. He is **in** danger.

c. 即使是**大热天里**，重庆人也会光着膀子、摇着大蒲扇、挥着大毛巾吃火锅。（CCL语料库）

d. ……美国不减少对以色列的支持，美国与阿拉伯和穆斯林世界的关系**将处于危险之中**。美方应该认识到，它在整个中东的利益正受到威胁，其代价将大大高……（CCL语料库）

常规隐喻的最大特点是它不是个人在特定语境中的语言使用专属，而是属于整个概念范畴（Croft，2002：195），它的存在就是一种思维普遍性在语言中的普遍性表现。英语中的 *at*、*in* 和汉语的"……里"和"……中"在看得见的思维图式中是空间描述，表方位，在抽象思维中，某种与之类似的情景也通过隐喻映射用同样的词汇表征出来，因此，（5）中描述的方法不是基于特定情景刻意选词，而是一种惯常表达，是语言中无所不在的常规隐喻。

3.3.3　新隐喻

几乎每一个规约性隐喻（映射）都是一个固定的跨范畴概念相关性形式，而新隐喻是已经存在的常规隐喻的延伸（Lakoff & Johnson，1980a：52-53）。文旭（2014：60）认为，新隐喻与常规隐喻有相同的系统特征，如果某个新隐喻进入我们日常概念系统，也就成了概念隐喻。Lakoff（2006：215）把新隐喻分为意象（图式）隐喻（Image metaphors）和普通隐喻（Generic-level metaphors），另外，习语（proverbs）和类比（Analogy）隐喻也被看作新隐喻。

图式隐喻是指源域（始发域）的图式结构与目标域的图式结构经过映射产生关联后所形成的隐喻推理结构。一般情况下，源域中的多个概念可以与目标域中的多个概念产生映射关系，而一次只有一个概念与另一个概念发生映射关系所产生的隐喻是图式隐喻。例如：

（6）The toe box is wide enough and round for my toes, heel is reasonable high so I've been wearing my boots for 9, 10 hours daily with *happy feet*.

（http://www.amazon.cn/Clarks　20141223）

这里的 *happy feet* 是把快乐的人的图式映射到了快乐的脚的图式上，我们的生活经验中有快乐的人的图式，但没有快乐的脚的图式，从快乐的人到快乐的脚是在特定语境中产生的，不是常规隐喻。

从映射的角度看，新隐喻中两个概念和范畴之间并没有太多的相关知识联系，因此是一种贫乏映射。贫乏映射与转喻映射类似，多为一对一的映射，有情境性，不像常规隐喻（conventionalized metaphors）以日常生活经验为基础，两个相关实体之间有很多相似点，因此映射是丰富的。但"新意象隐喻往往不能确切描述隐喻是如何产生的，只能描述隐喻的结构"（Croft，2002：203-209）。隐喻是两个概念范畴映射的结果，映射原理限定两个界面开放性终端的潜在相关性，一旦被激活，映射会再次使新的始发域知识结构与目标域的相关知识结构相关联，映射过程并非机械的始发域输入和目标域输出，具有本体相关性，但始发域中常规的词汇项在目标域中并非一定是常规的，因为映射可以与固定的映射方式相同，也可以不同。因此，始发域中常规的词汇项在目标域中不一定是常规的（Lakoff & Johnson，1980a：52-53；Lakoff，2006：194）。隐喻的跨范畴映射原理反映了人类的生活经历和大脑的思维方式，无论是常规隐喻还是新隐喻（novel metaphors）都经历了同样的过程。不同的是，新隐喻的映射是一对一的，也是一次性的，因此 Lakoff（2006：229）称之为"意象（图式）隐喻"（image metaphors）。意象隐喻是一个命题结构，根据恒定假设原理（Invariance Principle），所有的抽象概念都是隐喻的，通过隐喻，这些意象图式的内部拓扑结构映射到像时间、状态、变化、力动态等抽象概念上就产生了命题推理，命题推理结构其实就是意象图式结构（Lakoff，1993：228-229）。

从常规隐喻的延伸性和新隐喻不断被概念化角度看，隐喻的创新性是没有止境的。例如，时间是资源的隐喻似乎已经是常规隐喻，但它可以衍生出不同的创新隐喻，像"偷时间""买时间"等，因此，Lakoff 和 Johnson（1999：166）认为，"偷窃时间不是一个文字上的真理，也不是一个常规隐喻，更像是一个新隐喻"。

普通层面的拟人和类比两个方面的隐喻也具有创新性。在拟人描述中，隐喻映射一般是一次性的，不具有普遍性。例（6）中的 *happy feet* 使用的场合非常有限，只是在描述说话人对当时穿着那双特定鞋时的感受，不具有普遍性。这种类型的隐喻一般在特定的场景下使用，隐喻两个实体之间至少有一种相似性存在。又如：

（7）*Darling shoe* but hit me really wrong across toe area-hated to have to send back. Would have tried wide if it had been offered.

（http://www.amazon.cn/Clarks 20141223）

（8）秋天到了，树上金红的果子露出了笑脸，她们正在向着我们点头微笑呢！

（9）阳春三月，沉睡了一冬的银梨树被蒙蒙细雨淋醒。

（10）蜘蛛把苍蝇拖来拖去，等苍蝇累得筋疲力尽，蜘蛛才高高兴兴地享用了这顿美餐。

（11）一个个红石榴小姑娘绽放出可爱的笑脸，躲在树枝间。

这些隐喻都有一个特定的场景，"沉睡"一般不与树的描写搭配，筋疲力尽通常是描述人的，红石榴也不等于广义的小姑娘，这些拟人方法是在特定情景下产生的隐喻思维，当情景发生变化后，隐喻映射就不存在了。

从目前的理论讨论和语言使用看，新隐喻是不断涌现的，因为在隐喻映射中，个体大脑中的意象图式结构会在新的语境中不断被激活，产生新的认知联想，从而产生新的语言表达形式，因此，新隐喻的出现是没有止境的。

3.3.4　其他可能的隐喻类型

死隐喻、新隐喻和常规隐喻更多描述了隐喻的语义类型，如果考虑隐喻的功能和意义，还有很多其他方法和视角。例如，Goatly（1997：32-34）根据实体之间隐喻联系的凸显度，把隐喻描述为几个等级。

第一，活跃型（*Active*），完全由字面意义激发的隐喻意义，两种意义之间没有既定的词汇意义联系，如 *Icicles* 指冰棍与手指。

第二，疲劳型（*Tired*），主要由字面意义激发的隐喻意义，一般为多义词，例如 *fox* 指狐狸与人。

第三，休眠型（*Sleeping*），隐喻意义已经约定俗成，字面意义在一定场合由隐喻意义激活，也是多义词，例如 *Crane* 指鹤与起重机。

第四，掩埋型（*Buried*），两种意义变得南辕北辙，例如 *clew* 演变为 *clue*，是僵化型隐喻（死隐喻 Dead metaphors），要么是原来的字面意义极少使用，要么是隐喻意义与字面意义的联系已经渐行渐远，多数人已经不甚了了，例如同音词，*Pupil* 有学生与瞳孔两个意义。

Goatly（1997：33）认为，除了活跃型隐喻，后面几种隐喻都有不同程度的规约性。Deignan（2005：39）则把 Goatly 的分类进一步阐释为改良隐喻（Innovative metaphors）、常规隐喻（Conventionalized metaphors）、死隐喻（Dead metaphors）和历史隐喻（Historical metaphors）。这些对隐喻的分类从不同维度说明了隐喻在思维和语言中的普遍性。

4 概念转喻：概念与思维机制

与隐喻的地位一样，在认知语言学兴起之前，相关学科对转喻的诠释主要停留在修辞功能层面。认知语言学认同隐喻和转喻在文体和话语修饰功能上所起的作用，但认为仅仅局限在修辞功能上并没有体现隐喻和转喻应有的作用，它们更多地表现了人类的思维方式和概念化手段，因此，认知语言学从人类思维和推理的视角研究隐喻和转喻。与隐喻一样，转喻也被视为一般的认知现象（Panther & Thornburg，2007：236），在认知和语言中都是重要的认知工具，在认知模型的建构中，与概念隐喻一样不可或缺，是我们的框架能力和意象图式能力（Barcelona，2019：167）。

Lakof 和 Johnson（1980b）同样把转喻视为一种概念机制，指出转喻与隐喻一样本质上具有概念化特征，后来的研究者对转喻的概念化有很多讨论，Taylor（2001，2002）甚至认为，转喻在人类思维中的基础性超过隐喻，是建构概念隐喻的基础。

转喻作为一种思维方式所起的作用与隐喻一样具有基础性和普遍性，在建构人类的思维方面，转喻与隐喻的作用是相当的（Gibbs，1994；1999），他们都涉及范畴映射，多数认知语言学家对它们的区分是隐喻为跨范畴映射，转喻为范畴内映射，在此基础上，Croft（1993：348）把范畴的概念延伸为范畴矩阵，并且把转喻看作范畴凸显过程。Panther 和 Thornburg（2007：238-239）认为，由于转喻让范畴变成中心，而字面意义居从属地位，因此，在 *The Time hasn't arrived yet* 这句话中，*The Time* 以转喻的方式凸显了一个语义框架激活的次要范畴。当媒体报刊是主要范畴时，一个具体报刊和为报刊写文章的记者往往属于次要范畴。

4.1 转喻的概念界定与推理机制

就转喻的概念理解而言，与隐喻概念是相似的：它同样被理解为源概念和目标概念间的映射，特别之处在于这种映射关系处于同一个社会认知范畴，往往与一个认知模型相关（Ungerer & Schmid，2008：130）。转喻是认知的最基础特征之一，也是思维的工具，转喻的概念界定与推理机制都是由转喻的概念化特征决定的，根据 Lakoff（1999：401-402）的阐释，概念转喻是一个可理解的认知模型，这个模型具有以下特征。

第一，在特定的语境中因为特定的目的，需要理解某个目标概念 A。

第二，存在一个包含概念 A 和概念 B 的概念结构。

第三，在这个概念结构中，B 要么是 A 的一部分，要么与它有紧密联系。非常典型的是，在概念结构中，选择 B 的结果是 A 变得很特别。

第四，与 A 比起来，B 要么容易理解、容易记忆、容易辨认，要么在特定的语境中，为了特定的目的可以马上变得有用。

第五，转喻认知模型就是在一个概念结构内，A 和 B 是怎样联系起来的模型，与 A 比起来，这种关系由 B 到 A 的功能来确认。

Panther 和 Thorgnberg（2007）认为，转喻是思维的工具，它在构建意义中起重要作用。可以从归纳、演绎、溯因推理（abduction）和隐含推理（implicature）四个方面讨论转喻的推理模式。

归纳推理是根据范畴中某些成员的特征推导出整个范畴的特征。自然语言中的部分转喻具有归纳性特征，例如用 cleenex 代 paper。但绝大多数转喻不是归纳性的，例如用效果指原因（effect/cause）过程指结果，作者指作品，这些都是非归纳性推理。

从演绎推理视角看转喻，它并不是一种演绎推理，因为转喻不是三段论式的推理，而是现实世界中源概念和目标概念之间的一种邻接关系。虽然转喻意义本身是可以分解的，但是，目标概念受制于源概念，从这个意义上讲，转喻是不可分解的。

根据皮尔斯的观点，溯因推理是转喻思维的中心模式。这种推理是一个闪念（Abductive come to us like a flash）。与其说是推理，不如说是一种关联（associative connection）。溯因推理是可以分解的，转喻推理也与溯因推理一样是自发和自觉的（spontaneous and intuitive），它依赖概念实体之间的联系纽带。但转喻推理的所有方面是否都与溯因推理一样仍然不得而知。溯因推理具有解释性，转喻推理是构建意义的概念语义工具和推理方法，不是用来解释的。

转喻思维具有普遍性。转喻不是语言目标，但它是语言目标所表达的概念和认知组织。从映射原理看，转喻认知模型里的两个相关概念实体之间的联系产生于同一个概念结构，从一个实体至另一个实体特定功能限定了这种联系（Lakoff，1987：85；Papafragou，1996）。因此，转喻一对一的关系往往受制于语境，有较强的情景性，例如，*head* 和 *hand* 作为身体的一个部位都可以转喻人，在关于劳动力需求的语境中，*We need more hands*（我们需要更多人手）是可以接受的，但 *We need more heads*（我们需要更多人头）是不可以接受的。但在谈论领导人的语境中，*head* 在 *The former Congressman is head of a visiting group of Irish-Americans which includes Nial O'Dowd, publisher of the weekly US newspaper "The Irish Voice"*（BNC）中，作为一个领导者的语义也没法用 *hand* 取代。因此，很多转喻是基于语境或情景的，基于此，转喻的语义学概念探讨也是一个持续的动态研究过程。

在对转喻的概念进行界定时，往往与隐喻进行对比，Lakoff 和 Johnson（1980b）强调隐喻的跨范畴映射和转喻的范畴内映射，Croft（1993，2002）、Ungerer 和 Schmid（2008：133）则强调转喻的范畴凸显功能。Evans（2006：311）强调转喻的两个实体概念关系是"X 替代 Y"，隐喻是通过 Y 理解 X 的概念关系。它们都具有源概念、目标概念与范畴映射特征，主要区别是概念实体之间的映射对等性与否。虽然关注点有别，但对隐喻和转喻的映射原理的认识是一致的。多数隐喻是丰富映射，而转喻是一对一的贫乏映射，它们之间有不同的语义联系类别：隐喻的基础是相似性，转喻的基础是邻接性，通过这种邻接关系，转喻的源概念与目标概念形成两个在认知上对等的实体（Ungerer & Schmid，2008：128）。例如，在 *Life is a journey* 这个隐喻里，人生和旅程有诸多相似之处，人生经历中的很多特征与旅途的很多特征相似。转喻的对等与邻接关系表现为某种替代关系：整体与部分、地点与人、抽象事物与具体事物等，在"给汽车加油"时，不是给整车加油，而是给车的一部分即油箱加油，整体替代局部，是部分—整体之间的转喻联系（Geeraerts，2006b：13）。总之，在转喻的很多特点与隐喻相同的情况下，对转喻进行概念界定时，主流认知语言学接受并发展了 Lakoff 和 Johnson（1980b）所阐释的隐喻与转喻映射关系不同的观点，强调转喻映射与隐喻的跨范畴映射不一样，它的映射发生在同一个范畴或范畴矩阵内。像人生与旅程属于两个不同认知范畴，但汽车和汽车油箱属于同一个认知范畴，它们在同一个物理及空间范畴内。因此，认知语言学对转喻的概念界定也主要从其概念实体映射原理及其在人类思维中的作用来考虑。

转喻的概念意义较为宽泛，其范畴和概念意义在构词方面也有较强的解释力。词汇本身的意义（例如 *head*）和词汇在语境中所指（*head=leader/ boss*），转喻映射发生在同一个范畴，基于转喻的邻接性特征。Croft 和 Cruse（2004：216）把转喻的语义概念作同一符号内概念实体之间的关系，包括形式与意义关系，语言符号与所指事物间的关系、缩略词与其全称的关系、典型与其代表的范畴间的特殊关系。对转喻涉及的范畴被不同的研究者（Barcelona，2002；Fillmore，1985；Lakoff，1987）分别称为功能范畴（functional domain）、框架（frame）和理想认知模型（Idealized Cognitive Model）。研究者在对转喻进行概念界定时也把它限定在某个认知范畴（框架或理想认知模型）中，从认知的角度看，范畴内的概念映射也是目标的心理激活，实现某个语用功能。例如，*head* 到 *leader*（*boss*），通过人的头激活了对整个人的认知过程并实现了相应的语用功能。因此，Barcelona（2002：246，2009：365）把转喻界定为：

A metonymy is a mapping of a cognitive domain, the source, onto another domain, the target. Source and target are in the same functional domain and are linked by a pragmatic function, so that the target is mentally activated。

在目标心理激活的层面上，激活的结果是一个实体代表另一个实体，在此认知过程中，一个实体为另一个实体提供认知参照点，Kövecses 和 Radden（1998：39）、Kövecses（2005）把该转喻过程看作一个实体为另一个实体提供心理通道的认知过程，因此，他们把转喻界定为：

Metonymy is a cognitive process in which one conceptual entity, the vehicle, provides mental access to another conceptual entity, the target, within the same domain, or ICM.

Radden 和 Köveces（2007：336）也有类似的表述：

Metonymy as a cognitive process in which one conceptual entity is accessed via another entity. The metonymic entity serves as a "referece point" that affords mental access to another conceptual entity, the intended target.（Radden & Kövecses，2007：336）

从 Lakoff 和 Johnson（1980a，1980b）开始，经过三十多年对转喻的语义学概念的动态研究，认知语言学对转喻概念的界定更为清晰，明确了其具有的修辞功能和思维功能：

Metonymy is a figure of language and thought in which one entity is used to refer to, or in cognitive linguistic terms "provide access to", another entity to which it is somehow related.（Littlemore，2015：4）

根据学界对转喻的概念的持续讨论可以看出，概念转喻必须满足三个条件：一是，转喻映射必须在认知范畴内；二是，源概念和目标概念处于同一个认知范畴；三是，源概念能够为目标概念提供心理相通的途径。在概念的界定基础上，根据转喻发挥的不同功能，进一步区分了指称、推理和概念化三种转喻形式。因此，Barcelona（2009：369）把转喻分为推理转喻、动机型转喻和指称功能转喻，实际上，这些转喻形式都是基本的认知形式和认知表征手段，在概念化推理中起重要作用。

4.2 转喻的概念意义与概念化功能

基于 Lakoff 和 Johnson 的转喻观，后来的研究者进一步阐释了转喻的范畴化和概念化过程，如 Panther 和 Radden（1999）、Taylor（2001：124，2002：342）、Panther（2006）等对转喻功能的论述。虽然与隐喻相比较而言，转喻并未得到应有关注（Panther & Thornburg，2009：24），但在概念组织上，转喻比隐喻更为基础，它甚至是隐喻的基础（Evans，2006：311）。Papafragou（1995）认为，即使传统的转喻修辞功能界定也强调转喻中的概念联系有基础作用。Taylor（2002：342）甚至提出，所有隐喻联系都基于转喻，所有联系首先是语义场内在的邻接。Bredin（1984）和Janda（2011）也认为，从转喻的概念意义看，任何形式的转喻都是一个概念化过程，能够对实体进行概念化，它比隐喻更常见，使用更广泛。由于转喻的概念化功能，比传统修辞理解更宽泛，因此，转喻也被界定为一个概念化过程："在这个过程中，一个概念实体即目标在同一个理想认知模型内可以通过另一个概念实体的载体作用达成心理相通的途径。原则上，二者中任何一个概念实体都可以互相替代，即转喻是一个可逆性过程。"（Panther & Radden，1999：2）

转喻拥有的这些概念化原理也说明了实体之间转喻关系的语境依赖性和经验性。从哲学和认知语言学的经验现实主义观出发，概念形成不是内在抽象化官能作用的结果，而是由人的具身经验即外部经验促成。一个具体概念的形成经历包括完型感知、身体运动、具身经验、文化学习等因素的共同作用。因此，Papafragou（1996）认为，转喻作为人类的基本认知方式和它具有的概念化能力，使人类拥有了自动而自然理解各种概念的能力，无须专门学习和教授，这种自动化能力就可以满足日常生活中的交际需要。例如：

（12）A: 婚礼定在了新年前的那个礼拜天。
　　　B: 哦，好的。主婚人清楚了吗？

（12）A有一个清楚的时间指示，B虽然没有直接表明时间，实际上，"清楚了吗"里面就包含了"是否清楚具体时间"，在这个认知语境中，说话人和听话人谈论的内容处于共同的认知语境，不需要解释话语所指就可以相互理解，日常交际中这样的转喻思维方式无处不在。

另外，转喻还具有凸显功能和指称功能。转喻在作表语时借助表语部分的突出位置较好地表现了凸显功能，例如，在 *I'm all ears* 中，凸显的是人的听力特征，与贫乏映射隐喻非常相似（Ungerer & Schmid，2008：131）。转喻的指称功能主要表现在其指称一个实体时的直接性，往往用一个实体直接替代另一个实体（例如，*White House* 指美国政府），特别是部分与整体之间的转喻，有明显的指称性。因此，在转喻的类型中，指称转喻是最为普遍的。

4.3 转喻的主要类型

转喻是通过实体间映射来完成的，涉及邻接、框架（理想认知模型）和范畴，因此，转喻的分类也基于这三大策略，Croft（2002：217）把转喻按实体替代类型分为五大类。

第一类，部分—整体关系转喻。

部分代替整体：*I noticed a few fresh faces today.*（*face* 代替人）

整体代替部分：*My housemates are using the kitchen.*（厨房代替厨房里的设施）

第二类，个体—集体关系转喻。

个体代替集体：*He's no Heifetz.*

集体代替个体：*Postman, this letter is covered in mud!*

第三类，实体—属性关系转喻。

实体代替属性：*Shares took a tumble yesterday.*

属性代替实体：*He's a size ten.*

第四类，系统级别上的不同值，包括以下两种。

夸张：*It's practically absolute zero here - let's turn on the central heating!*

保守陈述：*I'm feeling a bit peckish - for one week in the mountain I only live on some wild vegetables.*

第五类，对立。

主要指反语（讽刺）：*Now let's move on to the small matter of the £30,000 you owe us.*

根据转喻中两个实体之间的内在联系，Kövecses（2005）从配置关系角度把转喻的框架整体与部分分为两种关系：部分与整体、部分与部分配置关系，这种关系与一般转喻关系一样有邻接性。基于这样的实体关系，Radden 和 Kövecses（2007：340-349）、Littlemore（2015：19-35）通过例证详细讨论了每一个认知模型所包含的具体转喻形式（图3.1）。

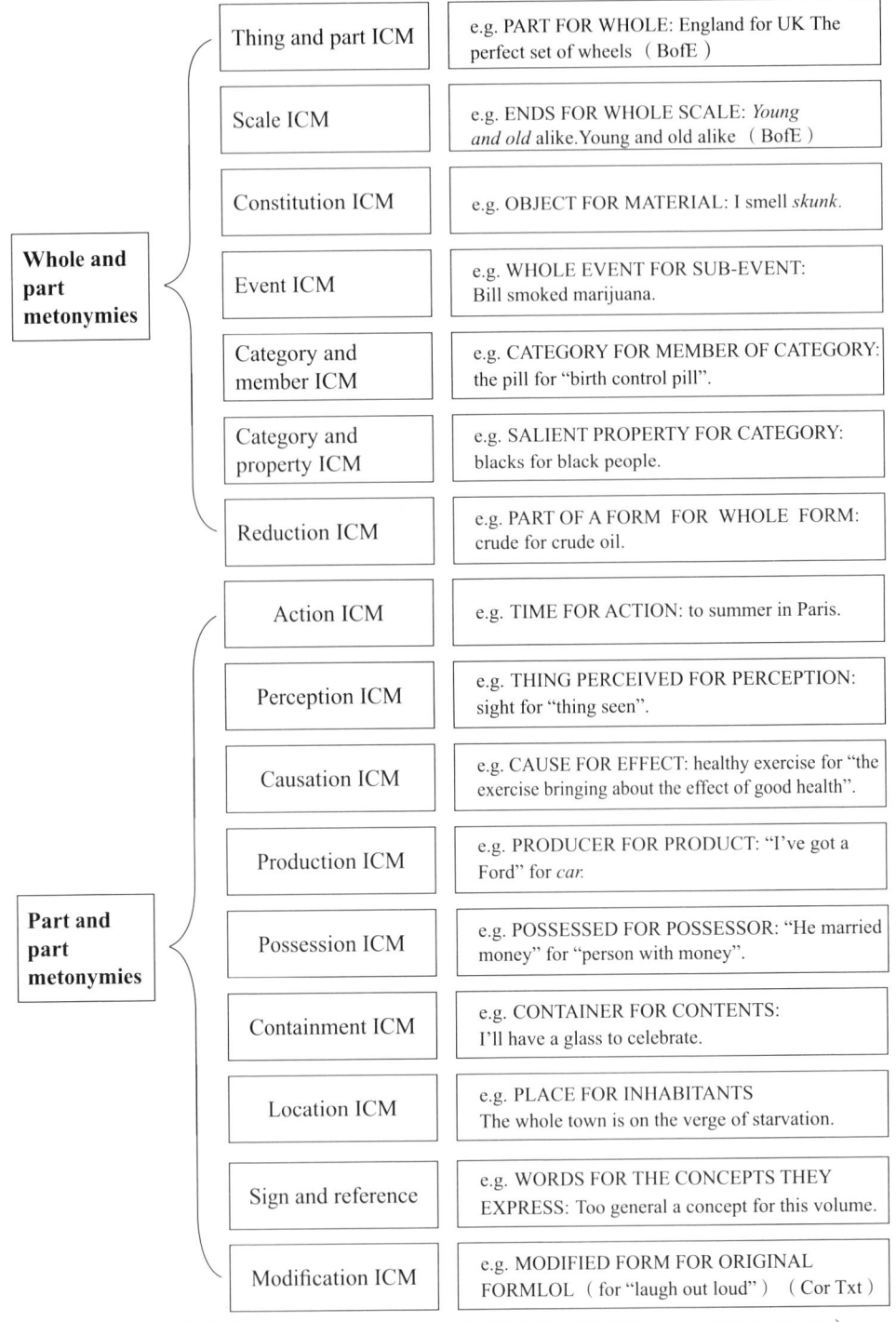

Whole and part metonymies	Thing and part ICM	e.g. PART FOR WHOLE: England for UK The perfect set of wheels（BofE）
	Scale ICM	e.g. ENDS FOR WHOLE SCALE: *Young and old* alike.Young and old alike（BofE）
	Constitution ICM	e.g. OBJECT FOR MATERIAL: I smell *skunk*.
	Event ICM	e.g. WHOLE EVENT FOR SUB-EVENT: Bill smoked marijuana.
	Category and member ICM	e.g. CATEGORY FOR MEMBER OF CATEGORY: the pill for "birth control pill".
	Category and property ICM	e.g. SALIENT PROPERTY FOR CATEGORY: blacks for black people.
	Reduction ICM	e.g. PART OF A FORM FOR WHOLE FORM: crude for crude oil.
Part and part metonymies	Action ICM	e.g. TIME FOR ACTION: to summer in Paris.
	Perception ICM	e.g. THING PERCEIVED FOR PERCEPTION: sight for "thing seen".
	Causation ICM	e.g. CAUSE FOR EFFECT: healthy exercise for "the exercise bringing about the effect of good health".
	Production ICM	e.g. PRODUCER FOR PRODUCT: "I've got a Ford" for *car*.
	Possession ICM	e.g. POSSESSED FOR POSSESSOR: "He married money" for "person with money".
	Containment ICM	e.g. CONTAINER FOR CONTENTS: I'll have a glass to celebrate.
	Location ICM	e.g. PLACE FOR INHABITANTS The whole town is on the verge of starvation.
	Sign and reference	e.g. WORDS FOR THE CONCEPTS THEY EXPRESS: Too general a concept for this volume.
	Modification ICM	e.g. MODIFIED FORM FOR ORIGINAL FORMLOL（for "laugh out loud"）（Cor Txt）

图 3.1　转喻分类（Radden & Kövecses, 2007: 340-349; Littlemore, 2015: 19-41）

转喻思维和对生活中事物的转喻表征也是一种认知经济原则。人们通常用已经充分理解的东西或事物外部显露的最易观察到的部位或方面来代替另一事物，或某事物的整体，或事物其他方面，或者事物的某一部分（Lakoff，1999：396）。

在整体与部分类型转喻中，Radden 和 Kovecses 讨论了七个理想认知模型，Littlemore 区分了六个理想认知模型。虽然每一个转喻类型都实现了相应的语用功能，选择某一种转喻方式也表达了个体的特征。例如，Littlemore（2015：23）在对 1000 个语料文本进行分析后发现，具体的整体转喻部分的情况比较少见，而具体的部分转喻整体的情况比较多，特别是涉及人的身体部位与人的时候，例如 *hand*、*head* 指人。在材料转喻物体时，英语中的单数和复数使用表达了说话人的心理意图：*wearing fur* 和 *wearing furs* 都是材料转喻物体，但使用复数却指穿衣服的人在炫富（Littlemore，2015：27）。

在部分与部分转喻中，Radden、Kövecses 以及 Littlemore 都讨论了几个理想认知模型（图 3.1）。在部分转喻部分中，理想认知模型中的两个概念实体往往是事件中相互关联的实体，即在同一个事件中，两个实体往往是事件中的两个参与者。

除了其普遍具有的概念化功能，根据转喻所实现的功能，转喻还可以从指称转喻和推理转喻两种类型来区分。

4.3.1　指称转喻

在文体研究层面分析语言，转喻的理解和释义主要集中在修辞意义上，强调用某个事物或概念代替另一个事物或概念，与修辞意义上的隐喻一样，是一种丰富、美化语言表达的手段。对于作者和读者来说，这在很大程度上增强了文本的表达力和可欣赏性。但如果把转喻局限于"指代"作用上，用"修辞"去解释语言现象就偏离了语言的形式，失去对转喻所指称的丰富及多产语言现象的理解。认知语言学根据转喻实现的功能，认为在"指称"层面，无论是替代、换称还是多义等语言现象都是自然、自发产生的，这些指称实现了多种交际功能，它不是一种简单的替代，Nunberg（1979）和 Papafragou（1996）视之为一种推理指称（deferred reference）。总有一种纽带联系转喻与其所指，源概念是理解目标概念的指称参照点，因此，转喻更多地被视为指称转喻（Langacker，1993；Pankhurst，1994）。指称能力是正常人最首要的基本的能力，"由于我们的指称能力最为基本、无所不在，转喻也无处不在，因为它有用处很大的认知和交际功能，因此总是首先发生"（Langacker，1993：30）。

在关于指称转喻中的概念问题上，Kövecses 和 Radden（1998）、Radden（2009：202）指出：转喻是两个概念之间的推理关系：源概念指称明确，在特定的语境中为目标概念提供心理通道。由于邻接性是转喻最显著的特征，实体之间主要是一种邻接性或相似性。Blank（1999：172）认为，邻接性通过横向组合关系和复合词纵向聚合关系实现：短语、句内词语构成横向组合关系，思维中的概念之间构成纵向聚合关系。例如，半导体和收音机是"半导体+收音机"，组合为"半导体收音机"，再通半导体和收音机两个概念的组合联系发生转喻，用"半导体"转喻"半导体收音机"（英文 transistor radio 的转喻构词原理相同）。

转喻涉及理想认知模型、图式、结构框架等形式，是人类认识世界过程中所形成的知识形式，它们都是独立存在的形式。虽然它们都有独特性，但对于整体与部分、部分与部分在理解中的可分离性和它们在横向组合与纵向聚合关系中体现的整体性对于概念的识解与表达有显著意义。特别是部分与部分转喻关系，聚合在一起就是一个可以识解的整体，也是一个框架结构。

从 Radden 和 Kövecses（2007：340-349）、Littlemore（2015：19）给出的例子（图 3.1）中可以看出，Kövecses（2005）提出的两种转喻配置关系可以帮助我们辨识多种具体转喻生成关系，这些关系中多数是指称转喻。例如，在范畴转喻特征（Category for Property）的指称中，范畴本身作为一个包含部分的整体结构，转喻了范畴中的特征：

（13）初中生的神经系统的变化也很大。脑的重量增加虽然有限，但脑的神经纤维在增长，脑的功能日趋复杂化。（CCL 语料库）

（14）又幸而中国当时有青年外交家曾纪泽，以极冷静的头脑和极坚强的意志，去贯彻他的主张。（CCL 语料库）

（13）中的"脑"指思维的器官。由于脑主管思维，认知科学的研究证明了人的大脑与心智是同步发展的，因此，思想与智慧是大脑具有的典型特征，成为这个范畴的标识，因此"脑"转喻思想与智慧，即范畴转喻特征。

范畴与其特征之间的包含关系与整体性形成在范畴与范畴特征相互指称的基础。由于范畴中的部分特征往往更加凸显，在特定的语境中，标识范畴的特征也可用来指范畴，即某个特征转喻整个范畴（Property for Category）。例如：

（15）The press has scoured every exit poll for the latest evidence of racial polarization, not just in terms of white and black, but black and brown as well.（Barack Obama 2008年总统竞选演讲）

（16）Fancy coming round for some drinks.

（17）春天满山遍野的树木花草吐绿绽翠，生机盎然；秋天，层林尽染，果实累累，板栗炸了，洋桃熟了，展示的是满眼的成熟与丰硕。（CCL语料库）

（18）6岁时，父亲便让他临池习字，无论酷暑严寒，总是握笔不断。（CCL语料库）

（15）用人的肤色特征 *white*、*black*、*brown* 的来指称由这些肤色特征的人组成的几个群体。（17）"层林尽染，果实累累""板栗炸了，洋桃熟了"是秋天的风貌，很多类似的描述都不使用"秋天"二字，但秋天所展现的特征都有独特之处，这些特征也清楚地告诉读者这是秋季。（18）用描述气温的"严寒"转喻冬天，"酷暑"转喻夏天，"热"和"冷"是一年中经历的夏季和冬季的典型特征，它们分别转喻这两个季节，是范畴特征转喻范畴。

框架结构（理想认知模型）内范畴与范畴中的成员之间的转喻，即范畴转喻范畴中的成员（Category for a Member）或范畴成员转喻范畴（A Member for the Category）也是典型的指称转喻，例如，用阿司匹林指称止痛片。

转喻的指称功能往往受动机驱使，是参与交际的人在共同构建的认知框架中，双方都能理解和接受的某个指称。由于语法、语篇—语用和概念等因素的共同作用，指称转喻在语言中使用最为频繁（Brdar-Szabó & Brdar，2003），受约束相对较少，更加普遍地被使用，在反复的使用中，转喻为主的指称意义会逐渐词汇化，变成一个语法构式（多数时候为词素），意义固定后，这个转喻就成了动机型转喻。转喻构词是一个很重要的构成方法，加上转喻有推理功能，语言现象固化后，承载的意义最终演变为约定俗成的语言表现形式，成为常规转喻，例如"青瓦台""白宫"分别专门指韩国和美国政府。虽然转喻通常有很强的情景性，但一系列语言结构所显现出的语言现象是动机结果的反映，因此，它们并不是完全任意的，也没有完全的可预测性，只是一个程度问题（Lakoff，1987：346，493；Brdar-Szabó & Brdar，2003）。

4.3.2 推理转喻

由于转喻是一般的思维方式，通过语言的表征，实现了语言的人际功能，也通过语言的不同层面表现推理方式。在转喻思维中，转喻是自然推理图式，先前大脑中的隐性经验和知识结构被激活后，与新信息和新知识挂钩，形成新图式。任何转喻类型都有推理功能，指称和替代功能也是转喻推理功能的结果。无论是口头还是书面交际中，对某个指称转喻的解码实际上是听话人或读者经过推理理解说话人或作者的指称意图，语言构式经过推理活动，特别是反复使用的语言构式，最后的结果可能会变成一个固定的程式，可能发生在语言的词汇、语义、语法、语用等不同层面，在语言形式上则表现为词汇化。因此，在一定的语言环境中，转喻表征的所指（referent）往往由一个名词短语或名词结构来完成，多数已经成为约定俗成的语言形式，解码者不需要付出认知努力就能理解。例如，在时间转喻方面的考察中，从词义学角度讨论的时间概念化语言表征与普通的转喻一样包括概念实体间的指称、替代、推理等，分别对应了概念转喻的指称、替代和推理关系。

与隐喻的功能一样，转喻也是人类基本思维方式，是重要认知过程，"这种认知过程促进了语言现象的产生"（Janda，2011），从思维到语言表征这个过程实现了转喻的推理功能。因此，转喻不仅是人类思维的重要方式，也是常用的语言形式。从转喻的概念界定中我们不难发现，转喻在本质上是概念性的。概念转喻中指称转喻最为常见，推理与指称常常如影随形。当指称转喻用一个相关实体指称另一个实体时，推理过程也实现了指称功能，因此指称实质上是一种转喻推理（Lakoff & Johnson，1980a：35；Lakoff，1987：13）。Gibbs（1999：62）认为，转喻推理可以修正我们的思维方式并进一步修正我们谈论事件的方式。推理过程中实体意义融合后会产生新的意义，转喻类型中部分转喻整体、个体或特征转喻种类等都是通过推理实现的。例如，在 A bird has two wings 中，a bird 是个体，它实际上代表了 bird 这种类型，对"一只鸟"具备的 two wings 个性特征理解会推及对这个群体共性特征的理解，Radden（2009：205）把这种现象解释为例示与类型经过概念整合，生成了表征性结果。这种现象在语言中常常被解读为个体泛指普遍的性类属，汉语和英语中比比皆是。例如：

（19）一节课有45分钟。（"一节课"的指称从"某一节课"指向了"每一节课"。）

（20）一个人种庄稼，一方面当然要培育它，但是另一方面千万不可"助长"。（CCL语料库）（"一个人"种庄稼要这样做，任何人种庄稼都要这样做，"一个人"的经历转喻所有人的经历。）

（21）A goldsmith is someone who makes objects from gold。（一个金匠转喻整个金匠群体）

（22）A musician is someone who is skilled in playing music, usually as a job.（一个乐器演奏者转喻整个演奏乐器的音乐家群体）

5　隐转喻理论：互动中的融合

隐喻与转喻在概念化思维中的普遍性得到广泛认同，但对二者的映射原理是"两个范畴间的映射"还是"同一个范畴内的映射"的观点尚存争议。Panther（2006：148）认为，隐喻和转喻不能简单根据范畴区分，根本区别是"源"和"目标"之间的符号关系：隐喻是一种相似关系，转喻是一种标记关系。二者的本质区别是转喻邻接与相关之间的联系（Panther et al.，2007：237）。Peirsman 和 Geeraerts（2006）也质疑转喻的范畴界定：Proust is tough *to read* 中，源域 Proust 是人类，其作品目标域是人类的创造性活动，并非同一个概念域。这样一来，用"隐喻的相似性联系和转喻的邻接性联系"区分隐喻和转喻也存疑。隐喻和转喻作为认知概念过程，原则上是两种不同的思维方式和不同的认知过程。但从激活的角度看，它们之间无明确界限，都是认知域的激活（陆俭明，2009）。于是，Croft（2002：161-205）把范畴矩阵用来代替范畴，于是转喻映射联系就限定在了同一个范畴矩阵内，避免了先前引发争议的同一个范畴。因此，Croft 把转喻映射解释为发生在同一个范畴矩阵内的实体间的映射关系，转喻思维过程则是范畴凸显过程（Croft，2002：177；2006a：280）。

隐喻与转喻的映射关系也是隐转喻（metaphtonymy）现象发生的基础。虽然隐喻和转喻一般区分为不同的概念过程和映射原理，但隐喻的跨范畴映射并不能完全重合，Lakoff（1987：288）指出："典型映射是部分地把始发域的结构映射到目标范畴的相应结构上"，Taylor（2002：342）把这种共存于语言使用中的映射称为意义延伸，它是范畴之间存在的某种联系，被 Riemer（2002：402-403）叫作后隐喻（post-metaphor）和后转喻（post-metonymy），也就是 Goossens（1990，2002）等提出的转喻与隐喻连续体，总之，认知概念化过程中的推理方式并非总是单一隐喻或转喻。

关于到底是隐喻还是转喻的争论，隐喻转喻连续体概念是一个回避争议的好方法（Barcelona，2002：206-277；Dirven，2002：175-111），它不仅回避了隐喻转喻区别的争论，而且强化了二者的共存。涉及转喻时，凸显其指称邻接和语言现象的普遍性（Peirsman & Geeraerts，2006）。尽管如此，Deignan（2005：53-60）仍然批评区分太过简单，认为很难完全分开两个概念，最初对隐喻的阐释中都有转喻成分，这是概念隐喻理论的基础，如果从更宽泛的角度看转喻范畴，转喻里的修辞语言常常被说成隐喻（Deignan，2005：53）。这些对隐喻和转喻关系的解释被 Goossens（1990）发展为隐转喻理论。

对隐喻和转喻的互动研究始于 Lakoff（1987：382-383），他在讨论 *anger* 时，首次谈到了隐喻和转喻的互动。对于"愤怒"情感导致的血压升高、身体发热（increased body heat/blood pressure），其外部表现为脖子或脸发红，这种生理反应的面色"红"或身体热等转喻"生气"或"发怒"。而"一般理论强调，生理现象产生的'热'是愤怒隐喻的基础"（Lakoff，1987：383）。脸发红、发白、发热等生理转喻，使 anger 获得了丰富的概念结构，与"愤怒"生理现象产生的热隐喻结合，通过互动使隐喻与转喻融合，表征 anger 的概念。Ungerer 和 Schmid（2008：135-138，2007：135-137）详细讨论了 Anger is the heat of a fluid in a container 中的隐喻和转喻互动，包括 anger 如何获得概念结构、转喻如何促成隐喻，最后达到隐喻与转喻的基本平衡几个方面。

Goossens（1990）认为语言用法里都有难以分开的隐喻和转喻成分，在对语言现象的分析后发现了现实语料和日常语言使用中，广泛存在隐喻和转喻的融合情况。他通过研究纯习语后发现，许多纯习语的形成是隐喻和转喻互动的结果。但这并不意味着隐喻或转喻理论不能解释语言或概念化的语言表征，而是多一个角度分析语言的使用和现存的语料。

在对象声词的有声数据库中的资料分析后，Goossens（1990）发现，源自转喻的隐喻在范畴内部呈增多趋势。这些案例中，声音多与人类的某个活动交集，与语言行为自然同步发生，典型情况是话语结合为一个混合体（hybrid），是情景转喻，情景如果产生变化，又变成以转喻为基础的隐喻，因此，到底是转喻还是隐喻，在具体使用中很难分清楚。Goossens（1990）也从语料库检索了 lips、mouth、tongue 等身体部位词语，发现语言的具体使用都有工具性，是担当了隐喻、转喻或者隐转喻的角色，取决于功能需要。他检索出的与"头"（head）相关的 26 个词项在不同的情景中实现了隐喻、转喻以及隐转喻功能。例如，headquarters 在一般使用中是对机构与地名的指称，在理解其机构管理功能的时候，head 的丰富隐喻映射与对权威机构或机构所指地的指称功能同时起作用，隐喻和转喻共同作用完成了认知操作过程。

在涉及人的身体的隐转喻使用时，身体部位词语在语境中有名词、动词或者形容词性特征，在具体语境中有各自作用。身体部位词汇的形容词和动词性用法与其他词性的词汇结合后，情景变得更加宽泛，功能也更强大，例如，back the project，hand-made。一般来说，身体部位词语的名词性用法直接可以表达语言行为，也与其他义项组合。在更宽泛的语境中，身体部位词语的工具性复杂度提高，单纯的隐喻或转喻更难表达或理解意义，因此二者互动的可能性更大。在 to tiptoe out of the classroom 中，身体部位所表达的动作除了走路姿势，还表达出行为人在方式和注意力分配上的小心翼翼。

无论是人类的言语行为还是语言交互行为，过程都较复杂，有各种因素的参与和作用，涉及的思维过程不全是靠某一种概念化手段可以完成。虽然隐喻、转喻都是基本认知思维，但隐转喻（metaphtonymy）思维解释这些行为更有说服力。即使隐转喻思维也有不同的形成机制，Goossens（2002：366-367）指出了四种隐转喻认知形式：

Metaphor from metonymy（源于转喻的隐喻）；

Metonymy within metaphor（隐喻里的转喻）；

Metaphor within metonymy（转喻里的隐喻）；

Demetonymisation in a metaphorical context（隐喻语境里的去转喻化）。

其中，"源自转喻的隐喻"和"隐喻里的转喻"比较多见，"转喻里的隐喻"和"隐喻语境里的去转喻化"相对罕见。

"源自转喻的隐喻"是最为常见的隐转喻思维现象。由于隐喻也是一种类比关系，这种类比关系常伴随转喻性变化，Mihatsch（2009：88）认为，隐喻本身就是转喻转化的结果，在时间与空间的映射关系中，隐喻不是创造性而是涌现的（emerging metaphors），这就是从转喻中产生的无处不在的隐喻。在认知过程中，识解人首先把一个语言现象的文字意义与其指称的意义联系起来，产生一种转喻思维，在此基础上，语境中的参与因素激发进一步的理解，形成跨范畴隐喻映射。例如，对"咬紧牙关"的第一理解是"克服困难"或"战胜痛苦"，即用咬牙的动作转喻付出力量克服艰难困苦，用隐喻思维进一步理解思想表达的情景。追溯"咬牙"的生理反应，人类的经验都会理解是身体某个地方疼痛而想去压制的自然生理反应，是一种转喻凸显，进而通过理解身体反应而理解心理和精神反应，这又是一种隐喻思维，因此，自然反应"咬紧牙关"所产生的语义联想就是源于转喻的隐喻用法。Goossens 用了英文词语 giggle 的使用详解了隐喻如何从转喻中产生之过程：

（23）"Oh dear," she giggled, "I'd quite forgotten."

（23）言语事件识解的关键是"咯咯笑"动作，对这个动作的理解首先是对一个非言语事件的理解，继而转向言语本体理解，Panther（2007：243）认为，从非语言范畴到语言行为范畴的隐喻映射基础首先是一种转喻理解。在这个言语事件和非言语事件的结合中，*giggle* 表达的是"咯咯笑时欢快地说话"。

其他身体器官（如面部以及五官）的生理转喻也有相似的隐转喻原理，例如：

（24）She caught the minister's ear and persuaded him to accept her plan.

（Croft & Cruse，2004：218）

（24）中，*caught the minister's ear* 是识解中心，对 *to catch ons's ear* 理解是 *to catch ons's attention*，这是一种转喻思维，"这种识解会强制产生对 *caught* 的隐喻识解，*catch X's attention* 实际上是 *make X attend*"（Croft & Cruse，2004：218），因此对 *caught* 的使用和识解都是隐喻性的。

典型的"隐喻里的转喻"情况是转喻用法实体嵌入到某个复杂隐喻用法中，产生隐喻里的转喻（Goossens，1990），例如，*She was walking on air* 的识解焦点是 *walking on air* 语言构式，在整体上是一个隐喻用法，但在目标域里，转喻也帮助表达和理解，与源域"空中漫步"相关实体的隐喻诠释，*walking on air* 转喻 *an extremely exciting state*，描述"她"的极度高兴状态。

继 Goossens（1990，2002）提出的隐转喻理论后，很多研究者（Geeraerts，2002：435；Dirven，2002：3；Croft & Cruse，2004：218）也加入了讨论识解过程中出现的隐喻和转喻融合，即隐转喻（metaphtonymy）认知现象。在对语言使用中的隐喻和转喻认知过程讨论中，人们发现自然语言现象中存在很多隐喻和转喻的互动结合，它们之间的区别并不是绝对的：转喻的实质是实体或概念邻接性，Barcelona（2000：1）和 Barnden（2010）甚至认为，隐喻联系本身就是一种邻接，邻接中包含相似性。由于存在一个过渡领域，在认知活动中，隐喻与转喻共同发挥作用，形成一个隐喻转喻连续体。隐喻和转喻的映射方式有所不同，二者在连续体中也各司其职，隐喻往往是丰富映射，因此隐喻的一端是多层对应映现，有建构认知域的功能。转喻映射类似隐喻的贫乏映射（lean mapping），是一对一的映射，这种单一对应映射起指称作用。

隐转喻认知现象在概念化思维和表征中较为普遍。人类认知是复杂的过程，语言对复杂认知过程的描述也不会是简单的现象呈现，因此，认知过程复杂性势必导致语言表征的复杂性。隐喻和转喻思维都是人类认知的基本形式，在对事物的概念化认知中，其中某个单一的概念化方式很难表现概念化思维的复杂性，隐喻或转喻作为主要的思维方式，同样难以独立完成所有概念的表征，需要二者在互动中实现概念化表征并更好地理解和解释话语及言语行为。正如Goossens（1990）指出的，复杂的言语行为以及语言交互行为导致了复杂的语言表征。这种复杂性也促成了认知及其语言表征中的隐喻和转喻合力。

任何语境中的人类语言交流都具有动态性和不确定性，为了顺应复杂多变的话语发展，参与交流的双方会调动各种认知手段，使用恰当的语言形式来达成交际目标，这为隐转喻识解提供了先决条件。在语言交流中，交际参与者在表达思想、理解与处理信息、交换角色时虽然有一定规律可循，但不是按设定模式和程序进行，有一定的复杂性。在一般的语言交际中，交际者的自身语言行为和与他人的语言交互行为都涉及两个或多个参与对象，当说话人使用自然语言表达意图、传递信息时，听话人一方可能涉及一个或多个对象，增加了解码方式的复杂性，他们必须立即做出反应，处理这些信息，在这个过程中，说话人和听话人会反复交换话轮，这个过程中可能还涉及话题的转换、话题回归、话语传递等复杂的信息处理，这些因素构成了一个复杂结构网络，形成复杂的概念域。为了清楚明白地表达自己的思想和情感，任何语言交换过程中的交际参与者都会在这个概念域中调动各种认知方式，建构或解构语义，使用独特的交际渠道和语言形式，隐转喻方法也不会缺失。

6 意象图式

认知心理学和认知科学对图式的研究从早期的格式塔心理学到后来的教育心理学，通过系列实验展示记忆重建，证明同一信息会在自己的文化规范和期望中重复反映出来，与图式一致。图式是组织信息范畴及其相互关系的思想或行为范式，是思想的心理结构，是表征世界某些方面的一个框架，或者是一个组织和感知新信息的体系，在思维、想象和推理等认知功能中起重要作用。

图式是建构认知语言学基础的核心理论。从认知属性看，图式是认知结构，涉及概念、范畴、记忆、推理等。在称谓上，认知语言学把图式（schema）、具身图式（embodied schema）和意象图式（image schema）视为可以换称的概念（Johnson，1987）。在建构具身现实主义理论时，Johnson（1987）和Lakoff（1987）从哲学中引入了这个核心概念，"是我们用来解释人类语义与思维的具身源头时使用的主要概念"（Johnson，2005：15）。

意象图式理论是认知语言学的概念与概念化理论特别是概念隐喻研究中不能缺失的重要方面，"是认知语言学及其相关学科的中心概念支柱"（Grady，2005b：35）。根据Oakley（2007：215）的解释，意象图式实际上既不是"意象"，也不是"图式"，他指出，无论是"意象"还是"图式"，都不是一个普通、具体的想象或画面，而是抽象的概念。在与现实环境互动中，人类把观察到的世界样态传送并反映到大脑，经过加工、储存，形成知识结构，也就是图式结构。图式结构能够在后来认识世界过程中参与互动，并反过来表征这个世界。例如，关于书的图式在大脑中建构起来后，有了书的知识和概念，从书的外形、大小、颜色到书的类型、功能特征等知识，形成了关于书的意象图式，这个图式使我们不仅能分辨什么是书，还能够分辨不同类型的书以及与书的各种知识。书的意象图式帮助我们认识和分辨教科书、小说、剧本、画册、辞典等，还能区分什么是消遣的书，什么是学术著作等，根据需要选择自己要读的书。总之，意象图式是认知过程中建构理解和推理范式的循环结构，作为认知结构也是对现实的表征。我们生活中具体的时间和空间经历在大脑中会形成不同的知识分类，这些抽象出的知识以结构的形式储存在大脑中，也就是意象图式。

从哲学和认知语言学视角看，概念是经验而非客观的，意象图式作为一般知识结构在人类思维和概念形成中具有基础地位，人类通过隐喻思维完成从意象到抽象思维的过程。意象图式在思维中、在某个范畴或概念认知与语言表征的关系中起重要作用（Gibbs，2005；Rohrer，2005；Talmy，2000a）。

认知语言学关于意象图式在概念形成、隐喻思维、语言理解和推理等方面的作用主要包括以下几个方面。

第一，意象图式基于具身认知，是隐喻映射的途径。

在对概念隐喻与思维的讨论中，人们普遍认同Lakoff和Johnson（1980b）关于人类思维隐喻性的观点，而绝大多数隐喻思维来自具身经验。例如"生活就是舞台"这个隐喻中，舞台剧中具备的要素（如时间、地点、人、事件等）是与生活中的这些因素相对应的。由于人的一生每天都在一定的时间和地点经历不同的事件，Gibbs（1996）认为，这样的身体经历是经验格式塔即意象图式形成的源泉，与Fauconnier（2010：103）关于两个结构的可映射性观点一致：映射中的两个结构具有可映射性时，是通过一个共同的、更加抽象的图式实现的。图式是一个功能框架，任何一个映射域中的成分都可以填充到框架中去，有关联的结构都适合这个框架，图式限定映射。"人生就是舞台"这个隐喻之所以能被正常理解，是因为在戏剧表现中，生活中的东西被浓缩在舞台上，通过映射形成生活与舞台二者之间的隐喻联系时，人生就成了一个大舞台。

Lakoff和Johnson（1980a：15）认为，常规意象图式隐喻都是基于人类身体和文化经验。例如，在英语的词汇语义中，有意识是*up*无意识是*down*，因此有*wake up*、*fall asleep*这类表达法，这是因为人类和很多其他哺乳动物睡觉时是躺着，清醒时是站着，由此可见，人的身体与现实世界的互动是意象图式产生的源泉。Sinha和Jensen de LoÂpez（2000）的研究证明，婴儿在九个月大时就能够理解杯子是容器，说明婴儿在这个阶段通过持续的身体经验已经形成了容器的意象图式。汉语中的"前""后""上""下"较为充分地表述了身体的经历。"前""后"的空间隐喻表征与身体的朝向是一致的，视觉能够直接看到的东西在前面，不能看到的在后面。"上""下"也是如此。人身体的头部在上面，脚在下面，因此，有"头上"和"脚下"的概念及其表达法。抽象事物的表征说明了同样的隐喻映射原理，主管思维的大脑在头部、主管运动的手脚在下面；像上级、下级、上司、下属等表述都是身体在现实世界存在和运动的直接反映。这些空间经历还与时间的经历相映射，使时间具有运动和方向特征，"早上""上午""下午""前天""后天"等概念表征映射身体空间经历图式在时间表征中的反映。因此，在建构概念隐喻理论的过程中，意象图式为隐喻映射提供了具体的基础，它作为隐喻映射的实际初始范畴，也是抽象概念的基础（Evans，2007：107）。

Lakoff 和 Turner（1989：90）认为，隐喻中的很多新隐喻和常规隐喻是意象图式隐喻，从映射的角度看，属于具体的心理意向图式映射，但没有丰富的意向素材，因此也没有丰富的知识映射，因此意象图式隐喻属于贫乏映射，更加受限制。

第二，意象图式是一个复现结构。

意象图式是一个复现结构的命题是引入这个概念时对其进行界定的前提。在 Johnson（1987：30，79）对其功能的阐释中，意象图式是建构和构成顺序的主要途径，不是被动收纳海量经验的容器，而是一种有机体与环境互动产生的抽象化，是我们的感知互动、身体经验和认知运作的复现结构，这些图式结构有相对较少数量的组成部分，互相之间有稳定的联系。因此，无论何时某个图式的示例出现在许多不同的经验和意象中，相同的部分和关系就会重复出现。例如，听报告、开会、上课、讨论等活动有诸多相似之处，都有座位、场地、说话人、听话人等，但各自联系的组成部分形成的整体图式是唯一的。例如，上课和听报告同样是听话人坐着听，说话人在讲台上讲，但上课涉及的老师与学生之间的稳定师生关系与听报告人和作报告人之间形成的短暂的听与讲的关系不同，活动形式、话题正式度等的区别都会区分不同的图式，无论哪一个活动出现，活动涉及的各种关系都会重复出现。

有些复现的意象图式可以完全脱离初始联系图式，只需要从记忆中提取相关信息，有些意象图式会重复与初始图式联系。例如，容器的意象图式虽然跟身体相关，但对"里""外"的理解可以不与身体图式相联系，而对"发火"的理解总是需要与身体图式相联系。因此 Gibbs（2005：117）认为，一个意象图式形成后，不会完全脱离原先联系的具体图式独立实现功能，有些初始图式会一直与某个意象图式产生联系。例如，平衡意象图式中，对"摔跤"的理解总是与视觉图式或其他某个身体图式相关。

第三，意象图式是概念形成的基础。

一直以来，概念被认为是外部现实的直接反映或表征，图式明显不是，

Gallese 和 Lakoff（2005：467）认为图式产生于三个方面：一是身体的自然属性；二是大脑的自然属性；三是我们在现实世界中的生活和物理互动。因此，图式不是纯粹内在的，也不是纯粹外部现实的表征。

人类对概念的理解也是对意义的理解，而"意义通过图式结构出现"（Johnson，1987：19），因此，意象图式是概念和概念化能力形成的基础之一。例如，人类最基本的空间认知能力形成是在空间经历中理解空间结构，形成空间的概念。Mandler（1992）认为，空间结构与概念结构之间的映射通过意象图式完成，像路径、上下、容纳（包含）、力量、部分—整体以及联系等意象图式概念被认为来自感知结构。其中路径的意象图式是空间中任何物体路径轨迹最简单的概念化，无须考虑物体的特征或轨迹的细节。空间经历作为最基本的身体经历，与其相关的几个基础意象图式构成了概念结构的基本框架。在 Lakoff（1987：416-461）和 Johnson（1987：126）对基本图式的讨论的基础上，Lakoff（1989）总结了概念和隐喻关系理解中的四个基本图式。

第一种，容器图式。容器图式的身体经历来自身体结构和身体在空间中的经历：人的身体本身就是一个容纳精神与物质的容器，同时，身体本身又处于世界这个大容器中，因此视觉所能及的范围也是一个容器，人与人的关系同样可以用容器图式隐喻理解和表征：英语中的 *in a marriage*，汉语的人际关系几乎都可以用"在 X 与 Y 的关系中"表征同事关系、师生关系、朋友关系、夫妻关系等。拓扑空间关系、静态时间方位（如 *in the house*、*in November*）表述的这类概念都是容器图式。

第二种，部分—整体图式。人的身体经历表明，身体是由头、身躯、四肢、内脏等不同部分组成的，人的一生也是由不同的阶段和事件经历组成的，形成了部分与整体关系，我们通过理解这种关系理解事物。这种身体经历帮助人类形成和理解各种关系，从家庭、学校、社团到国家等都是典型的部分与整体关系。

第三种，联系图式。

前面两种图式帮助理解各种关系，这些关系的稳定需要某种东西连接起来，这种连接手段就是 Lakoff 讨论的联系图式。例如，家庭中夫妻关系除了精神的纽带还有子女的血缘关系维系，对这种维系关系的隐喻认识同样与身体经历相关。在生活中要固定一个、两个或者多个物体时，可以用绳子把它们拴起来，这种固定物体的方法形成了我们隐喻思维的基础：任何实体之间的稳定关系都需要某种联系，社会关系也是如此。

第四种，来源—路径—目标图式。这个图式概括了人最为频繁和普通的身体运动经历。无论距离长短，每一个移动身体位置的运动都由起点、过程和终点组成。身体的这种经历形成对任何具体和抽象过程的隐喻理解。例如上学是从家里出发，走过一段路程到达学校；大学毕业是从入学、完成学业、获得知识与相关证明的过程；人生是从出生、经历各种事件和不同阶段到生命终结的完整过程。

当然，这四种基本意象图式只是较为常见的图式，即使 Johnson（1987：126）列出的 27 个常见图式也被他称为具有"高度选择性"，不可能列出所有的图式。Papafragou（1998）认为，这四个基本意象图式加上"上—下""前—后"两个概念结构，是塑造知觉与认知的抽象非命题概念结构，是理想的认知模型，可以成为各种组合和转化的基础。

第四，意象图式在推理中起中心角色作用。

意象图式结构是我们理解我们的感知和运动活动涉及的各个方面的基础，特别是人类空间概念的基础，例如一个容器的边界、里外决定了它能够把内容容纳其中，像英语中对 in 的概念和汉语中"在……里／中"概念是容器或具有容器功能的概念如圆圈概念限定的（Johnson & Rohrer，2007：33）。

通过不同的图式结构分析，Lakoff（1987：440）认为，意象图式是联系知觉和推理的纽带。因为我们的信息来源主要包括视觉和语言，通过直接观察感知或被他人告知感知两种渠道都是推理的依据，也可以同时使用两种渠道信息进行推理，这就意味着我们可以在一种单一的形式下解构两种信息，这种单一形式就是由意象图式提供的。因此，意象图式在推理中具有中心地位。

意象图式并不是孤立存在于某个推理中，它会与其他相关实体产生联系，形成多种自然关系，例如，"回家"的意象图式，中心是回家的结果，但这个图式会包括过程与路径等图式，这些图式都与"回家"有自然的联系：

他回家了。

他自己开车回家。

他走的内环快速路回家。

回家路上堵车了，走了一个小时。

这种现象被 Lakoff（1989）、Gibbs 和 Colston（1995）、Gallese 和 Lakoff（2005）等解释为意象图式的转化，这是对概念的识解活动，因此，Gallese 和 Lakoff（2005）认为，意象图式是普遍存在的，它概括了宽泛的普通推理范式，包括所有形式的致使、空间、基于事件的推理等，也存在于语法语义中。

第五，意象图式是心理结构的重要组成部分。

根据发展心理学家 Mandler（1992）的观点，意象图式是突现（emergent）的，因为它是身体的功能，也是与外部世界互动的结果。在儿童的早期发展阶段，通过感知意义这个分析过程，身体与生理发展结合，形成了意象图式。例如，在运动感觉阶段（根据皮亚杰对认知阶段的划分，0—2 岁为运动感觉阶段）被认为没有生活概念，但发展心理学后来的研究证明，像回忆、推理、解决心理问题许多这样的认知功能在出生后第一年就已经形成：婴儿 9 个月能够回忆，11 个月就能回忆几个月内的事件顺序。这种现象被 Mandler（2005：139-140）称为儿童具有的先天感知分析机制，那些概念来自对感知意义的分析，通过感知意义分析描述的概念就是意象图式。借助这个分析机制，婴儿不仅能够看，而且能够分析他们所看到的东西，因此意象图式存在于心理结构中。

心理结构中的意象图式把概念意义、词汇意义结合起来，使我们能够使用其中的一个意义或者两个意义的结合理解事物。例如，在当我们有意识地想到什么是"狗"这种动物时，这个概念的意义在思维中的映现可以是具体的意象或者是表征实物的词汇，也可以是二者的结合。因此，Mandler（1992）认为，意象图式是心理结构的主要组成部分，它们不仅用于创造意义，也帮助形成具体的例示、理解词语表征的意义。简而言之，在感知信息的基础上进行感知分析的结果就是意象图式，它又反过来形成概念系统的基础，通过意象或者语言理解使用这个系统。

7　小结

本章主要讨论了时间词汇语义及其概念化表征的理论基础。认知语言学的时间研究理论主要涉及概念隐喻、概念转喻和隐喻转喻互动理论，而意象图式理论则建构了这些理论的基础。

隐喻和转喻在人类的思维和概念化中无所不在。认知语言学主要从隐喻的视角研究时间的概念化表征，也为时间的词汇语义研究及其概念化表征研究建构起主体理论框架，为认知语言学的时间概念化机制讨论和如何用语言表征这个概念化过程及方式提供了理论支持。在对隐喻和转喻传统修辞功能基础上的进一步解析后发现，如果没有隐喻，思维与现实所指之间很难产生联系，有了隐喻思维，二者之间也就有了联系的媒介，使语言对抽象概念的表征成为可能。同时，通过对概念转喻的讨论，我们考察了不同的转喻类型及其概念化作用，进一步厘清了转喻的概念化功能及其在人类思维中的基础性，它并非概念隐喻的补充，而是进行思维和概念化时的一种不可或缺性。目前，认知语言学的语言观与普遍的认知观是一致的，因此，对于建构人类思维结构以及对现实世界进行概念化表征方面来说，隐喻和转喻是基础和基本的，概念隐喻和概念转喻理论揭示了这种思维和概念化原理。同时，我们也需要进一步思考隐喻和转喻对语言和思维的解释力问题，正如 Brdar 和 Brdar-Szabó（2014）所提出的观点，作为"转喻人"，我们都喜欢听像隐喻、转喻无处不在、转喻就是一切、所有的语法都是转喻的等。但当一切都是转喻的时候，我们或许该问自己，提及一切皆转喻时，在描述和解释问题上用处有多大？这也是我们需要更多思考和分析的问题。

在对隐喻和转喻的进一步研究中，对于它们概念化表征中的作用有了更多发现，虽然隐喻和转喻是两种各具特征的不同思维方式，但在对有些事物进行概念化时，隐喻思维和转喻思维并没有排他性，有时很难分清楚是隐喻还是转喻思维，这就意味着概念化思维中不能完全绝对地在隐喻和转喻之间划清界限，隐喻转喻互动融合形成的隐转喻理论是解释思维和概念化的又一重要理论。隐转喻理论认为隐喻中可能有转喻，转喻中也可能包含隐喻，在这个意义上，隐喻、转喻互动理论的包容性更大，在对时间进行概念化表征时，为解释时间的词汇语义、概念的复杂性及其表征机制提供了更加宽广的视角。

就隐喻和转喻的概念化过程和理论建构而言，意象图式理论是更为基础的理论，或者说意象图式理论建构了概念隐喻和概念转喻的理论基础，特别是那些无处不在、我们赖以生存的常规隐喻，几乎都可以被看作意象图式隐喻，而隐喻是时间的概念化表征的主要方式，因此，本书拟从意象图式的理论视角探讨概念化理论的基础建构，以概念隐喻、概念转喻和隐转喻理论为基础，考察认知语言学的时间词汇语义及其概念化表征。

第四章 概念与时间概念

1 引言

时间概念与概念化都与对这个概念的理解相关,而概念这个词本身也是一个抽象概念,在理解时间概念之前,我们需要从概念谈起,厘清关于概念的概念问题、概念与范畴化、意象图式等之间的关系,厘清这些问题可以帮助下一步更好地讨论时间的范畴、时间思维以及时间表征方式等问题,认识时间认知的隐喻和转喻概念化特征。

在概念化方法上,抽象概念和具体概念有别,概念的概念化通过两种方式实现,一种是自身概念意义的显著性直接概念化,这类概念较为具体,例如"喜鹊""玉米"这样的概念。另外一种是借助其他概念帮助实现概念化,这类概念一般比较抽象,例如"时间"。在意义层面,抽象概念有概念依附性,需要有一个与之发生关系的实体作为内在参照才能实现概念化(Langacker,2004a:299-300)。具体的概念(如"老虎""喜鹊""玉米"等的实体)都有概念自动性,不需要借助其他概念关系就可以完成自身概念化。对时间概念的理解往往不是直接的,而是与其他概念相关的,它几乎可以和任何事物相关联。Fauconnier和Turner(2002:96)认为,"时间是一个重要关系,不仅与记忆、变化、持续、同时和非同时相关,也与我们对成因的理解相关"。不同的人、事件涉及不同的时间内容,但在概念上以通过心理空间把这些时间整合在一起,例如2013年春晚和2014年春晚,就是由时间联系起来的两个心理空间。

本章主要考察概念的相关理论、时间概念及其属性。

2 关于概念的概念

对概念的界定是一个非常复杂的过程。Gallese 和 Lakoff（2005：467）认为，传统意义上，概念是在一个逻辑系统内运作的一系列必要和充分条件。对于众多哲学家来说，这就是界定概念的一个特征。但 Lakoff（1989）认为，概念不是由必要充分条件界定的，因为自然种类的概念有特殊案例，生物学意义上的自然概念并不是指世界上具有共同属性的生物实体。概念也不是自然的镜子，它们不仅仅是外部现实的内在表征。实际上，概念是一个承载多种意义的实体，"概念是有意识思维能够进行潜在理解的意义单位"（Mandler，2012），能够在不同的语境中实现其表征功能。Peacocke（1995：3-16）通过结合概念内容与概念的语义真值来阐释概念，认为概念的语义真值属性成分决定一个完整命题的内容真值，而一个语义真值是由概念和世界共同决定的，一个概念的语义值也是它的特性所在。由于概念具有层级性，每一个概念内容不尽相同，但任何"概念"都具有自己的典型特征，并把这些典型特征集中在一个"好样本"（good example）上，例如，"鸟"的典型特征是有翅膀和羽毛、会飞、短尾巴、个头较小且轻，这些特征很多时候代表"典型"（prototype），也是一种"心理表征"，这种方法更多地讨论了概念的本体地位。在语言表征中，概念一般有一个所指（reference），"所指"可以是某个物体或特征，或一个恰当功能，因此，Markman（1991：12）认为："一个词语表达的意义也是一个概念所表达的意义。"由于概念是思维对认识对象的反映，是对客观事物进行抽象化的结果，是人类对一个复杂的过程或事物的表达，因此它是对认知过程的部分解释。Lakoff（1989）认为，概念不反映原始的自然，它们也不仅仅是外部现实的内在表征。

在哲学意义上，概念具有个体特征，同一个概念相对于不同的个体有不同的心理表征。但概念不仅仅是心智的，它们不是纯形式问题，也不是非经验的。由于概念不具有普遍性，即使基础的空间概念也不具有普遍性，它们也没有文化普遍性或语言专属性（Lakoff，1989）。例如关于"鸟"的原型，英语中把知更鸟看作鸟的原型，但汉语中却把麻雀看成鸟的原型；关于"天空"的原型，对于青藏高原上的人而言，天空是蓝天白云，而重度污染城市里的人更多想到的是雾蒙蒙的天。尽管概念的语言形式可能相同，但内容可以各异。"早餐"在中国的北方可以是豆浆、油条，在川渝两地可以是一碗小面；在城市可以是鸡蛋、牛奶加面包，在乡村往往是一顿正餐。人们对"早餐"这一概念的认知受制于饮食文化的地域特征。Fodor（1998：156）认为，我们通过熟悉具体概念的表象和它表现出来的现象特征锁定特定的概念，通过体验概念的示例习得了某个具体的概念。因此，Lakoff（1989）认为，在概念的意义独立于另一个语义范畴的意义上，概念绝不是文字意义上的，许多概念特别是抽象概念在结构上是隐喻性的，也就是说，经典人工智能和形式语法所使用的任意符号并不能充分表征概念。在这一点上，概念并没有显示出其原始性，也就是说，自我存在的概念没有内部结构，但是有认知基础性。语言学意义的概念也是一个很难孤立界定的词，它涉及语言的自然属性、意义与思维等，需要与特定的背景、目的以及对世界的认识等结合起来（Jackendof，2004：322）。

从某种意义上看，概念的获得与生活的经验和体验密切相关，这也符合认知语言学的经验现实主义观点，即语言、概念和认知都是具身的，是在与现实的互动中形成的。"时间"的概念也是如此，其心理表征与个人的生活和工作密切相关，对于教师和学生而言，时间更多的是研究、备课、上课、做作业等；孩子的时间是游戏玩耍；领导的时间是审阅文件、解决问题、开会与讲话等；记者的时间是采访与写稿。

科学意义上的概念与民间一般意义上的概念内容不一定一致，特别是认知科学和认知心理学赋予概念的意义又有所不同。

概念一词对内容具有高度的概括性，因此既是学科的代名词，也是学科对某一事物进行解释的依据。狭义的概念往往指对一个词在所属学科中进行意义上的界定，如心理学中的"行为主义""移情""迁移"等概念。广义的概念则包括人们对所有对象的认识和表征，包括抽象概念和具体概念。如时间、空间、动物、斑马、鱼、鸟、植物、松树、石榴树等概念。在这个意义上，概念具有层级性，一般和实体产生联系，即抽象的概念通过具体的事物传递其意义和特征。多数概念（特别是词汇概念）是结构心理表征，这些表征包含了物体的内涵和外延所具备的特征。因此，与实体联系时，抽象概念等同于任何一个与之适应并产生逻辑联系的概念外延实体。例如，蔬菜是一个上级概念，作为一个抽象概念可以不是任何一种具体的蔬菜，也可以是任何一种蔬菜，而白菜、菠菜等实物都各自成为蔬菜概念内涵的载体。

学术意义的概念与生活中经常使用的概念不完全一致。学术概念常指经典概念，主要关注概念的核心部分。最经典最直接的定义是：在某个范围内以自足和互足条件的形式对某一套事物的小结性表征。但在日常生活中，我们更多接触的是实物概念，如动物、植物、人工制品等，这些自然物体概念多数不是经典论概念的核心部分，其语言表达出的部分是概念的外延（Rey，1983）。

概念问题仅在哲学和心理学领域就有诸多争议，如概念是物体还是某种行为能力、是心理表征还是抽象实体、是一大堆特征还是心理理论的表征等，至今没有定论。不仅如此，对概念的界定本身就是一个存在争议、悬而未决的问题。对于什么是概念，不仅不同学科的理解各异，同一学科对概念的使用也存在差异。概念在哲学界被看作理智，心理学的概念则是心理表征，对概念的使用，通过内容突出其个性。认知科学的概念观认为，概念不仅仅是特征的分布和特征之间的关系，也强调世界的物质性，认为事物之间是相互联系的。

正是因为这些问题的存在，才有对概念的持续探讨和学科之间的相互借鉴。Laurance 和 Margolis（1999：3）认为，跨学科的融合也使概念理论得到发展，心理学和语言学从哲学界吸收了研究成果，对概念理论实证研究更为详尽。例如 Wittgenstein 的家族相似性理论对认知语言学的范畴化理论和原型理论的贡献，Frege 和 Kripke 关于意义与所指（sense & reference）的讨论以及 Putnam 的外在论与本质论（externalism & essentialism）讨论对语义学的词汇概念和词汇语义都是不可或缺的理论基础。因此，理解概念之间的联系特别重要，如果不理解某个概念与其他概念之间的关系，就不可能理解某个概念，正因为它与其他概念产生了关系，某个概念才成为这个概念（Keil，1992：1；Margolis，1999：549）。

与语言学相关的概念理论主要源自西方哲学、认知科学和心理学的概念观,主要包括以下几类。

第一,经典概念理论(the classical view of concept)。

传统的概念理论认为,绝大多数概念是包含自己使用的必要和充分条件的结构心理表征,在条件允许的情况下,以感觉和知觉的形式出现,因此,一个概念必须解构为能够表达使用这个概念的充分条件和必要条件的一组概念。多数概念,特别是词汇概念,都有着概念结构,这就意味着绝大多数概念都包含自己使用的必要和充分条件(Margolis,1999:449;Laurance & Margolis,1999:5)。例如,对房屋这个概念是通过组成这个建筑物整体的理解和构成部分(如墙、砖、柱、屋顶等概念和实物)的理解实现的,这些也是表征这个概念的充分条件和必要条件。抽象概念的表征更为复杂,需要借助他物或其他概念表征出来。Keil(1992:1)认为,没有任何一个概念的理解不是伴随其他概念的理解。例如,对于时间这个概念而言,它不是实物,内部结构不能被直接解构,需要借助相关概念,因此,时间概念的出现和表征都与其他事物或事件相关,形式非常丰富,可以是上一节课、开一个会、吃一顿饭、看一场电影,也可以是完成学业、经历人生等,任何活动和事件都承载了时间概念。

第二,典型概念理论(Prototype Theory)。

典型理论是认知语言学范畴化理论的重要内容。根据 Evans(2007:176)对典型理论(Prototype Theory)的解释,典型理论是关于人类范畴化的理论,由 Eleanor Rosch 在70年代和她的同事用来解释他们的实验发现时提出。典型理论认为,在人类思维的范畴形成中,有两个原则可以很好地解释人类的范畴化体系。一是认知经济原则(the principle of cognitive economy)。人类有追求花最小的认知努力获取最多信息的倾向性,因此不会单个处理储存信息。二是把近似的种类进行分类处理,在同一个范畴内按级别排列,因此形成了基础范畴。进行分类是感知世界结构的原则(the principle of perceived world structure),人类会依赖同类结构的相似性组建有机范畴。

典型理论与传统理论有很多相似之处,都重视概念所具备的特征,认为对概念的习得就是习得这个概念的主要特征。由于概念是由范畴组成的,概念和范畴在很多时候是等同的,因此对概念的研究就是对范畴中的典型的研究。一个概念应该包含范畴中最突出的特征，这些特征往往集中在典型身上，"范畴都是围绕典型形成的，典型在范畴内起认知参照点的作用"（Ungerer & Schmid，2008：18）。Croft 和 Cruse（2004：77）认为，范畴内成员被确定为最佳范例后，它就处于范畴中最中心的位置，成为范畴内的"好样本"（Goodness-Of-Exemplar，GOE）。典型所提供的知识是相对稳定的，以此为参照，可以理解其他范畴单位（成员）。典型的特征可以作为参照标准确定范畴内其他成员的典型程度，对照典型的特征列举可以对范畴成员进行等级划分，确定"好样本"（good example）与"不好样本"（bad example）。

根据典型理论的观点，一个概念应该能够包含其例子（instances）和样本（exemplar）的大量信息，但是又不能多到无法掌控，必须解构为表达支配这个概念使用的统计学条件的一组概念（Laurance & Margolis，1999：29；Margolis，1999：549）。范畴化理论研究进一步发现了典型在范畴中的重要作用。认知经济原则使范畴之间的分界尽可能地明晰化，但这并没有使范畴内部成员的等级分界同样明晰，也不能确保所有范畴之间的分界都那么明晰。汉语中的时间概念次范畴"早上""上午""中午""下午""晚上"和英语中的时间概念次范畴 *morning*、*noon*、*afternoon*、*evening*、*night* 等，虽然每一个范畴都是一个清楚的概念，但这些范畴之间有严格的顺序，使用中更多的是指范畴中的典型，我们很难去追究白天的 12 点是上午还是中午，18 点是下午还是晚上，但这些时间次范畴中有人们的认知共识点（段），它们处于范畴的中心，因此，10 点、15 点一定不会误读为早晨和晚上。由于范畴化是简化环境的一种方法，是可以减轻记忆负担、帮助有效储存和恢复信息的手段（Millikan，1999：537），因此，对于"6 点起床""10 点课间休息"这样的表述，几乎不会产生这样的时间到底是早晨还是上午的疑问。总的来说，一天中的时间可以分成大的时间段，我们对这些时间段的范畴认知一般在可控的范围之内。同样，我们也通过经历的事件感知时间的存在。Rosch（1999：203）认为，事件单位和时间单位是一致或者等同的。这样，一天也可以根据我们所经历的事件分成不同的时间单位，例如做早餐、上英语课、游泳、看电影等，但不会小到跟他打了一个招呼或握了一下手，或大到做了一整天的数据统计这样的事件上。这种划分单位的大小不会影响到事件发生的时间与说话的时间的距离。但是，随着时间的远去，能够记住的事件会越来越少，那些典型的事件在记忆中更为清楚，与之相关的时间也随之凸显。

第三，概念的范例观（Exemplar view）。

与典型理论相似的另一种观点是概念的范例观。由于概念的表征是一个包括对具体例示的描述，某个概念可以由其他概念共同表征，例如动物可以包括老虎、狮子、大象等，因此，概念的范例观认为，概念是由它们的范例表征的，不是由抽象的摘要表征的。也就是说，"概念不必具备关键特征，范畴不必用于对某一类的整体描述表征，可以由个体的范例表征"（Murphey & Medin，1999：432），在这个意义上，概念等于概念的组成部分，这是一种局部与整体之间相互指代的转喻思维。根据这个原则，我们可以通过具体的范例抽象出事物的特征，但这些特征并不能完全代表这个概念，反之，是具体的范例承载了这些特征，因此可以表征这个概念。例如，在人类的概念系统中，老虎表征的一定是动物概念而非鸟类概念。

表征概念的个体往往是同一个范畴中最具代表性的概念。根据 Rosch（1975）、Rosch 和 Mervis（1975）的最佳范例模型（best-exemplars model）观，概念是由范畴中最为典型的范例表征的，因为最佳范例一般具备概念中所有其他范例所具有的典型特征，只是如何确定哪一个范例是最佳的，需要抽象出范例的典型特征。根据认知语言学研究方法，范例的典型特征可以采取特征（属性）列举，在尽可能多的特征中找出那些在全范畴成员身上共有的特征。事实上，概念中比较典型的范例都具有表征概念的功能。

范例观并不等同于成分的完全具体化表征概念，由于最佳范例模型较难确定，因此范例仍然需要一定的抽象化。Smith 和 Medin（1999：207）认为，概念范例的使用较模糊，可以指一个具体的例子，也可以指这个概念的子集。例如，对于"水果"概念而言，"苹果"是一个具体的范例，也是一种水果，可以承载水果概念的诸多特征。当概念的子集表征概念时，它实际上是一种抽象化，例如"秋季"是时间概念的一个子范畴，但它是由很多具有时间季节呈现的特征表征的，我们认知思维中的秋凉、秋燥、天高云淡、收获等特征组合才表征了"秋"的概念，因此，即使范例观也有抽象化。另外，对于有的概念而言，可能存在不止一个范例具有典型性，像时间中的白天，是上午具有更多白天的特征，还是下午具有更多白天的特征，是一个很难回答的问题。因此，最佳范例模型表征概念有一定的局限性。

3　概念的功能特征

"概念"是一个使用广泛的词，在人们的一般思维中，它是一种思想，一种想法，一种观念，是对客观现实的认识所产生的一种反映。因此，它是主观与客观、抽象与具体、普遍与特殊的辩证统一。概念的意义已经从哲学的纯理性演变为一个普遍使用的词语，因此，Peacocke（1995：1）认为，概念一词已经是一个艺术化的术语，理论上并没有特别重要的意义。如果人们像20世纪50年代那样从语言哲学的视角来理解和分析概念，就无法理解现在人们使用的概念。Rey（1983）认为，概念具有四大功能：

第一，稳定性功能（Stability Functions）。包括内省（intrapersonal）功能和人际功能。概念的内省功能指它是概念能力的基础，也是在某个施事者在内部进行认知状态比较的基础。概念的人际功能指它是施事者之间进行认知状态比较的基础。

第二，语言功能。依靠开放类语言项目的意义，它们具有翻译关系、同义关系、反义关系和语义隐含意义。

第三，形而上学功能。包括形而上学的分类概念和形而上学的情态功能。前者指事物实质上就是事物本身的分类（它们是进行了恰当的分类）。后者指它是表示虚拟、不确定及必要性等的基础。

第四，认识论功能。包括三个方面：一是认识论分类，指施事者借此对事物进行范畴归类，确定某事物是否属于某个范畴；二是认识论组合，是施事者把事物组合为复杂种类的手段；三是认识论模型，是主张先前知识的基础，或者主张合理的完全独立于任何经验的知识的基础。

尽管概念有着复杂的形成过程和表征难度，但一个概念还是有着显著特征。一是概念具有包容性。当两个或多个指称相同事物的"概念"同时存在时，只有具有包容性和指向清楚的那一个才能称为概念。例如，关于时间的描述，当我们说"明天是母亲节"和"明天是明天"时，二者都在讲关于时间的问题，涉及时间概念，但前者包含了一个时间和时间承载的事件，是一个清晰的时间概念。后者的所指是一个模糊的概念，相比而言，"明天是母亲节"才真正表达了时间概念，这一点说明人类经验知识在民间概念和范畴分类中的重要性。

二是概念具有系统性。根据认知科学的概念相关性理论，概念的特征之间相互联系，概念内容不是简单列出这些特征，而是反映世界的事物，因此概念也能够解释概念特征之间的关系，它是一套信念的体验（Keil，1992：1）。现代心智理论的两大主流——表征主义（representationalist）和消解论（eliminativist），对概念的功能也有所讨论。表征论认为，推理表征（内涵或语义）状态对认知理论至关重要，心智状态的确存在，其功能是包含（encode）了世界的状态。消解论则认为，心理学理论可以免除表征这样的语义概念。对于形成心理理论的词汇是神经的、行为的或者句法的，在任何情况下，表征心理状态特征的都不是词汇（Fodor & Pylyshyn，1988：3-71）。

三是概念和概念的表征有具体性和抽象性双重特征。Knobe 等（2013）认为，概念的表征包括两个方面，一是通过一套具体的特征表征，二是通过一些基础的抽象值表征，这两种表征具有内在联系。例如钟表上的指针所指位置是"时间"，事件的经历也是"时间"，而每一个事件的发展过程中都有无数的时间点，都能从钟表上找到一个具体的位置。这种情况有时对于范畴成员的归属问题形成对立的观点，但可以通过隐喻和转喻表征解释其合理性。当然，并不是所有的概念都有双重特征，例如，一个木匠以及这个称谓与其所做的工作是相称的。自然概念一般具有双重性，自然概念与双重特征概念的区别在于自然概念的隐性属性通过外部特征显现出来，如 tiger，有凶残性和表现出来的外部特征。双重概念的抽象特征通过具体特征实现而显现。Gallese 和 Lakoff（2005）认为概念由符号组成，具有多产性和合成性。例如科学家这个概念，总是和许多具体活动联系在一起，他们在理论上的敏锐、实验设计和分析等方面表现出来的优秀品质（Knobe et al.，2013），这些特质组成了科学家的形象，并表征了科学家的概念。同理，我们熟悉的"教师"，其概念的实现是具体的人所从事的具体活动来完成的，包括备课、上课、教研、批改作业等。当我们说"X 是教师"时，具体的人就具备了这个概念的具体特征。

四是概念具有稳定性。Gallese 和 Lakoff（2005）认为，概念是原因与语义的基本单位，它们是约定俗成（常规）的，具有相对稳定性。概念也是解释认知过程的一个重要部分，它的稳定功能特征使施事者在不同的时间段处于相同的认知状态，也可以是不同的施事者在相同或不同的时间处于相同的认知状态。个体拥有的概念稳定性表现为个体对概念特征认同后的永久性。一个人拥有了某个概念后，除了早期的心理和生理发展阶段会发生一定的改变，他的思维中将永远保持这个概念的特征，个体之间也可能对同一个概念保持相同的特征，因此，概念在个体之间也是稳定的。例如"冬天"的认知里面包含的寒冷、冰雪等概念特征不会因为夏天的到来而把骄阳、高温与冬天联系起来。

五是概念具有确定性。概念的精准在于它能够借助语言表达，恰当表述之所指。在这个意义上，概念的语言功能与稳定功能是协调的。通过语言表征概念是最有效的方法，人们在实践中用系统的语言表达自己真实的认知状态。语义结构反映了概念结构，例如，如果一个人说出"外面下雨了"，也说明说话人相信"外面下雨"的事实，作为词的"下雨"与概念"下雨"是准确对应的，说话人的认知结构中已经有了这个概念，能够让语言与概念一一对应。

六是概念在使用中更多地帮助理解和表征认识对象。由于人们对客观世界中认识对象的多样性，在大众的概念使用中，概念是一种泛化，它往往把新的思想与理念融于某种具体的事物中，因此我们可以看到不同语境和范畴中的"概念"，例如，概念车（Concept Car）是对未来汽车的一种构想，往往还处于创意、试验阶段。是汽车设计师展示新颖、独特、超前构思的桥梁，如现代汽车追求环保、低能耗、低污染理念往往通过概念车体现。

4　概念（化）与范畴（化）

西方逻辑学中有一个经典三段论：

Socrates is a man.（苏格拉底是个人。）

All men are mortal.（所有的人都是凡人。）

Therefore, Socrates is mortal.（所以，苏格拉底是凡人。）

范畴之间的蕴含关系同样如此：

如果 A 在 A 范畴中，A 范畴在 B 范畴中，那么 A 也在 B 范畴中（Lakoff，2006：197）。

概念与范畴有着紧密联系。人类概念的一个主要功能就是把世界分为物体、实践、属性等范畴（Markman，1991：12），因此，人类概念的特征往往与对事物的范畴化是联系在一起的。由于人类概念与相应的家族相似性范畴对应，人类可以通过概念挑选出物体的范畴（Pinker & Prince，2002：222）。而人类概念的自然属性是对事物的高度范畴化能力，对族系成员相似性的归类和认同典型代表的范畴化能力（Jackendoff，1989）。在对较为具体概念的理解时，这种概念化能力表现更为明显。相对而言，具体概念是可以通过视觉、触觉等感官直接感知的，因此更容易被理解和描述，可以根据某一物体的真实存在感知其外部形体承载的内部特征。例如"书"，书是印刷品，有一定的大小尺寸、封面、内容和封底，内容能够传递信息、提供知识等，并从这些元素中挑选出典型特征，形成"书"的概念。一般来说，区别具体概念能力发展先于抽象概念的能力，像时间和空间这类概念是无法通过感官直接感知的，对它们的表征也更为困难，只能在习得其他相关概念的基础上，借助这些概念来理解时间和空间概念，并且能够在理解这两个概念相似性的同时区分它们的不同之处。

对一个概念习得包含了把这个概念与其他概念区别开来的能力，这种能力也是分类能力，对事物的分类基于对范畴理解，因此分类能力也是范畴化能力。概念与范畴的相关性可以从儿童的认知能力发展过程中得到印证。在儿童认知能力发展中，概念的习得就意味着范畴化能力的发展，儿童一旦习得概念就具备了把物体进行归类的能力。由于大多数自然概念不能用语言中的某个词直接标记（Pinker & Prince，2002：222），其内涵和外延意义往往涉及一系列的语言和认知互动。由于一个范畴也是一个概念范畴，因此这个过程也是确定概念的范畴并对其进行概念化和范畴化的过程。Markman（1991：5）认为，与概念一样，范畴也有其内涵和外延，它们相互限定，范畴的内涵是那些能够限定范畴本身的系列特征，也称作范畴的意义。范畴的外延是一系列的物体，它们共同构成一个范畴。例如 bachelor 的内涵意义是"达到婚龄的未婚男子",外延意义指具体的人,即所有作为个体的适龄未婚男子。

根据传统的概念习得理论,儿童在习得一个新的概念时,首先接触到范畴外延的一部分样本,并从这些样本中发现其内涵定义。这就意味着儿童习得一个概念时,首先需要具有把物体解构为特征的分析能力;其次需要有强大的多产、评估、修正假设的假设检验系统;再次是有使用内涵标准评估随后的物体以确定它们是否属于某个范畴的成员(Markman,1991:217-218)。一般说来,具体概念的习得更容易和迅速,抽象概念的习得更困难和缓慢,因此,较为具体的范畴外延意义首先被习得。但外延意义往往更庞大,不可能逐一处理,只是对部分进行处理。从儿童认知发展的自然进程看,他们最初接触的只是概念外延的其中一个样本,并从外延中得到概念的内涵意义,随着对内涵的深入理解,根据内涵意义标准,确定某一事物是否属某一范畴。因此,概念习得的过程也是范畴化和概念化能力形成的过程,随着认知能力的发展,对接触概念的标准经过反复假设、验证、推理等思维活动,抽象出特征,实现对事物的概念化,使确定范畴的标准也变得更加细化。例如,对"鹅"的认识通过接触图片或实体动物首先对其外观有了认识,多次接触后会抽象出这个动物特征:羽毛、长脖子、宽大红色的脚蹼、会游泳等,实现了对这个动物的初步概念化,并在后来对其他鸟类的认识中获得了一些相同特征,形成有关"鸟"这个范畴中典型的知识。有了关于"鹅"的这些知识,对"白毛浮绿水,红掌拨清波"的隐喻和转喻表达理解就不难了。

范畴化是人类具备的一种认知能力,范畴化能力是人类最重要的能力。这种能力足以让我们分辨哪些实体属于哪个群体或范畴,形成关于世界的知识结构。Evans(2006:168)认为,我们用来指称实体的词语依赖范畴化:我们有充分的理由用"猫"指称猫而不用"鱼"指称,在认知语言学领域,由于认知语言学家采取了语言的普遍性认知功能的立场,"认知承诺"(Cognitive Commitment)就成了指称的依据,有了"认知承诺",我们期望这种能力在语言组织中反映出来。

5 概念、思想与语言

语言学及哲学领域对概念与语言的认识首先从语言与思想的关系视角讨

论语言如何影响思维，有两种截然不同的观点：一种观点是语言等同于思维或者语言与思维具有相同的目的和功能，一个是表面的，另一个是内部的，与一般的交际活动并无太大区别，只是对象不同罢了（肖燕，2003）；与之相对的观点则认为语言和思维截然不同，思维是一种独特的语言，没有语言它也独立存在，即思维的语言（mentalese）。无论如何，思维和语言都以自己的独特形式表征了概念。

语言研究者们普遍认为语言与思维有着不可分割的关系。包括古希腊哲学家亚里士多德、柏拉图、苏格拉底等都持类似的观点。他们认为，语言是思想的表达，思维则是无声的语言，语言与思维甚至被等同起来：思想即话语，思维时也在进行语言操作，思维是心灵在内心的自我对白。因此，思维活动在心理学上也被作思想者的自我对话。Bolinger 和 Sears（1981：135）认为，思维在大脑的某个区域产生后通过语言表达出来，语言与思维的不可割裂性就如胳膊和手的关系，思维的系统阐述离不开语言，语言本身也是思维过程的一部分。

在诸多关于沃尔夫假说的讨论中，萨丕尔（Edward Sapir）关于语言与思维之间的关系观点被反复引用讨论，从萨丕尔的思想中，我们不难看出，语言是工具，思维是产品，如果没有语言，就不能很好地表达思维。虽然人类的肢体也可以表达思想，但如果不成系统的语言就会有很大局限性。一般来说，思维反映了对客观事物的抽象概括能力，借助语言，思维过程中可以进行分析、比较、概括、推理、判断、综合等活动。不同的语言结构会直接导致不同语言本族语者的非语言认知差距，因此影响到思维模式，操某种语言的人思维与其母语直接关联，也就是说，讲中文的人用汉语思维，讲英文的人用英语思维，讲日文的人则用日语思维，这并不意味着思维只能与母语直接联系，从顺应论视角看，双语和多语者在不同的语境中会自动调节，用适合相应语境的语言进行思维。但在没有精通一门外语前，交际者一般用最熟练的本族语言进行思维（肖燕，2003）。同时，语言的结构也会极大地影响语言使用者认知世界的方式，因为一个融合的概念系统是由词汇联结的（Schwieter & Sunderman，2009），这就是沃尔夫假说中的语言决定论和语言相对论。一个典型的例子就是因纽特人用丰富的词汇表征的各种"下

"雪"概念，有 snow on the ground、snow packed hard like ice、slushy snow、wind-driven flying snow 等，他们很难理解英语中一个 snow 表征了所有的关于"下雪"的概念（Kit-Fong Au，1983）。后来的新沃尔夫假说虽然倾向性更加温和，但仍然强调语言对思想有很大的影响。

6　概念、认知与词汇语义

认知语言学对概念和概念化研究的历史虽然不长，但从哲学和语言学传统研究中吸取了很多精髓。在 Fillmore、Langacker、Goldberg 等的框架语义学中，词汇是一种构式，词汇意义则是概念框架组成的相互交织的网络，这些认知框架受制于语言并通过语言反映出来（Fauconnier & Turner，1998）。概念语义学也从生成语义学中吸取了很多精华，乔姆斯基对内部语言（I-language or internalized language）和外部语言（E-language or externalized language）的区分和理论描述，特别是 I-language 的心理表征理论为概念语义学的建构提供了依据，因为语言知识心理表征的自然限制来自支持语言使用的所有互动信息处理系统（Bresnan，1981），它在 Jackendoff 的 I-semantics 理论中演化为特别的语言心理表征，这也是概念语义学的精髓部分，又称概念结构。概念结构被看成人类理解世界的计算形式，Jackendoff（1991）认为，这种概念结构存在于所有自然语言中，它是语言中的思想句法（syntax of thought），以语义形式呈现。概念结构作为语义形式，受制于与句法表征相关的规则，成就了语义产生，并在对世界的概念化中与认知和行为结合，使概念结构与心理表征的规则一致。因此，语言与外部世界的关系是在理解外部世界的基础上，把这种理解储存在心理结构中，通过人的心理表征使二者连接起来，对事物的识解通过语言表征出来。例如，我们对时间和空间的表征，是在理解事物和事件存在的基础上形成时间和空间概念，并用合乎常规的语言描述出这种识解的结果。

认知语言学的概念观主要体现在对语言与思维的范畴化讨论、认知语义学的词汇语义与概念结构、概念隐喻、概念转喻等方面。认知语义学的研究就是对概念内容及其语言组织的研究。语义结构则是说话人心理中的概念而非外部世界的物体，与词汇相关的概念即语言学概念或词汇概念（Talmy，

2000a：4；Evans，2006：157）。因此，Evans（2006：157-163）把认知语义学看成概念结构与感官经历中的外部世界的关系属性，旨在探索人类与外部世界意识互动的属性，借以建立起与人类经历世界方式吻合的概念结构理论。他提出的体验认知、语义结构、语义表征和意义结构四个假设都涉及概念和概念化，与认知语言学的两个承诺（认知承诺与普遍性承诺）有紧密关系。认知语义学把语义视为概念结构的表征，是各种丰富和多样化心理表征的自然属性和组织形式，与词汇和其他语言结构联系的语义结构等同于概念，因此，语义结构即概念结构（Evans，2006：158）。

概念的表征是由情景激活的，因此，语言的产出是在概念层面进行的（Schwieter & Sunderman，2009），由于语言与思想的密切关系，思想的表达是对语言的组织，而语言的组构依赖词汇，因此，对概念的探讨在很大程度上也是对词汇概念的讨论。Laurance 和 Margolis（1999：4）认为，这种讨论的原因之一是人们通常认为自然语言中的词语意义继承了概念所表达的意义，概念甚至被看作自然语言中单词所表达意义的心理表征。但这种观点对于词语组成的短语表达的概念有排斥。例如，英语的 *black cat* 是一个概念，而不是两个概念的组合，虽然它可以拆分为两个词，它们分别表达两个概念，后者却是一个独立的概念，需要两个词语来表达，不同的是单个词语表达的概念已经被词汇化了，词汇概念本身就是复杂的表征。

7 时间的词义概念

一般性时间概念是一种人生体验，与社会生活经历相关，是人类对时间的体验，能够表达出来的是时间的主观经历和感受。我们首先感到的是时间流逝，产生一种时间是不间断流动的感觉，从早到晚，时间绝不停留片刻；其次是时间流逝带来的变化：读完一本书，读者知道了书中内容，产生了影响，有了自己的想法；在体验时间过程中产生了对时间的认识：时间可以分为过去、现在和将来。过去已无法改变，现在仍然在变化中，需要自己去把握，未来是不确定的。这些时间认识不是来自书本，而是对世界的认识，也是习得时间概念的过程。

对抽象时间概念的获得来自学习。在概念的解释方面，对时间最基本、直接和简明的释义可以从词典中找到，很多词典释义把时间概念与时钟或具体的分、小时或者日历上的天或年等同起来，时间概念也是某个时间点或时间段以及事物的存在和持续方式。

一本大中型英语词典中，*time* 释义近20条，多数以时间的特性和表现形式为例说明时间是什么。例如，*Collins English Dictionary & Thesaurus*（Harper Collins Publishers, 2000）对 *time* 的解释：

–the continuous passage of existence in which events pass from a state of potentiality in the future through the present, to a state of finality in the past.

–*physics* a quantity measuring duration, usually with reference to a periodic process such as the rotation of the earth or the vibration of the electronmagnetic radiation emitted from certain atoms. Time is considered as a fourth coordinate required to specify an event.

–a specific point on this continuum expressed in hours or minutes: *the time is four o'clock.*

……

从英文的时间词典学意义看，时间概念与哲学、物理学意义时间更接近，它是一种物质存在的客观形式，也是物质运动、变化表现出的持续性。可以看出，英语的 *time* 是一个包含了与"时"相关的概念和时间自身的概念。

time 作为名词在普林斯顿大学的认知科学实验室的词汇数据库（英文 Word Net）中可以检索到10种意义：

–time, clip —an instance or single occasion for some event: "This time he succeeded"; "He called four times"; "he could do ten at a clip".

–time —an indefinite period（usually marked by specific attributes or activities: "he waited a long time"; "the time of year for planting"; "he was a great actor is his time".

–time —a period of time considered as a resource under your control and sufficient to accomplish something: "take time to smell the roses"; "I didn't have time to finish"; "it took more than half my time".

–time —a suitable moment: "it is time to go".

–time — the continuum of experience in which events pass from the future through the present to the past.

–clock time, time — the time as given by a clock: "do you know what time it is?"; "the time is 10 o'clock".

–fourth dimension, time —the fourth coordinate that is required（along with three spatial dimensions）to specify a physical event.

–time — a person's experience on a particular occasion: "he had a time holding back the tears" or "they had a good time together".

–meter, time — rhythm as given by division into parts of equal time.

–prison term, sentence, time — the period of time during which a prisoner is imprisoned.

Time 作为动词在普林斯顿大学的认知科学实验室的词汇数据库（WordNet – a Lexical Database for English Developed by Cognitive Science Laboratory, Princeton University, 221 Nassau St., Princeton, NJ 08542）中可以检索到四种意义：

–clock, time—measure the time or duration of an event or action or the person who performs an action in a certain period of time；"he clocked the runners".

–time—assign a time for an activity or event.

–time—set the speed, duration, or execution of.

–time—regulate or set the time of, as of a clock or watch.

汉语词典对时间进行释义时，把"时"和"时间"分得更为清楚。《辞海》（上海辞书出版社 2010 年版）把"时"作为一个覆盖时代、时令、时候、时光、时调、时而等概念的词项共 18 个，如果把每个词项的延伸搭配加起来共有 87 个。时间只是作为其中的一个词项，主要指时间理论与概念，包括两个方面。一是时间的计量，包括时间间隔、时刻，即物质运动经历的时段和运动瞬间。二是物质运动过程的持续性与顺序性，通过起始时刻和量度单位的选定，如地球的自转与公转、原子内部振荡等，来对时间进行测量。在这一点上，汉语的"时间"与英语 time 的词典学解释是一致的。

虽然词典释义可以帮助我们理解时间概念，但并不能对时间进行概念化。从人类普通的时间认知到学科和学术领域，对时间理解、时间概念及其概念化方式千差万别。另外，时间概念认知有着强烈的语言和文化关联性，虽然世界上语言和文化千差万别，但生成语言学关于语言普遍性原理的原则相同的观点说明了时间理解有共性，参数不同也说明时间认知的差异性。总体来看，人类思维和社会方式同样具有很多共同特征，概念的抽象性决定了其复杂性和直接理解的难度，对时间概念的理解往往是把它概念化为更加具体的概念实体，如前天、上午、一小时等，或者通过理解时间的特征来理解时间概念，例如 *Time is extended/Time is linear/Time is directed/Time is transient*（Galton，2011）。

受空间和空间认知影响，对时间的理解也往往与动态的事物和事件相关，像流淌的河流、事件的发生、事物的变化等，都是以间接的方式谈论或理解时间。自然界的日出和日落，生活中的起床、上班等都可以代替时钟上指示的时间。

8 时间概念表征

由于"时间"在不同的领域有它独特的含义，很难给出一个确切定义，也就没有关于时间本身的一个充实概念，因为从时间认知到语言表征都不是从时间本身出发，而是以其他相关概念为载体，例如，当我们说"很多（长）时间"时，时间以一个商品（commodity）（或一段空间距离）的形式概念化。时间的属性决定了时间概念的形式。从社会、文化、科学等视角对时间概念认知的讨论中，主要包括线性时间与循环时间、主观时间与客观时间、相对时间与绝对时间等。

8.1 时间形式与空间经历

人类的空间经历包括直接和间接经历：人在空间中的活动多是直线的，所看到的空间中的物体运动是直线或弧线的，人类的空间经历形成了线性时间和循环时间两种形式，这也是人类文化中最普遍的时间思维方式。这两种时间的构想方式都与人类文化生活和社会经历有关，受到人对空间认知的影响，看到的空间中的事物和运动总是有序的排列或往复运动，映射到时间范畴后，产生线性和循环时间概念，成为最为自然和普遍的时间认知方式。Lakoff（2006：200）认为，在本体上，我们通过事物及其运动理解时间。在英语中，时间更多通过空间进行概念化。实际上，时间的空间识解是人类时间认知中的共性，人类在生产生活实践中逐渐把空间与时间联系起来，空间及空间中的物体会与时间范畴相关实体映射，包括静态和动态两种形式。运动包括直线和复合两种形式：直线运动呈线性，复合运动可以旋转也可以变换方向（Leduc et al., 2000），时间于是获得了方向性、持续性、不可逆性、分段性以及可测量性特征（Galton, 2011）。由于空间与时间的映射、时间具有的这些特征以及受语言文化类型的影响，一般语义上时间出现了两种形式：线性时间和循环时间，汉语和英语在语言现象上都有表现。

线性时间，如：in the course of time; a short time/a particular lengths of time; from time to time；机不可失，时不再来；大江东去，浪淘尽。

循环时间，如：time after time; once again; after life；一年又一年；从头再来。

人类的空间活动多是直线的，即使在环线上活动时，每一个局部的运动也是直线的，因此，西方文化对时间的描绘多是线性的，西方哲学和认知心理学的时间研究也是以线性时间概念为主。时间像物体或流动的物质朝一个方向运动。对于人来说，无论是否意识到，时间的来临和逝去都像流水或者像离弦的箭一样不会回头。英语中的很多语言表述可以反映这种时间观念，例如，...the day will come/time goes on/ time flies 等。由于传统的农耕狩猎与四季更替密切相关，中国远古的时间概念有较强的循环时间痕迹，例如人们相信生死轮回。文化与科技的交流和碰撞使现代中国文化中的时间概念更接近西方的时间观，汉语语言表征的时间概念中线性痕迹更明显。例如，使用频率非常高的上、中、下、前、后表征的时间是线性的：前不久、后来、中旬、上个月、下周等都是直线时间。线性时间是一个抽象出的标准，已经是连续流体的一部分，无须参照具体事件，也不需要现实中的具体实物就可以通过等分单位测量（Dahl，1995）。是否知晓事情的发生不影响时间的存在和量化，而且时间在不停地运动。由于文化类型和思维方式的差异，人类可以在概念系统中感知时间从遥远的过去流向现在和将来，也可以把时间概念化为一个来自将来，走到现在、走向过去的物体，这也是时间认知模型描述的两种时间认知方式。抽象出的时间通过我们对它的概念化后变得可以预测而且有形，被感知为不同的实体，如现实生活中的物体或有生命动物，通过隐喻，可以花掉和浪费时间，也可以节约和弥补时间，时间可以到来和经过，也可以以"快"和"慢"的速度飞逝或流逝，或疾行或慢行。

由于人类生产生活的影响，循环时间在概念及思维也存在于不同的文化中。人们观察到日出日落，时间和方位亘古不变，循环往复，白天黑夜依次交替出现，生活与工作，自己总是每天重复做相同的事情，……这些观察和经历的自然与事情貌似循环时间的显露。人类的生命现象也与此相似，个体生命和人生在时间上是线性和不可逆的：18岁过了往前走是绝对的19、20岁……不会是17岁，但人类的群体生命却在一代一代繁衍下去，这种现象往往被看作一种轮回。与太阳不断东升西落一样，一年中的春夏秋冬四个季节既依次序到来，也每年重复，农耕与收获总是与时令一起反复进行，时间的发展是线性的，但与时间相关的活动又是循环反复的。宗教思想中的来世等对循环时间概念也有影响。生活中，我们反复看到相同的事物、做着相同的事，在认知上也会形成固定的循环模型。在语言中有很多词语描述，如"重复"、"周而复始"、"再试一次"、"从头再来"、"回到起点"、*another turn*、*once again* 等，这些语言形式反映了思维的内容，也印证了沃尔夫假说对语言与思维关系的论断。思维过程受思维内容影响，如果没有思维内容，思维过程也无法普遍化。因此，Whorf 和 Carroll（1964：26）认为，语言结构反映了不同的思维内容以及对思维过程及一般行为的影响。从语言层面看，语言现象描述了循环时间概念，从语言和思维的关系角度看，思维中存在循环时间概念。英语中同样有循环时间概念的语言表述：

（1）a. He did the same work **round** the year.

b. History always **repeats** itself.

c. His curses and sex stories sounded **round** the clock.

d. Agricultural production is both **year-round** and highly seasonal; strictly speaking, there is no slack season.

e. He dominated the plant taxonomic world at **the turn of the** twentieth century.

线性时间表述所使用的方向性动词或介词，是以人身体作为参照的，因此出现水平或垂直性时间概念。但人类相似的生活经历中同样包含循环和螺旋式出现的事物，这就导致了循环时间和螺旋时间的存在。从时间概念的方向特征看，线性时间面向未来，循环时间面向过去，事件时间以自然状态中的现在为基准（Dahl，1995）。不过这些时间概念的理解也不是绝对的，即使循环时间也不是完全一致：可以是一般意义上的环形重叠循环，也可以是螺旋式循环而与先前的重复有所区别。像汉语中的"面向未来"是线性的，而"回首往事"同样具有线性特征。尽管如此，Dahl 认为循环时间和螺旋时间隐喻与线性时间隐喻并不矛盾，因为任何环形中的某个局部总是线性的，现代的钟表是圆环形状，但能够用局部小直线准确表达时间，容纳了循环时间和线性时间思想概念。而且每一次重复都是一个貌似相同的事件，复现已经是事件发生变化后的继续。古希腊哲学家赫拉克利特的著名哲学命题"人不能两次踏进同一条河流"在揭示运动的绝对性和静止的相对性的同时，也揭示了时间的不可逆性特征。因此，时间的变化和运动是持续的，这个持续过程和状态包含了过去、现在和未来，这也是事件进行和发展的顺序，任何事件都有过去、现在和未来三个特点，时序性是描述事件约定俗成的原则。

8.2 时间形式与生产生活经历

人类的生产生活是由无数事件构成的，对时间的描述也是借助事件完成的，这也印证了时间概念的依附性：时间的理解和描述都与其他概念相关，当说话人把时间与自己联系起来时，无论是线性时间还是循环时间，语言表征的概念往往指向一个事件，形成了事件性时间。例如：

（2）上班路上我碰见了一个多年未见的朋友。

这里,"上班"是一个包含严格时间限制的概念,而碰见朋友这个事件一定有时间和空间的限制,是一个特定的事件时间。线性时间、循环时间和事件时间三种时间概念在所有语言文化类型中普遍存在(Dahl,1995),有的语言文化中可能有一种或两种,也可能三种都存在,但即使有三种时间概念共存于一种语言文化中,也不标志它们有同等地位,而是使用其中的一种作为主要的时间概念。例如,在西方国家,主要使用线性时间概念,但循环时间概念也在农业领域和有季节性标志的领域使用。无论中西方还是时间概念使用的差异度有多大,人类生产生活中对事件相关的时间概体验普遍存在:当我们与亲朋好友聚会时,幸福的感觉是"时间一晃而过"、happy time,等车或人久等不来时感觉 time passes slowly、"等了好久都不来"之类的感觉等,有快乐的时光,也有痛苦的时刻,还有无聊的时间。

我们每天经历着各种事件,即使相同的事件,每个人对事件相关的时间也有不同的体验和理解。日常生活中的买菜、做饭、工作、学习、体育锻炼、休闲娱乐等活动在时间的限定中:早上七点起床、上午九点开会、下午六点下班、晚上十一点睡觉、周末出席婚礼、暑假出去旅游等,所有活动都涉及时间。当我们行走世界、在和朋友的聚会中畅饮、在旅途中欣赏风景、在匆匆忙忙中赶往车站的过程中,即使没有意识或感觉到时间,时间也存在于背景中,虽然我们并没有意识到时间的存在,它却像空间一样围绕在我们周围,如此自然,正如 Friedman(1990:1)所说,无须太多注意,我们在空间中活动时不会与物体相撞,同理,我们也不会与时间相撞。

人类对时间的体验就是体验事件的发生,因此时间即事件,如果没有事件经历就没有对时间概念的认知。时间即事件的概念化方式与哲学、心理学的时间概念化方法一致,即都认为时间是抽象概念,我们不能直接感知时间,有关时间体验和时间记忆都涉及事件,通过事件经历和记忆,时间被长久留存(Klein,1994:15;Gibson,1975:295)。

8.3 哲学时间形式

哲学对时间的思考与对世界的主客观认识密不可分,于是有了对主观时间和客观时间的思考。Harvey(1990)认为,我们表征世界的方式使得时间和空间的客观性特征发生了改变，今天的世界变成地球村后，时间水平线缩小为一个点，这其实就是我们感觉到的时间扩张与挤压的特征。虽然时间本身具有客观性，但在认知时间过程中被赋予了主观性，因为我们的时间经历是主观的，根据 Bullis（2002：1）的阐释，每个人的生命中很早就形成了一个切实的时间概念，任何理性的解释都以此为依据。加上时间这个概念本身的呈现和表征方式都是间接的，概念承载的是其他概念的内容，对这个概念的描述是我们经历或认知的其他事物，是一种感知体验，决定了其有限的客观性和更多的主观性。因此在休谟的时间观中，时间只能用经验来解释，主张极端的主观主义，被后人称为怀疑论者（Bullis，2002：9）。康德则把对时间和空间的认知与对世界的认识联系起来，把时间和空间都看成人类认知的属性，是基本认知范畴，它们决定大脑的经历方式和如何认识世界，时间在这方面的作用非常显著，作为一种"内在直觉形式"，决定人如何凭这种直觉认知外部事物，如，身体的饥饿和疼痛、心理兴奋与悲伤等。于是，对时间的认知具有了更多的主观性，主观时间是一种事件时间，客观时间则是一种世界时间，一种自然时间，二者都塑造我们的认知组织，因此 Klein（2009：8）把我们的认知组织看成经过时间所塑造后呈现在我们面前的外部和内部世界。

哲学界对主观时间和客观时间的存在认同也不完全一致。Bullis（2002：9）认为，康德在认同时间主观性的同时也明确阐释了时间的客观性：因为世界的存在不依赖于任何特定的实体事物。由于我们不能观察、感知和经历客观时间，对客观时间的理解，更多地停留在理论层面，它的存在甚至会被忽视，例如，胡塞尔的时间意识现象学研究中就没有客观时间，因为自然科学和心理学意义上的自然时间以及世界时间都不是现象学素材（肖德生，2009）。

语言哲学和认知语言学在哲学时间研究的基础上，把重心放在了时间经历体验和时间语言表征上，承认时间经历具有主观性，与客观时间有着本质的不同。Radden（2004：226）认为，在经历时间事件中对时距持续长短的感觉取决于经历者的意识状态和信息储存量，因为时间（事件）的内容包含人的主观情感经历。一般来说，处于高强度状态的意识环境和信息处理中时，感觉时距更长，时间过得更慢，例如，经受痛苦折磨、处于危险境地时的时距经历，每一秒钟都会很漫长。在低速信息处理状态时，感觉时间过得很快，例如做烦琐的事情和日常的杂活。因此，对时间的认识和体验是主观与客观的结合，它是"先验的理想，实证的真实，或者说，时间是先验的主观性，实证的客观性"（Bullis，2002：7）。

8.4 物理学时间形式

在牛顿的时空观里，空间是独立、无限、三维、恒定的联合容器，上帝往里面填充了内容；时间是绝对、独立、一维、固定的联合框架（Ray，1991：99）。但他还是区分了相对时间和绝对时间两种形式。由于绝对时间是真实、绝对和数学意义时间，因此也是真实时间，它自身和拥有的属性都不与外部任何事物产生联系，只是持续、平稳流淌，是一种持续性。与绝对时间的神秘性不同，相对时间是显性的，是一种日常时间，具有可视性和外在性，它的延续性可以用运动的方式被测量，因此，我们广泛使用相对时间而不是真实时间，例如，与我们生活日历相关的小时、日、月和年等（Rundle，2010：1；Klein，2009：9-10）。

绝对时间是一种纯粹真实时间，它超越了我们的一般认知，更多停留在理论层面。根据牛顿的阐释，真实时间一成不变，不受任何外部事物影响，也与观察者无关，真实的时间既不能被感知，也不能被测量，只有与人类相关事物的延续能够被感知和测量，可以通过时钟、日历等，用年、月、日、小时、分、秒等仪器或单位量化时间，也是相对时间。Klein（2009：10）认为，牛顿的真实时间有神秘性和较强的宗教背景，为上帝美德之产物，上帝则高处于时间位置上。真实时间虽然珍贵，但它是潜伏在背景中的一种东西，牛顿的物理学中的时间是相对时间，机械运动的成功与真实时间并没有关系，由于可以通过运动测量机械运动定律，并可以被观察到，因此也是事件时间，不是真实时间。总之，真实时间无法触及，相对时间可以测量。

9 时间的属性与词义表征

当我们观察、理解到属于时间特有的东西，这就是时间的属性，它是时间与人类发生关系时表现出来的自然属性，根据Klein（2009：5）的观点，所有人类文化所经历的时间，其自然属性有三个特征。

首先，动作根据计划实施。事情的计划和发展遵循时间自然顺序，每个事情都限定在自己的时间段里：工作时间、休息时间、锻炼时间、娱乐时间等，其中的具体活动按顺序有序进行。

其次，有测量时间的方法。时间测量方法与事件联系，在物理学意义上，测量出的时间实际上是事件的持续。根据有规律发生的事件，例如太阳东升西落、钟摆的摆动、石英水晶振荡等现象都是有规律的，这使得人类据此发明了日历和钟表来测量时间。

再次，可以"言说"时间。语言中的"时"无所不在，导致所有的人类语言都发明了独特的方法和手段来"言说"时间。比较明显的是语言中的强制时间标记，例如英语限定动词的屈折变化，表示"时"（tense）的概念。通过标记，话语描述事件状态或过程的同时，描述的情景也处于不同的时间位置，有了"时"性，也就包括了将来、现在和过去概念。例如：

（3）a. Mary stay at home.（中性时间）
　　b. Mary stays at home.（现在）
　　c. Mary stayed at home.（过去）
　　d. Mary will stay at home.（将来）

英语虽然不是典型的屈折语言，但有明显的时间标记，通过这些词缀和特定的助词来标记所认知的时间。英语中的中性时间（表征）用于理论研究层面，正常使用的语言都与时间的方位相关，所理解和感知的时间都与时间概念化者的现实状态有联系，在描述事件时，事件涉及的时间并非中性，而是处于一定的方位，可以用特定的手段（标记）指示事件已经发生、正在发生或者还没有发生。

时间标记并非在所有语言中是一致的，有的语言通过屈折变化来表现，如英语、德语等印欧语系中的很多语言。有的语言中没有强制的时间标记，如汉藏语系中的很多语言。汉语虽然也是附目框架（satellite-framed）语言，但它并不像日耳曼语种中的语言那样有动词标记，动词的语言形式无时间标记，也无屈折变化。可以用于指示任何时间性动作，但其他丰富的时间表达手段足以让交际双方正确理解时间，进行正常交际活动，包括双方通过上下文建构的共同的认知渠道，助词和副词的使用等，例如汉字"了""刚才""明天""昨天"等都可以表达"时"的概念，说话人有自由选择时间词汇的空间，听话人也不会误读时间。

关于时间的属性认定与其概念的界定一样存在学科和学术领域差异，尽管如此，认知语言学与哲学、认知心理学都认为，人对时间的体验离不开客观世界，因此时间有了事件性和运动性，把人与客观世界的互动所认知的特征整合起来，我们就能体验时间的变化、方向、顺序和间隔。即使从各种时间定义和概念界定中确定时间具体所指有难度，还是可以通过语言现象分析时间概念如何被理解和表征，例如 *time rolling on* 与时间连续性、一维性和无限延伸性、*lost time never gained* 与时间的不可逆性、"时间到了 2020 年"与时间的运动性等，这些特征与空间认知联系在一起，每一个特征都有空间隐喻性。

9.1 时间的测量意义与词义表征

在 Evans（2007）的时间语义中，测量意义是重要的一个方面，能够用时距、时序测量出时间的长度和顺序也是时间的一个重要属性。物理学时间讲究可测量性，没有时距就没有时间，也没有现在。由于我们可以用工具测量出空间距离，因此距离是一个可以理解的直观概念。除了直线，平面和立体都可以解构为直线（长度、宽度和高度），并用测量工具测出具体数据，也可以通过我们的感官感知到。空间中的距离是可以真实量化的长度。但时距并非真实距离，没有专门尺子测量时间，它不是真正能够量化的长度，因此只是一个心理长度，有认知主观性和隐喻性，更多被看作一个延续过程。例如：

（4）In Germany, while profits in industry have increased by 206 per cent *since 1980*, wages have gone up by only 45 per cent.（BNC 语料库）

（5）London–based Old Master drawings dealer Annamaria Edelstein is holding an exhibition in New York at the Beadleston Gallery, 60 East 91st Street, *from 11 to 15 January* and in Chicago at the Roger Ramsay Gallery, 325 West Huron, Suite 207 *from 18 to 21 January.*（BNC 语料库）

（4）和（5）中的 *since 1980*、*from 11 to 15 January* 是时间，也是事件过程延续。虽然没有具体的长度，我们可以根据表达时间的数据认知这个过程延续长度（时距），它实际上被空间化了。

时量是通过规定的测量方式得到的一个时间量，如"2 小时"。借助人类发明的钟表和电子计时仪器，"2 天""一个月""1 年"等都有人类通用的测量方法。很多时候，时距等同于时量。对"打了 1 小时篮球"的识解中，焦点可以是打篮球花去的时间量，也可以是这个运动的持续过程。前者关注时间用量结果，后者关注活动过程，这个过程是从运动开始第一秒到 1 小时结束这段时间过程，它不仅仅是时间的持续过程，也是运动事件的过程。根据爱因斯坦的时间观，测量到的这个"1 小时"时间其实是事件持续。因此，Klein（2009：11）认为，从相对论视角看，时距是一种可以观察到的现象，它会在一段持续时间内发生变化。事件时间接近观察者有延后性，是不同参照框架测量出的结果。因此，时间的长与短受制于事件地点与参照框架间的相对距离，这也体现出时间的相对性。

空间距离表征时距是以隐喻方式实现的，是从空间到时间的映射。在空间中，两个实体间的距离是可以用工具测量的具体长度，我们能够真切地从视觉到触觉层面去感知这种距离。但时间点是一个抽象的位置，从一个时间点到另一个时间点只是一个想象的距离，只能通过隐喻思维去理解这种距离。当然，在空间距离表征中，我们还是赋予量化的空间距离抽象特质，特别是用空间距离来指有机体（人）之间的关系时，空间距离也成了一个抽象化概念，这种"距离"在时间和空间层面都有一种不可触及性。例如：

（6）"山"读成［ara］。汉语方言间的差别要大得多，比方**距离**北京一百多里的平谷，那里的话和北京话就有明显的差别。平谷的阴平……（CCL 语料库）（空间长度）。

（7）我明显感觉到了他的些许失望，随即有**距离**感的常规寒暄让我觉得这次看病之行已变得有些累赘。（CCL 语料库）（有机体关系）。

（8）……缩短咨询者与来访者之间的角色**距离**。（CCL 语料库）（有机体关系）

（9）又过了一月，合宫造成，其时恰值是孟春下旬，**距离**仲春月的丁卯日不过一旬。（CCL 语料库）（时间长度）。

"序"是时间的一个重要属性，通常称为"时序"，也就是时间的顺序。但在物理学中，时间并无先后顺序，遵循"两边对等"原则，没有"从先到后"，或者"从后到先"的说法（Klein，2009：12），由此可见，时序只是一个生活中使用的概念，用来指事件发生的顺序。我们无法体验纯粹的时间顺序，能够体验的是事件发生的顺序，在这一点上，时间概念与生物学的时间概念类似，它是一个与生命发展一致的自然顺序，具有不可逆性：事件一旦发生了，时间的顺序不能有任何的改变和调整，事件过程也就定格了，无法回到初始状态。时间的不可逆性具有绝对性，人类经历和见证的生命历程是从生到死，不是从死到生。生命从起始到终结的过程都经历了从弱到强，又从盛到衰的变化过程，过程中的先后顺序不可逆转。事件的过程也与生命过程类似，从开始到结束，而不是相反。虽然认知主观性赋予人的心理时间旅行想象能力（肖燕，2015），但时间的自然顺序不会改变。不过，语言表征的时间可以不同：可以顺叙也可以倒叙，而倒叙作为一种描述事件过程的方法，只是对已经存在的自然顺序按照一定的方法呈现，并不能改变时间原来的顺序，颠倒的顺序便是想象中的心理时间旅行。

9.2　时间的维度与词义表征

在对时间的认知中，虽然有线性时间、循环时间和螺旋时间概念存在，但线性时间仍然是一个更为普遍的时间认知形式，时间具有线性和一维性特征是界定时间概念的一个重要参数。时间的线性和一维性也是人类对时间属性的认知，对其认知表征在英语和汉语中都比较常见，例如汉语和英语中的很多成语、俗语表达了时间的线性和一维性，*Time flies*、*Time and tide wait for no man*、"光阴似箭"、"劝君莫惜金缕衣，劝君惜取少年时。花开堪折直须折，莫待无花空折枝"（杜秋娘《金缕衣》）等，在劝导世人珍惜时间的背后，都表现了时间的一维性和不可逆性。

与时间概念的抽象性一样，时间的维度不是一种视觉感官认知，而是人类空间经历的结果。人类的空间认知经历了从一维线性空间到二维平面空间再到三维立体空间阶段，通过空间识解，时间也经历了同样的过程，而一维线性空间与时间相似点更多，被首先投射到时间范畴，形成时间与空间的隐喻，通过空间与时间隐喻，时间有了一维和线性特征，与一维线性空间一样具有不可逆性和延续性，Srinivasan 和 Carey（2010）认为，"这种延续性是我们生活中普遍的经历"，即使生命可以有"来世"，有些事情可以重复，但重复的过程已经不是先前的过程，与"人不能两次踏进同一条河流"有着一样的哲理。因此，人类认知中的时间维度在世界上多数语言和文化中表现出一维、线性、不可逆性特征。对人生的认识可以有循环的感觉，但对生命的认识只有一维性概念，这种时间观念也通过时间的词汇语义表现出来，例如：

（10）……是不是从头再来。
（11）盛年不重来，一日难再晨。及时当勉励，岁月不待人。（陶渊明《杂诗》）

时间的维度认知限定了我们的语言表达方式，在描述事件之间的关系时，我们会遵循一定顺序，如大小、空间、时间等来呈现事件过程和结果，并彰显时间的词汇语义，这也成为文学写作叙事的基本原则。但是，事件发生方式并非只有一个模式：在时间上，有的事件按先后顺序依次发生，有的事件同时发生。对时间认知的局限性会限制描述事件的方式，时间认知是一维、线性的，对时间事件的描述也只能是线性、一维的，在描述事件时，无论同时发生还是先后发生，都不可能完全同步描述事件的本来样态，而是遵循约定俗成的叙事方式，梳理出事件的顺序，按照某个时间线再现事件。

9.3 时间的空间性与词义表征

时间的空间识解给予时间方位性特征。时间的一维性也决定了时间的方向与顺序。英语中从学术研究视角陈述时间的方向性观点经过 Smart（1949）的时间河流的论述，人们发现时间是河流（the river of time）这个常规隐喻的语言表述其实自古就存在，例如，"子在川上曰：逝者如斯夫"（《论语·子罕》）、"历史的长河"等隐喻思维把时间与流水联系起来的语言表述，但 Smart 的时间河流论述是第一次从学术的视角呈现了时间像河水般流逝的观点，成为一个概念隐喻，这个隐喻也与时间的方向性和可移动性属性吻合，在这个意义上，时间是在空间中持续运动的物体或物质。在 Lakoff 和 Johnson（1980a）的概念隐喻理论建构中，"时间是空间"也是一个结构隐喻。认知语言学研究者（Evans，2005b，2007；Lakoff & Johnson，1999；Engberg-Pedersen，1999）根据时间的这些属性进一步从时间自我中心认知模型——"运动的时间模型"（the Moving Time Model）讨论时间概念化特征。在"运动的时间"隐喻模型中，时间就像一个有方向性的运动物体，人处的位置是一个静态方位，与时间对应为现在的位置，前面是将来，后面是过去，时间是一个从将来某处开始持续运动的物体，或者是连绵不断流动着的河水，向观察者"现在"的位置运动，流经（过）观察者，并继续运动（流动）到过去。因此，我们时间认知中的"过去""现在""将来"都是对时间方向和顺序属性的反映。例如：

（12）Raised beds make attractive garden features, and if you are beginning to find that bending is difficult, they can also make gardening a more practical and pleasurable hobby in the years **ahead**.（BNC 语料库）

（13）She had our land on a 10-year lease from the National Agrarian Institute — but she was six years **behind** with the rent.（BNC 语料库）

（14）虽自以为得所，犹未免乎迂阔也。事无**身后**之功，物无违时之盛。今海内瓜分，英雄力竞，象恭滔天，猾夏放命，驾骞星驰以兼路，豺狼奋口而交争。（CCL 语料库）

（15）……语中还有少量表时间关系的词强调向性，如"前景"、"前途"、"向前看"，"向前看"不是向过去看，而是向未来看，我们身体的朝向决定了……（CCL 语料库））

在这些方向性词语表征的时间中，人对时间的理解和隐喻构想基于自己在空间中的位置和身体的朝向，时间可静可动。运动的时间是空间中"运动的物体",这就是 Lakoff 和 Johnson(1980a:42-43)在建构概念隐喻理论时所描述的结构隐喻。与空间中运动的物体一样,时间也有方向和移动的路径顺序,我们可以根据它的方向和顺序来定位时间。如果把时间看成一个运动的物体,以观察者中心视角看这个运动的物体,物体的迎面运动是优先视角,因此,看到的是物体(时间)从未来运动到观察者所在的位置(现在),经过这个位置,到了身后的位置(过去),描述空间中人或物体运动的动词表达了时间的运动。例如:

(16) Almost all the colonies the English ever acquired were of one or another of these three types, and in a number of other ways the overseas activities undertaken between the 1550s and the 1640s laid down the pattern for all that was to *come*.(BNC 语料库)

(17) The time may well arrive — indeed, that process is now under way — when the notion of the supremacy of the institutions of the Community and the primacy of Community law have become so firmly established that they are widely acknowledged to be a feature of the United Kingdom's constitutional landscape.(BNC 语料库)

(18) You can plot its movement on a map of the world and date the times of *arrival* of the outbreaks.(BNC 语料库)

时间的空间性属性使时间成了空间中运动的物体,于是时间有了方向性,其理论源泉也可以追溯到认知语言学的视角理论。在视角理论框架内,观察时间方向与视点相关,并且存在一个最佳视点,时间描述也从这个视点出发,于是,时间与人产生了联系,而人的身体是有方向性的。根据视角理论,很多议题和因素建立在视角基础上,理解情景中的最佳视点是尤为重要的一个因素(Langacker,2004a)。由于时间的测量主要借助空间来确定,因此任何形式的时间表征中,现在的瞬间位置都是时间最显著的起点,是观察时间方向的最佳视点。因为时间瞬息万变,我们只能掌控现在的时间,再加上"现在"位置与观察者身体位置吻合,成为一个构想时间的理想视角和最佳视点,结果同样是人处于现在位置,过去在后面,未来在前面。这种构想时间的视角是一种想象的空间场景，任何时间性事件都包含这样的时空要素，即时间性事件处于想象的时空建构的可延伸物理性场景范围内。

9.4 时间可体验性与词义表征

我们虽然看不到具体的时间，但是能间接体验时间的存在，对时间存在的感知是对其真实性与非真实的判断。真实性与非真实性属性与时间的绝对性和相对性有着相似之处。真实时间概念源于牛顿的绝对时间概念，被广为接受，我们实际上并不能体验真实的时间，能够体验到的是时间通过一定方式呈现的状态，与我们的认知心理相关。Bogoras（1925）认为，对时间运动与静止、快与慢等的感知，原始人与现代人有着相同的感知能力，生理官能的工作机制也基于相同的主体与客体。

哲学界对时间的真实与非真实性的探讨从未停止，包括McTaggart（1908）、Bullis（2002）和Poidevin（2009）等的相关讨论，从他们的讨论结果看，能够得到释义的概念特征更多的是时间的非真实性。这个问题早在20世纪初期在哲学上就有详细讨论，McTaggart（1908）提出了两种时间语境说明时间体验的真实性与非真实性。语境一是时间等于过去、现在和未来。语境二是时间等于先前（precedence）、同时（simultaneity）和后来（following）。

McTaggart（1908）把时间语境中的时间顺序及方向与时间的真实性和非真实性结合起来。首先，时间的位置意味着变化，即过去、现在和未来的位置并非固定的，有这三个时间位置概念才有变化，这是理解时间概念之基础概念。其次，这两种时间语境有内在联系，第二种语境的存在是第一种语境的前提，两个语境的结合可以解释时间的顺序性：当两个事件产生认知关联时，如果事件1在事件2前面，那么在某个时间瞬间，事件1一定处于过去，而事件2则处于现在（肖燕，2015）。据此可以推导事件的时间属性，即事件也具备过去、现在和未来三个时间特征，因此时间线上的事件有了三个地点定位，对时间事件的这种理解与我们的空间知觉密切相关，时间的空间性是理解时间方向的基础。不过，事件并不同时具备三个特征，在不同的时间段，事件具备与当时时间相应的特征，从这个视角看，时间可以是不真实的。

人类一开始就经历和体验事件，这也是对时间的经历和体验，因此，我们经历和体验了时间存在的真实性。时间经历根植于事件的经历，这种真实的时间经历总是和真实的事件经历联系在一起（Lakoff & Johnson，1999：139）。在现实生活中，经历与时间相关的事件才能体验到时间的来临、状态和过去。但概念化可以是体验的，不必先于经验，因此，我们具有对时间或事件的预见性能力，这就是为什么在经历有些时间或事件之前也能预知其真实性。例如，人的生老病死的自然过程是确定的，我们可以先于经验认知其真实性，同时，我们也在体验经历中感觉到时间的流逝。Jaszczolt（2009：vii–vx）认为，生命中经历的无数事件都有序发生，我们因此能够借助这些事件来定位时间位置，也就是自己在时间上所处的位置。亲身经历的时间其实是事件，是真实存在的，这种体验真实性并不等于时间真实性，体验到的"真实时间"只是一种主观性体验，实际上在时间的变化中经历和体验事件过程。由于时间经历和体验是感官刺激产生的内在、主观反应，通过感觉器官，空间—物理图式的内容传递给主观反应概念，时间经历就被客观化了（Evans，2005b）。因此可以说，时间的空间识解出于内在的交际需要，也是一种交互主观性，用空间隐喻谈论时间与思想、情感的隐喻表达一样（Radden，2004：226），因此，在一般的理解和很多学科的讨论中，时间的真实性都是一个存疑的问题。

时间真实性在哲学界的争论尤为激烈，"现在"首先被质疑。Dolev（2007：4）认为，在爱因斯坦的时间观中，过去、现在、将来是没有区别的三个概念，这样，"有时性"（tensed）语言也就存疑，例如，并不能确定 *The astrauant is experiencing degravity* 是描述过去、现在或未来。"时"（tense）在人类的经历、活动、思想和语言里无处不在，但很难确定"时"是事物本身的特征还是从事物中观察到的特征。因此，"现实"到底是"有时"抑或是貌似"有时"也不能确定。尽管如此，还是有人试图去探究这种"真实性"，例如，Poidevin（2009）就把事件真实性与时间真实性相等同，他认为，真实时间只在一定的语境中存在，理解事件真实性就是理解时间真实性，事件具有的过去性（pastness）、现在性（presentness）和将来性（futurity）的属性是真实的，根据其在不同时间方位显现的特征，赋予其"真实性"或"非真实性"。包括三个区分它们的方面：第一是二价性，看某个属性适用于所有命题还是有例外（比如，部分将来时命题）。第二是真实标记，这个问题指"有时"命题的归源："真实"与"非真实"由有时（变化）事实确定还是无时（不变）事实确定；第三是心智依赖（Mind dependence），"时"的解释作用是否局限于心理表征的特性与效果，包括任何区分过去、现在和将来的东西。在实际的语言使用中，"有时"和"无时"的时间概念虽然相互交织，但还是有明确规范，因此可以区分真实时间与非真实时间。例如，在结构主义语言学的时间研究中，"时"是重要的语法概念，有严格区分，语言的使用都是"有时"的，"无时"是一个理论上的概念，主要通过动词标记如英语通过屈折变化、汉语通过助词等来表现事件的"有时"。例如：

（19）a. 据日本NHK电视台报道，日本官房长官菅义伟在15日上午的记者会上，就普京访日一事称："总统的专机**出发晚了**，理由正在确认中。"（凤凰网，2016 12 15）

b. One of China's most prominent women's rights activists has **written** a letter warning US President–elect Donald Trump against "sexist behaviour".（BBC，2016-12-15）

在"时"的问题上，语言学的讨论与哲学的讨论有所区别。语言学的"时"重视语言描述的事件发生当时的时间瞬间，在例（19）中，"时"的指向是说话人和听话人能够引起共鸣的时间点。哲学研究更趋向于对"时"的概念认知。由于"现在"在哲学领域是一个备受质疑的概念，时间的真实性就自然成了一个不确定概念。在McTaggart的时间语境中，"现在"是第一种时间语境方式中的中心概念，它是过去和将来的分界线和区分点，但"现在"永远处于变化中，没有唯一的"现在"。不断发生变化的"现在"产生了无限的"现在"概念，例如，*right now* 所指"现在"不是一种僵化的停滞时间，而是前后不断变化的不同"现在"，许多"现在"组成了 *right now* 所指的时间。在一般话语情景中，"现在"不是话语发生时刻，而是一段时间。Hacker（1982：5）认为，"现在"的不确定必然引起变化，有变化才有时间。同时也有一个此刻的、特别的"现在"。

在部分哲学讨论中，"现在"不可延伸，没有时间持续，只有瞬间时间，由于瞬间几乎不能成为时间的一部分，因此 Calkins（1897）把时间看作一个理想。但如果现在不存在，也就没有过去和将来，时间测量意义中的时距已经是我们认知时间很重要的一个方面，因此，时间的真实性通过时间事件的真实性被认同。心理学虽然研究时间的隐喻思维，但对时间真实性也通过实验进行了验证：通过测量视觉和听觉的持续来量化证明"现在"，早期计算出的"现在"持续为 6—7 秒，现代实验计算出视觉和听觉的持续最短时间是 30—40 毫秒，因此，Klein（2009：14–15）认为，如果现在可以等同于此刻，根据我们感觉到的此刻，就可以界定成"现在"。

9.5 时间的主、客观性与词义表征

通过前面的讨论我们可以看出，除了时间语言表征的"时"，对时间概念的理解更多的是一个主观认知问题，对时间的真实性问题讨论实质上也是对时间主观性与客观性的讨论。物理学的时间概念有真实性：一成不变，是持续和静止的流体，平稳流动，不受任何事物影响，与外界没有任何联系，也与观察者没有联系（Thibault，2004：151；Klein，2009：10），这也印证了哲学时间观点：我们不能体验真实时间，只能通过事件性时间体验时间真实性的存在，因此，我们不能体验纯粹时间，只能体验含诸多因素的时间整合体。在感知和被感知过程中，二者是此消彼长，主观性和客观性并行，这些过程促成了时间和时间性，主体才意识到了时间性和时间的产生，在 Husserl 的时间观中，这就是绝对的时间主观性（Sebald，2012）。时间认知过程本身就是一个主观性感知过程，我们只能承认客观时间的存在，而感知事件发展过程本身就是时间的主观性感知。

在人的时间经历中，对时间的体验并不完全取决于时间的形式和状态，与个体的主观感受有很大关系。根据 Fauconnier 和 Turner（2008：53–66）的时间隐喻释义，人可以从三个方面理解时间输入：运动、事件以及人经历这二者的融合。事件输入的理解通过理解事件类型排序、分类完成，特别是分类输入过程，主体通过理解时间类属和类型来理解事件的整体结构，理解过程也是事件的主观经历。同一事件往往参与者众多，参与者个体经历相同，

但事件方式却不同，例如，有关一部电影的事件由编剧、导演、投资人、演职员和观众等共同经历，但体验却不尽相同：对于投资和创作方，如果过程顺利，时间过程是快乐和幸福，如果艰难，时间过程是挑战，观众也会因为喜欢或不喜欢体验愉悦或痛苦的时间过程。不同的经历合在一起使这个时间事件变得完整，对这个事件的感受其实是对同一持续时间段的感受，所产生的不同主观体验效果是：顺利、愉快参与其中的人感觉时间过得很快；艰难、痛苦参与其中的人感到时间过得很慢，这就是时间主观性体验。

时间理解中的运动输入是通过理解物理空间从一个时间点到另一个时间点运动的客观和主观经历实现的，这个运动输入内存在许多相互关系，在三个时间点中，如果从时间点 A 到时间点 B，然后从时间点 B 到时间点 C，从 A 到 B 的移动事件在 B 到 C 的移动事件之前已经结束。在其他条件相同的情况下，相对的长度与事件的顺序相关，因此 A 到 B 的距离比 A 到 C 短，〈AB〉时间事件也比〈AC〉时间事件先结束，在这两个空间距离内发生的事件中，快和慢不是物理学中的概念，而是与事件持续有关。由于事件经过的路径与路径本身是不能分开的。在技术层面，即使运动速度相同，语言表达时也变成了"从 A 到 B 比 B 到 C '快'"的连续转喻，时距被表达成了时速。例如：

（20） It's faster to get to the railway station than to the airport.

（21） The same hour will go by whether you are suffering or having fun.

（22）不知不觉时间已经九点钟了。（CCL 语料库）

人作为感知主体，经历和体验的时间整合体其实是事件和运动的融合。整合体中的事件从一个点运动到另一个点。Fauconnier 和 Turner（2008：57）认为，事件以及运动整合体里的事件都有长度，都会经历运动（包括与物理学不同的日常速度概念），事件与其经过的路径融合，于是，一个事件就变为整合体内的一条路径，完成这个事件就是经过这条路径。如果走完第一条路的事件比走完第二条路这个事件先完成，就可以说一条路的延伸比另一条快，即一个事件比另一个事件快。

"快"和"慢"的文字叙述简洁地呈现体验时间认知过程的结果，也是感知事件的"快"和"慢",是对持续时间的主观认知表述,在经历速度(时间流逝)过程中,"快"和"慢"是直接感受到的,由于感受有主观性,不同的时间经历者对相同的持续时间或事件长度以及快慢认知有天壤之别,例如:

(23)……户订单的到来,一天又一天,就像经历了一个世纪那么久。等待总是漫长而备受煎熬的。更何况是踩在一根颤巍巍的钢丝上的等待。史玉柱深知……(CCL语料库)

(24)……前,他就是由上海港登船启程前往美国求学的。斗转星移,日月如梭,一晃5年过去了。此刻,宋子文以美国哈佛大学经济学博士的显赫身份,归返自……(CCL语料库)

语言描述的主观感受时间实际上是平稳流动的,不同的感觉记忆反映了客观存在的时间及事件与时间经历者的主观感觉记忆间的不对称,正是由于这种不对称,时间语言显得更丰富,人对时间的理解可以一晃而过、飞逝,也可以静止凝固或平稳流淌,例如:

(25)……不安地等待着,气氛很压抑,没人说一句话,这一段真漫长啊,仿佛时间凝固了。(CCL语料库)

(26) The last three months particularly are charged with electricity — and you are suddenly involved both in the throes of final productions and the "business" of acting; it all comes together in a thrilling rush, and the time goes quickly.(BNC语料库)

(27) "Time goes so fast," she added apologetically.(BNC语料库)

总之,相同的时间经历用表达速度和距离的形容词或副词与不同的时间词语组合所组成的语言形式描述出来,可以成为完全不同的时间体验,这种主观性认知使时间性事件呈现出丰富的色彩。

10 小结

所有的概念,特别是具体的概念,都存在于一定的时间和空间中。根据概念的功能特点,概念的研究被分为不同的种类,有不同的研究方法,但无论是经典概念理论、典型概念理论还是概念的范例观等，都把概念看成思想的重要内容，人类的语言和思维都表征了概念。概念把世界分为物体、实践、属性等范畴，人类概念的特征与对事物的范畴化联系在一起，对概念的归类和典型的识别是人类的范畴化能力，对事物的高度范畴化能力也是人类概念的自然属性。

在认知语义学框架内，语言本身并不包含意义，词语只是临时组构意义，而意义是在概念层面进行组构的，这是一个动态过程，语言单位只是一组概念操作和背景知识使用的提示符，这意味着词语和语法形式都基于概念单位，意义构式等同于概念化。由于范畴是概念单位，所有与认知文化相关的范畴最终都会在语言中解构为语言范畴。

由于时间概念的抽象性，对时间概念的界定是一项艰难的工作。虽然我们不能直接界定时间概念，但人类凭借现实世界的经验，借助其他相关概念，仍然能准确理解不同意义的时间。同时，人类所拥有的范畴化能力、隐喻和转喻认知能力对时间属性有了更直接的认识。于是，时间不再是一个抽象的概念，而是一个可以感知的实体，特别是把时间与空间结合起来后，能够量化时间。同时，人作为主观性客体，对时间的认知和体验加入了自己的情感因素，成为时间表征的主观性基础及原因。

第五章 时间与空间

1 引言

时间和空间从古至今都是密切联系的概念和范畴。在中国文化中，时间和空间是不可分割的，"宇宙"这个词是对古代时空思维的最好解释。"宇"是一个三维立体空间，"宙"是一维的时间，它是一系列连续的变化：过去、现在、将来融合一体，处于不断的变化中，"宇"和"宙"一起组成了一个时空连续体。宇宙在现代汉语词典中的释义是："宇"即无限空间，"宙"即无限时间，时间和空间合二为一就是宇宙，宇宙为我们提供了生活的世界。在很多西方语言的词源考察中，"时间"都来自空间，例如，*time*（英语）、*temps*（法语）以及意大利语 *tempo* 都有共同词源 *tempus*（拉丁语），有"时间"语义，*tempus* 最初的意义是 *space marked off*（有标记空间）。在原始的宗教概念中，时间和空间概念的表征与原始的世界概念是联系在一起的（Bogoras, 1925）。哲学的世界概念就是宇宙的概念，实质上是时空概念。西方对时空的哲学研究也把它们放在了一个共生共存的位置：现实论、存在论和永恒论都把时间及其所依附的事物置于空间场景中（肖燕，2014），时空成为一体。海德格尔（2009：190）和 Baker（2010:27）认为，空间性是构成世界的一种因素，与此同时，人类生活的世界也是一个时间性世界，因此，时间性与空间性合二为一就是世界的属性。现代天文学也把宇宙看成所有时间和空间物质的总和。心理学的研究也认为空间经历直接影响时间思维方式，一些研究者（Matlock et al., 2005; Boroditsky, 2000, 2001; Boroditsky & Ramscar,

2002)通过实验说明,空间以及空间运动等经验范畴对时间理解的影响巨大,时间具有的延伸性、线性和方向性等特征也是其空间属性的表现,这些关联性是空间与时间隐喻的基础。

本章从时间与空间的概念和范畴关联方面讨论二者的相似性和隐喻联系。

2　时间与空间的相似性

时间和空间都是抽象概念,时间认知借助事件,空间认知借助空间中的物体,它们有诸多相似之处,概括起来有三点。

第一,范畴和概念相似。时间和空间的相似性首先表现为认知相似性,它们都需要借助他物理解。心理学的研究表明,时间概念与空间的概念相似性表现在人类认知能力初步形成时对时空概念的认知相似性。根据 Piaget（1969）的观点,在儿童对空间和时间的最初认识过程中,对两个概念的模糊认知产生了"空间是时间"的原型概念。Piaget（1969:1-2）和周榕（2011:111）的实验观察发现,在儿童的早期思维中,时间和空间是一个整体,儿童不能把它们分开,因此一开始就在思维中被等同起来,这是因为儿童认知能力发展还有局限性,他们不能分清楚空间距离和时距。从另一个角度看,这也符合大众对时间和空间的认知,虽然随着认知能力的成熟能够分出时间和空间概念,但这两个概念从来就没有在认知上分离过,从认知经济原则角度看,抽象概念的认知是弃繁趋简的,用空间表征时间是最简便的方式。

时间与空间在概念和范畴的相似性方面还表现在某些特征的相似性。虽然时间和空间都是抽象概念,但就抽象性程度而言,空间更加具体一些,它的部分特征可以通过人的感官感知到,例如,空间的大小可以借助物体确定并进入人的视觉范围,空间距离也可以用工具测量。但时间的所有特征都是抽象的,其中很多特征都与空间相关,特别是与空间和空间中的物体及其运动相关,二者产生联系后,空间范畴的概念和空间词汇就可用来表征更抽象的时间范畴及概念。时间的线性、方向性、延伸性和瞬间性等属性都与空间中的直线和物体运动的路径及方向相关。Galton（2011）认为,从表面上看,只有时间的延伸性和一维性与空间有可比性,但实际上空间范围内有线性子空间,可以确定方向,空间与时间相联系后,就成为隐喻的基础。时间的瞬间性可以与空间运动关联，不是用纯粹空间隐喻去捕捉时间的瞬间性。

同为比较抽象的概念，在抽象范畴中，时间和空间实体仍然有差别，空间与物体相关，物体具体、有形而且有物质性，时间与事件相关，是通过连续观察并表征出的抽象实体（Tenbrink，2007：20）。两个概念都和具体概念有很高的内在关联度，识解都需借助他物：理解时间借助事件，理解空间借助其中的物体。同为抽象范畴，时间和空间概念框架中的工作机制相似，范畴是定位事件、情景以及实物的工具（Friedman，1975）。除了语言知识，Langacker的"基于用法模型"（usage-based model）对于其他知识同样适用，根据人对世界的认知规律，抽象知识基于经验，虽然个体获得的知识不一定都是来自具身经验，但前人的经历已经证明，这些知识也会在个体随后的使用中得到检验。理解时间范畴也是如此，通过类比延伸，它被依附在更具体的范畴和知识上，特别是在空间中物体的运动经验上理解（Boroditsky & Ramscar，2002；Ramscar et al.，2009：68）。对二者内在联系的理解产生了时间的空间识解。

第二，时间关系和空间关系具有相似性。时间关系和空间关系在人类认知中既是最基本的关系，也是最重要的关系。在Fauconnier和Turner（2002：101）对十五种最基本关系的描述中，除了变化关系和身份关系，就是时间和空间关系，而时间和空间关系是可以和另外十三种关系产生直接关联的关系。因此，时间关系和空间关系的表征与它们的概念表征一样，是通过与其他概念发生关系实现的。它们与其他概念的关系以及二者之间的关系是一种类比关系，这种类比关系使我们找到一个用空间隐喻时间的理想之物（Calkins，1897）。二者在诸多方面的相似性可以通过词汇语义表征显现出来。其结果是空间认知词汇常常用来表征时间，大量的空间词汇和空间隐喻现象都可以在时间语言和语言使用中找到，不仅如此，二者在意义和指称上也有着系统性和一致性。例如：

（1）a. Owing to various delays en route, we arrived two days **behind** schedule.

b. Locate the exit nearest you. Please note that the nearest exit may be **behind** you.

在语言形式上，有很多时间词语在空间中也能找到对应词语。在绝大多数语言中都能找到表征"时间是空间"语言形式。Klein（1994：1）、Casati 和 Varzi（1999：172）等认为，但凡自然语言皆有丰富的表征时间和空间的语言形式，也有许多共用词语。这一点在汉语和英语的时空语言表达中都可以得到佐证，例如汉语表达方向的词"前""后""上""下"，英语中指示空间方向的介词 in front of、ahead、behind 及其拓扑空间介词 at、on、in 等都常常用来表征时间。同时，由于我们理解的时间运动和空间的直线运动原理几乎相同，很多描述空间运动的动词、副词、介词等也用于时间的空间识解中，因此，一些运动动词、方位词（介词和副词），如 go、come、precede、follow、pass、fly、here、ahead、behind 等，都已经是时间和空间的共用词汇（Lakoff，2006：201-203）。个别貌似空间词汇甚至在时间表征中被更多使用，例如，在表达时间持续的度时，英语中更倾向于用 long time 而非 much time（Casasanto et al.，2010）。同样，汉语的"前""后""上""下"描述空间方位，也描述时间的方位和先后顺序，实际使用中，"前""后"用于表达时间的使用频率甚至高于空间使用频率（据第十章的语料库统计），"饭前""午后""下课后""上周"等类似的语言使用比比皆是。尽管是时间用法，我们从这些语言描述的事件中都能找到时间维度和空间维度。

另外，我们在表征时间关系或者空间关系时，都有很大的选择空间，Tenbrink（2007：21）认为，与其他实体表征一样，这两种关系表征也有多种选择。例如，我们可以把重庆市政大厅的方位描述为：在渝中区、在人民小学前面、在大礼堂对面、在三峡博物馆附近等。时间关系的描述也不拘泥于某一个时间用语，我们可以说"朋友是15号中午到的""那天我刚打完电话朋友就到楼下了""我前脚进门，朋友后脚就到了"等，还有很多方法来描述朋友到来这个事件。

第三，结构相似性与功能交叉性。王馥芳、张云秋（2005）认为，与空间一样，现代物理学把时间看成宇宙物理结构的一部分。认知科学也把时间和空间视为人类认知中两个最基础的范畴，因此，在时间语言和空间语言表征中，共用词汇和表达方法相同的现象也很常见，这也说明了时间结构与空间结构具有相似或相同之处。在 Evans（2007：733-765）的时间概念化系中，七种时间概念意义所构建的时间概念结构也是一个多义语义网络，这个语义网络借用了空间的立体结构，在语言表达方式上表现为用空间隐喻时间。在人类认知时间的本质上，时间的空间识解是最基本的方式。换句话说，在时间认知史上，时间的结构及诸范畴的确定都借用了空间的结构特征，可以概括为"时空同构"（陈振宇，2007：41）。

"时空同构"实质上与宇宙观、原始宗教时空观和哲学时空观不谋而合，这种观点可以更好地解释二者的语言表征的相似性和语言使用功能交叉性。人类对时间和空间长久的认知发现了二者的共同点，因此在语言现象上，同一个词语具备了同时表征时间和空间的功能。英语中的 *here*、*there*、*now*、*next* 和中文的"此、彼、这、那"（表5.1）等都是时间和空间的共同使用词汇，在描述说话人的目前位置和时刻的时候，都可以用这些词来指时间或空间，只是某些词更多地用于其中一个范畴。即使像 now 这样时间指示性非常强的词也可以表达空间概念，同样，*here* 这种空间指示性很强的词也可以表达时间。例如：

（2）How **now**? 这是什么？（表达空间。陆谷孙主编：《英汉大辞典》，上海辞书出版社1993年版）

（3）**Here** goes!（表达时间。陆谷孙主编：《英汉大辞典》：上海辞书出版社1993年版）

（4）I'm concerned with the **here and now**.（我关心的是当前。表达时间。陆谷孙主编：《英汉大辞典》，上海辞书出版社1993年版）

表5.1 此、彼、这、那与 *here*、*there*、*now*、*next* 的时间和空间描述

	时间	空间
此	……因前有因，果后有果，多因一果，多果一因，在甲为因，在乙为果，彼为因，此时为果，因果循环，极难深究。更重要的是因果关系并不是……（CCL语料库）	即《壬子学制》，也是规定了"初等小学四年，为义务教育"。至此，从清末以来，拟议、酝酿了10余年的义务教育之事，终于被认定。……（CCL语料库）
彼	……唎，《二十世纪是儿童的世界》唎，可以抵抗被埋的理由多得很。不过彼一时，此一时，彼时我委实有点害怕：掘好深坑，不见黄金，连"摇咕……"（CCL语料库）	泛彼柏舟，在彼中河。髧彼两髦，实维我仪。之死矢靡它。母也天只！不谅人只！泛彼柏舟，在彼河侧。髧彼两髦，实维我特。之死矢靡慝。母也天只！不谅人只！（《诗经·柏舟》）

续表

	时间	空间
这	诸侯弗备，则天下之时可承。事所与众同也，功所与时成也，圣人无焉。（汉·刘安《淮南子》）	若说在内，譬如自家自在自屋里作主，心心念念只在这里，行也在这里，坐也在这里，睡卧也在这里。（宋·黎靖德《朱子语类》）
那	杨澜：但是你回头想想，如果你那时什么条件都很好，又有大制作，又有大导演，又有好剧本，又有好的舞美……（CCL语料库）	某甲师兄，在苏州花亭县，乘小船子江里游戏。长老才去那里便有来由。这里若有灵利者，领二人，著座主衣服去。"（五代《祖堂集》）
here	Here before（在尘世间。陆谷孙主编：《英汉大辞典》）	There are things and people here who were in my books — whom I created, in a manner of speaking.（空间。BNC语料库）
there	There you go again.（表达时间。陆谷孙主编：《英汉大辞典》）	You see that field over there, plenty of it?（空间。BNC语料库）
now	Now he is sitting in a plush suite in London's newest five-star hotel.（时间。BNC语料库）	Now here you've got nought and a plus minus gives you a minus, so it's nought a minus four?（空间。BNC语料库）
next	Right now, I feel I've had enough but golf is in my blood and there's a chance I could be joining them next year.（时间。BNC语料库）	The village stood next to a lake.（空间。BNC语料库）

英语的 *here*、*there*、*now*、*next* 和汉语的"此""彼""这""那"等词语都带有指示性特征，在空间指示和时间指示中都可以表达时间或空间的方位。

根据"时空同构"原理，空间运动中使用的运动词汇和描述运动的方式也用来描述时间的运动，是一种空间—时间隐喻，时间在一维的线性空间找到了对等的特征，一些描述运动方向的词也成为时间和空间的共用词汇。中文的"来""去""飞""流""遛"，英文的 *come*、*go*、*fly*、*flow* 等动词都用来描述时间。例如：

（5）We hope you find the current issue still of interest and we plan to keep up the good work during **the coming year** seeking out happenings/events/stories to retell for you, but as it is your newspaper do contact us with your own ideas and suggestions at any time.（BNC语料库）

（6）It is something to watch, however, and it makes the time **go** quickly when the team is not working.（BNC 语料库）

（7）She flashed her teeth at Dr Kent, saying lightly, "Doesn't time *fly* when you're having fun?"（BNC 语料库）

（8）The daily spin of the Earth, the roughly monthly orbit of the moon, and the yearly passage of the Earth around the sun, were all used to measure the *flow* of time.（BNC 语料库）

3　概念和范畴的相互关系

时间和空间被看作人类认知最基本的概念。在我们认知世界的过程中，这两个概念始终相随，对它们的认知不能分开，当我们说早上、中午、6点钟、夏天等时间概念，其实是描述了时间所处的位置，已经包含了空间的概念。以时空概念认知为基础，人类可以认知和建构更高级的概念和知识系统，"从基本的时间、空间、颜色概念到更高级别的概念，如概念合成物，甚至是整个知识系统"（文旭，2002）。时间和空间范畴也是人类最基本的两个认知范畴，很多领域的研究涉及这两个范畴，如语言学时间范畴中对时间的语言表征和时间标记的研究。在物理学和哲学领域，对事物发展变化过程的解释同时涉及时间和空间。总之，人类各种活动都限定在一定范围，不能超越时空，社会生活中的协作与沟通需要有合适的时间和空间。西方哲学中人与时空协调的世界时空性思想与中国古代"天时、地利、人和"的哲学思想异曲同工，都表现了时间、空间和人之间的依存、协调关系。

在儿童初期的概念习得中，最先习得的是时间和空间概念，先于语言习得。婴儿出生后首先体验的是时间和空间，例如，根据声音寻找方向，根据物体的移动而转动眼睛或头等，在一天天长大过程中，他们对空间的需求更加明显，会因为被束缚在一个狭小空间内感到不舒服而哭闹，这些事实表明，儿童一开始就有空间体验，这种体验随着认知能力的发展而增强，成为日后表征空间的基础。儿童对时间体验也是始于身体的其他反应，例如，独自一人待着，长时间见不到妈妈或者感觉到饥饿会啼哭，虽然是生理和情感需求的自然反应，实际上是在体验时间过程，这些初始经历成为日后理解时距和其他时间属性的基础。随后从不同的生活活动和事件例如某个时间点大人给他洗澡，给他食物、水、带他出去玩、回家、上幼儿园等活动中逐渐体验到时间的各种意义：从听到声音或看见的物体马上消失了的经历中学会感知时间的瞬间意义，和其他人一起做游戏或其他群体活动感知时间的事件意义，从事件过程的开始到结束感受时间的长短（时距）、时间的流逝和时间的持续意义。在各种事件或时间经历中，一方面人类形成了时间和空间的概念；另一方面，人们也通过认知时间和空间而认知世界，同时，"我们的时间和空间定位又反过来塑造我们的现实世界"（Lakoff，1987：XIX）。

时间和空间虽然是两个概念，但在很多方面被同时使用，成为两个不可分离的概念。抽象概念虽然不能被直接感知，但它们具有的独特性往往是与概念化者身边可感知或观察到的概念实体及其属性产生联系而形成，因此，Peacocke（1995：XII，10）认为，概念不是孤立的，一个概念往往涉及一个局部整体，与其他概念的关系是牵一发而动全身。经典物理学的时间只向一个方向延伸，是一维的，空间在每个方向都可双向延伸，是三维的，但现代物理学中，时空已经被糅合在一起用来度量物质的特性了（冯文丽、孔秀祥，2001）。时间、事件、空间之间通过特定的方式联系在一起：时间与事件并存，而事件在空间中存在，这一系列相互关联的事物把两个范畴联系在一起，有时甚至融为一体，例如，"穿越时空"中的时间和空间在说话人和听话人的思维中是两个不可分离的概念，并不需要去分清楚是穿越了时间还是空间，也不可能停留在一个时间点到另一个空间。语言学中对语言特征之一"位移性"解释是指语言可以用来描述在另外的时间和地点所发生的事情，但那时那事永远停留在事件发生时的空间里，事物的发展变化始终与时间和空间是一体的，特别是随时间变化而发生变化的显著特征。Casati 和 Varzi（1999：169-170）认为，空间中任何物体和事物都与时间相关，时间直接影响它们的发展变化，物体和事物会在不同时间段显现不同特征。事物的这种自然发生发展过程必然呈现其时间性与空间性，二者中任何一方都不可或缺，否则事物将不复存在，体现出严格的时空一体性。

4　维度关联

时间的空间识解是最为常见的时间认知方式，时间和空间的这种隐喻映射关系基于二者之间的维度相关性。与古代中国对时间和空间的认识一样，现代诸多学科都把时间和空间看成连续体中的一个组成部分。在二者的维度关联上，认知语言学认同哲学和数学领域对时间的理解，把时间和空间的维度看成一个整体中的部分，即时间并不独立于空间之外，一维的时间和三维的空间共同组成一个时空连续体，这是一个四维时空实体，时间是其中的一个维度（冯文丽、孔秀祥，2001；Hacker，1982；Mundle，1967）。空间是多维度的，人类对世界认知也是多维度的，每一个维度有不同层级的重要性，时间和空间在思维中的层级也不是同等的。Navon（1978）认为，人的思维维度呈等级状，时间维度处于第一个层次，空间维度在第二个层次。说明空间与时间映射后，时间被概念化为一维、线性的运动物体。认知语义学对空间中的平面和立体解构与直线相关。Jackendoff（1991）也从认知语义学视角解释了时间和空间的维度。在语义学概念框架内，空间中的点、线、平面、立体分别在维度上被概念化为零个维度、一个维度、两个维度和三个维度。由于平面和立体没有方向，只有解构为线性轴线才能获得方向。因此，时间获得的方向通过物体在空间中运动映射实现，最后被隐喻为一维、线性的运动物体。在构想时间和事件时，它们处于一条直线上，时间线上的事件成了零维度的点，或向一个维度延伸。虽然事件（时间）在时间线上，但在内部，可以把它们构想为零维度、一维度、二维度和三维度（Radden，2011：3；Tenbrink，2007：23）。

人类对有形世界的认知也反映在时空认知，而人的身体结构和生活经历直接影响时间和空间的维度认知。Dreyfus（1975：150）分析了时间的空间识解与人的身体结构关联性，他认为，人的身体结构可以自我解释时间的位置，有过去、现在和未来三个维度，分别与观察者位置对应，即以观察者（现在）为参照点，前面空间对应将来，后面空间对应过去。这个维度结构解释了时间认知和表征中的空间方向性。因此，在我们的认知维度中，实体参照点的作用总是能有效、直接地表达时间位置与自己身体位置的关系。在时间自我中心认知模型中，通过概念化思维，观察者把静止的时间想象为一个平面空间，自己犹如在静止的大地上行走，时间和空间共同构成一个时空连续体，也是一个四维空间（Lakoff & Johnson, 1999: 160; Tenbrink, 2007: 1），时间是其中的第四个维度。很多语言表现方法和形式同时用来表征时间和空间。例如：

（9）a. 说：我们酿在地窖里的酒，应该可以吃了，去拿一点上来吃吧。太太**走到地窖**，把酒缸打开，一看，吓一跳，先生竟然在这里藏了一个美女。（CCL 语料库）

b. ……走，毫无目的，因而人生观与宇宙论相脱节。今天，人与自然的关系**走到了一个转折点上**。无法控制的技术力量、无度的线性增长、无法扼制的…（CCL 语料库）

c. 他们小心翼翼地走进洞里，但里面什么也没有。（CCL 语料库）

d. ……应的措施，老人问题、老后问题是人人关心的问题，因为青年人也要**走进人生的老年阶段**，因此这是个重大的社会问题。（CCL 语料库）

"走到""走进"是常用的空间描述用语，（9）a 和（9）c 描述的动作虽然发生在特定的空间场景中，但空间中的任何事件和动作都有一个时间的维度，因此，类似词语也用于时间描述，（9）b 和（9）d 中与"转折点""人生的老年阶段"一起使用后就成了空间化的时间描述，"转折点"和"老年阶段"被概念化为空间中的某个点、线、面所组成的立体空间，人所"走到"的一个时间点或进入某个时间段也存在于空间中，是限定在特定空间中的时间段或点，时间与空间在同一个时空连续体中。Lakoff 和 Johnson（1999: 160）认为，在四维时空连续体中，维度中的词语描述了具体有界事件，使某个复杂事件顺序有始有终，同时还包含了时间概念和事件意义，因此，理解时间的同时也理解了空间。例如：

（10）She used to get into a state as exams **approached**.

这里的考试事件与任何其他事件一样，有开始和结束的时间，也就有起始和终结的过程，事件因此成为一个有界事件。话语中虽然没有直接道出开始的时间如命题、组织等考试的准备，但从确定考试、中间准备到考试时间的到来、监考人员和学生进入考室实施考试，整个事件都发生在限定的空间中，考试作为时间事件与空间构成了一个时空连续体，随着实际发生时间的来临和相关活动的完成，这个有界事件就结束了。

在时间的空间识解中，时间的线性特征使线性时间思维也成为显著特征，与此同时，空间性的时间维度也可以是多维的。空间与时间的隐喻映射发生后，特别是运动物体映射到时间范畴后，时间维度也发生改变，拥有了拓扑学特征，英语中的时间多维性与拓扑空间介词如 *in*、*on*、*at*、*within* 的使用几乎一致，汉语中则通过与其他词语的搭配表达时间的立体维度，例如：

（11）a. in Summer/on Sunday/at night/within one day
b. ……新阶段。大机器代替了手工工场，科学技术在生产上得以广泛运用，**在不到 200 年时间里**，社会生产便由机械化到电气化，直到现在的电子……（CCL 语料库）

5　时空构想

时空相似性还表现在时空构想中的相互依存，时间的抽象性决定时间构想更多地依赖空间，不过，这只是时间概念化中的一种认知和表征依赖性，不是时间本身依赖空间（Tenbrink，2007：13）。时间因为其抽象性无法直接使用我们的感觉器官，但我们并没有在表征时间概念时遇到障碍。人类具备基本的隐喻能力，人类语言的丰富性足以表征像时间这样的抽象概念，其中最为直接可行的是用类比方法把抽象概念结构延伸到更具体范畴中的概念结构上，这样，用于描述有形、具体实体的语言就可以用来描述无形、抽象概念（Matlock et al.，2005），因此，空间构想是时间认知的必然结果。

在抽象程度上，空间更为具体，我们可以修筑围墙看到一个圈起来的空间，而我们永远看不到时间，只能通过事件感受时间或通过其他符号性物体（如钟表）想象时间，因此，时间概念的表征具有更强的依附性。Lakoff 和 Johnson（1980b）认为，抽象概念的界定需要借助比它更具体和结构更清楚的概念以隐喻的方式来实现。因此，时间和空间两个概念虽然相互依存，但时间表征对空间的依赖度更高，语言和文化中的时间概念多与空间概念相关，语言表征也依赖空间语言，根据空间与时间隐喻几乎在所有语言中反复出现的现象，Núñez 和 Sweetser（2006）提出了几乎所有语言中的时间词汇主要来自空间的观点。尽管如此，时间通过空间概念化的方式因为语言文化不同还是存在一定的差异。例如，Boroditsky（2001）的实验观察结果关于汉语本族语者和英语本族语者在水平时间和垂直时间思维方式上的异同表明，两种语言使用者都用表示方向的水平词汇谈论时间，不同的是，中国人使用水平词语"前""后"的同时，"上""下"这样的垂直空间词语也用来表征时间。

借助具体知识理解抽象知识是认知的普遍性现象。时间虽然有高度抽象性特征，但我们的时间经历和感知可以间接方式完成，一般通过经历空间中的事件或感知物体运动过程来体验时间。人类从具体的经历中发现了概念之间的隐喻联系，抽象出了包括时间和空间等概念，因此可用隐喻思维构想时间。在知觉空间中，空间性时间构想表现为距离、方向和维度。受身体自然维度限定，所看到的是前面的空间，没有看见的空间在后面。投射到时间范畴，观察者自然从现在视角把过去置于身后，未来在前面（Tenbrink，2007：12），这是人类思维隐喻性特质的自然表现。

通过空间理解，时间变得更加具体化，但我们仍然无法直接经历时间或者说无法直接感知时间，只能经历和感知事件。事件是时间的一种存在方式，人类经历的事件具有时间性，也是在空间场景中有序存在的时间，处理事件或时间的方法即是把事件定位在某个时间和空间中，这种叙事在语篇的情景描述中尤为常见。例如，乔伊斯的长篇小说《尤利西斯》的场景布局中，每一个大事件（情节）都以时间为背景，把人、时间和空间巧妙结合起来，在让事件按一定时间顺序依次发生的同时，又把每一个事件限定在特定时间段和具体场景中，即使意识流手法表现的人物的跳跃思维也始终跳不出给定的时间和空间（肖燕，2014）。

时间认知中的空间思维是二者内在联系的必然结果。它们的密切关系表明，在本质上，空间具有时间性，时间也具有空间性（蓝纯，2008：91；Keshavmurti，1991：36）。根据 Fauconnier（1981）的对应原则，如果两个实体在心理构造上相对应，那么用于描述一个实体的语言也可用来描述另一个实体，加上时间和空间在概念和范畴认知上交织重合，因此，时间的认知和表征都借助于空间。Jackendoff（1983：174）和（Alloway et al., 2001）也认为，由于时间隐喻与空间隐喻可以交叉使用，时间顺序的心理表征具有空间性并且通过空间词汇表达出来。同时，理解时间和空间之间的不完全对称也帮助我们理解空间性时间思维的广泛性和两个范畴相互表征的不对等性。从时间和空间之间的映射原理看，它们的结构特征并不对等，空间作为一个较之具体的范畴，不是所有属性都能转移至时间范畴，因此，两个范畴之间的语言相互借用也不可能完全对称，虽然偶尔也有时间语言用于空间表征，但更抽象的时间表征借用了更多的空间语言。总之，人类的具身认知和经验现实都对空间有了更直观的认识，空间词汇也因此大量用于时间描述。

6 隐喻联系

时间和空间在概念、范畴、结构等方面的相似性是时间和空间之间隐喻联系的基础，而人类时空经历中的相互联系在二者的隐喻联系中起了桥梁的作用。

6.1 图式结构与隐喻映射

Johnson（1987：118）认为，时间和空间经历有着相同的图式结构，在我们的感知系统中是两个邻接的实体，它们组成了联系图式（图5.1），这个图式犹如一根绳子系着的两个实体，一头系着时间，一头系着空间。这个联系图式也使时间和空间认知具有了相似性。它们的共同特征就是我们认知系统中理解时间和空间的联系图式，这种联系图式应用就意味着把较具体的事物特征以隐喻方式去理解抽象事物。但时间和空间都不是具体物体，它们之间的隐喻联系只能通过经历空间中的事件或通过感知物体运动过程去经历时间，人类正是从这种经历中抽象出了时间和空间的概念并发现了概念之间的隐喻联系。

A ●━━━● B

图 5.1　联系图式：时间与空间（Johnson, 1987：118）

时间和空间的隐喻联系需要通过两个系统的映射来达成。在理解抽象概念时，从认知经济原则出发，会借用具体概念的特征。时间是更为抽象的概念和范畴，时间的认知组织和建构也借用了更清楚、明显的空间范畴体系，因此，我们认知时间时会主动通过空间映射构想时间。空间中的物体要么处于静止状态，要么处于运动状态，映射到时间范畴后，时间也变成了一个或静止或运动的物体。在建构时间认知模型时，也有了以观察者为中心的运动时间和运动自我两种时间认知形式，并产生了相应的语言表达形式。时间和空间隐喻联系之所以可能，它们在概念、范畴和结构上都有内在相似性，其表征范畴结构总是如影随形地并行，有共同使用的语言（如"前"、"后"、in、on）反映了这种并存关系。Gentner（2001：206）认为，存在一个时间和空间的共同概念系统，但彼此相对独立，而不是对方派生的，认知考古学的研究也证明了两个概念系统本来是分别存在的，是两个独立的范畴，但两个范畴又不能截然分开，两个范畴中的诸多因素之间都有紧密联系，通过类比实现了两个范畴的映射后，结果是语言使用中有了较为普遍性的系统性时空共用词，在不同语言和语言使用中都能找到佐证，英语和汉语的时空词汇使用有着诸多相似之处，在以下三个方面较为突出。

第一，介词的使用。英语介词（at、in、on 等），汉语介词"从……""在……"等的使用也是如此。例如：

（12）a. **at** the window（空间）

b. **at** 8 o'clock（时间）

c. 从高山到平原（空间）

d. 从上午到下午（时间）

英语表达拓扑空间的介词在表达时间时也是指静止的时间。汉语的表达方式也有着高度的一致性。

第二，表达方位的空间词汇与用于表达时间，英语的 behind、ahead，汉语的"前""后""上""下"。

（13）a. The horizon lies **ahead of** the travellers.（空间）

b. Then I had an appointment with her, I always like to arrive **ahead of** schedule.（时间）

c. 身后有棵大树 / 会后有午餐（空间 / 时间）

d. 雕像在房子前面 / 小年在大年之前。（空间 / 时间）

e. The elephant that lies **behind** them.（空间）

f. Owing to various delays en route, we arrived two days **behind** schedule.（时间）

这些方位词所指示的空间或时间方位的"前"与"后"都与说话人空间中的位置或参照物有关。英语和汉语在使用具体词汇上的区别在于，汉语的空间和时间词汇完全重合，而英语已经分离出了专门表达时间的词汇，即 *before* 和 *after*。

第三，动词的隐喻使用。英语和汉语中描述行走类的运动动词都用于描述空间中的物体和运动的时间，例如：

(14) a. The cars **crept** by.（空间运动）

b. Summer **crept** by.（时间运动）

c. The fire is **fast approaching**.（空间运动）

d. The celebration is **fast approaching**.（时间运动）

e. 车队已经过了长江大桥。（空间运动）

f. 这里已经过了夏天。（时间运动）

从语言现象上看，时间概念化中的空间思维通过多种语言形式反映出来，Jackendoff（1983：189）认为，在表征时间关系时，时间介词与空间介词总体一致，在句中的位置也基本相同。很多拓扑空间和运动空间的词汇在时间范畴都能找到对应的用法。因此，空间和时间的联系并不是一个争议性问题，不同学科（哲学、心理学、认知科学、语言学等）在肯定这种联系的基础上，致力于寻找和解释相关证据。

6.2 空间和时间经历与隐喻映射

在时间思维中，时间通过空间进行概念化也可以从语言与思维关系角度解读，最明显的证据是由思维的表达工具，即语言所提供的。不存在没有时间的空间经历和没有空间的时间经历，这是一种学术和普遍性共识。

事实上，时间和空间的范畴关联证据首先表现为二者之间的隐喻映射关系。在这种隐喻映射中，人作为认知主体，也是认知环节中的中心，把空间经历投射到时间范畴后，时间就被构想成了一个运动或静止的物体，人的时间经历与空间中物体的运动一样或静止或运动，因此，在时间认知模型中，运动的时间像物体一样运动，而运动的观察者则在静止的时间中或行走或奔跑。例如：

（15）Each year has *four seasons which in their coming and going* mark out the passing of time in their distinct ways.（BNC 语料库）

（16）People *approaching retirement* should be aware of the possibilities of putting pressure on their employers to provide such courses for their staff in association with these bodies.（BNC 语料库）

在人类的范畴认知中，时间和空间是最先习得的基础范畴。虽然它们是两个不同的范畴，但在对它们的认知上，这两个范畴相互交织，有时甚至没有明确界限。Langacker（2004a：151）认为，时间和空间"是两个典型的无界范畴"，因此也很难分清儿童是先习得时间范畴还是空间范畴。

Gibbs（2008）认为，隐喻是大脑、身体和文化的共同作用结果，其本质是跨学科性。在语言学和哲学领域，隐喻被看成人类认知的核心（Fauconnier & Turner，2002:15）。在对时间和空间两个范畴进行概念化过程中，"时间常常通过空间概念化"（Lakoff，2006：200），因此，空间隐喻是时间概念化的一种主要途径。蓝纯（2008：91）甚至认为，如果没有空间隐喻就不能理解时间概念。时间认知模型在时间构想上实质也是一个空间隐喻，这个隐喻的产生就是说话人的思维与身体结合形成时间定位。例如：

（17）春节后，天气慢慢变暖，雨水也开始增多，春播时节也快到了。（运动的时间）

这里，观察者（说话人）所处的位置和其前后位置都与"现在""未来""过去"相关联，"春播时节"像一个物体面朝观察者运动。时间被识解为一个运动的物体，在观察者的视觉想象中，物体的运动轨迹会形成队列，在空间中有序排列成直线，作为一个整体朝观察者方向（现在位置）水平运动。从本体论视觉看，时间的理解就是理解实体、方位及运动，理解的基础和背景条件是以人为中心，时间的"现在"位置与观察者在同一方位，这种隐喻映射的原理是时间被看成事物，时间的经过是运动。受人身体的自然方向影响，前面的时间是将来，后面的时间是过去。当一个实体运动时，另一个实体静止，静止的实体是指示的中心（Lakoff，1990）。在从空间到时间的映射中，源域中的物体排列的顺序、运动的方向等，在目标域中被映射为时间经过的顺序与方向，其相互关系如表5.2所示。

表5.2 空间—时间隐喻映射关系

空间范畴（源域）	时间范畴（目标域）
物体	时间
物体序列	时间顺序
物体的前后关系及方向	时间的顺序及方向
物体之间的相对位置（A位于B前面/后面）	时间之间的相对位置（A时间先于/或晚于B时间）
物体顺序序列在一个方向（通常是水平方向）	时间的过去

时间的概念化与空间的联系包括本体、映射和蕴含。在本体上，时间依靠实体与方位这类事物以及运动理解，前提条件是人作为观察者处于"现在"的位置。从映射原理看，时间是事物，时间的运动产生的变化也是观察者前面将来时间会到身后成为过去，Lakoff（2006：201）对时间与空间的映射结果所展现的时间方位、静止与运动以及与人的关系阐释如下：

Times are things.

The passing of time is motion.

Future times are in front of the observer; past times are behind theobserver.

One thing is moving, the other is stationary; the stationary entity is the deictic center.and motion

Entailment:

Since motion is continuous and one-dimensional, the passage of time is continuous and one-dimensional.

Special case 1:

The observer is fixed; times are entities moving with respect to the observer.

Times are oriented with their fronts in their direction of motion.

Entailments:

If time 2 follows time 1, then time 2 is in the future relative to time 1.

The time passing the observer is the present time.

Time has a velocity relative to the observer.

Special case 2:

Times are fixed locations; the observer is moving with respect to time.

Entailment:

Time has extension, and can be measured.

An extended time, like a spatial area, may be conceived of as a bounded region.

根据 Lakoff（1990，2006：199）的恒定假设原理，隐喻映射保留了源域中的认知拓扑结构（或者说意象图式结构），与目标域中的内在结构保持一致。于是，在容器图式映射中，内部与内部、外部与外部、边沿与边沿映射；路径图式映射是源之间的映射；目标图式是目标与目标的映射。因此，通过映射，*in the room*、*on the desk* 等描述的拓扑空间的词语在时间范畴就成了静止的时间表达形式如 *in winter*、*on Monday*。动态空间中的 *The train is arriving* 在动态时间中可对应 *New Year Day is arriving*。

空间和时间通过映射形成了"时间是空间"隐喻，抽象时间概念变得更具体。由于二者在概念上的不对称性，空间概念作为认知时间概念的载体，空间知识也用于时间思维，时间隐喻概念化表征也形式多样，空间词汇用于谈论时间。描述特定情景语言的表达是从源域向目标域映射的结果，两个范畴之间的概念映射不是对称的，隐喻表达只是在目标范畴内建构了一个概念结构（Croft，2002：195，198），因此，空间词汇更多地用于谈论时间，这也与隐喻的结构映射特征相符，正如 Wolff 和 Gentner（2011）所说，"两个范畴并不对等，基础范畴为目标范畴提供了更坚实的结构"。

通过映射形成的"时间是空间"隐喻有认知普遍性。这个隐喻的文化普遍性也反映了人类相似的社会生活经历，特别是人类早期生活经历及随后的文化经验都为此提供了心理基础。时间概念化由空间范畴以隐喻转换方式（Tenbrink，2007：12）实现后，"时间是空间"隐喻成为所有语言文化中的普遍认知模型。因此，"时间是空间"隐喻具有文化普遍性、心理真实性、多产性，并在思想和语言中被深深固化（Fauconnier & Turner，2008：54；张建理、骆蓉，2007）。时间和空间作为基本认知范畴和概念，也是人类认识世界和表征世界的两个基础方位框架结构。像中英文"光阴似箭，日月如梭"、"稍纵即逝"、*Time rive*、*Time and tide wait for no man*、*Time has wings*、*The golden age is before us*、*not behind us* 等描述时间的语言都以空间隐喻的形式以不同方式与空间联系起来，因此，时间和空间在范畴、概念和语言表征上都紧密地交织在一起。

在时间和空间的范畴关系方面，可以根据两个范畴的抽象程度对它们的词汇体系进行阐释，Tenbrink（2007：2-3）认为，虽然空间词汇和时间词汇分属不同体系，但空间词汇是时间词汇发展的基础。就这两个抽象范畴而言，空间范畴的相对具体表现在空间中物体的可视性或可触及性方面，人的感觉器官可以直接发挥作用。但就时间范畴的抽象性而言，外部感觉器官无法感知其存在，既不能看到时间，也不能触摸时间，"我们可以感知空间，但我们只能想象时间"（Casasanto et al.，2010）。这种想象依赖大脑思维，那些与我们的身体特征和生活相关的时间特征和时间经历在大脑中形成映像（例如通过空间映射），然后表达出来。

时间和空间的隐喻映射也有其生物机理。一些语言哲学和认知科学的研究者也试图从生物属性的角度去解释时间的空间识解，Lakoff（1990）、Srinivasan 和 Carey（2010）等认为，生物学机理决定了人以空间隐喻的方式理解时间。在视觉系统中，有检测运动和方位的器官，但却没有检测时间的器官，也就是说，人类没有专门的身体器官表征时间，这就意味着我们不能在现实世界中形成一个物理过程以表征时间经历。根据 Lakoff 和 Johnson（1999：196）对认知的生物属性解释，知识和概念都具有生物学属性，是身体、大脑与环境的互动形成的。所有的基本层次概念都有生物进化属性，包括空间概念和事件结构，空间概念的具身性认知操作就发生在神经层面，而我们身体的感觉运动器官对像空间这类基本层次概念的认知操作实际上又是一种认知无意识性，这种身体经历的生物意义决定对物体和运动的依赖，时间和空间经历在概念中的反映是空间联系具体的物体，时间联系抽象事件。相比较而言，抽象实体处理起来的难度大于具体的实体，根据认知经济原则（cogntive economy principle），人会自然地把具体经验用于抽象经验。因此，空间范畴获得的经验自然用于理解时间范畴，并借鉴空间中的物体处理方法来处理时间事件，于是时间被赋予了很多空间特征，如运动、距离、顺序、方位等。

对运动的理解也是我们对空间经历和时间经历的体验，是感知物体在某个时间点或时间段的运动，事物的运动总是处于一定的空间范围内，事件也同样是存在于某个空间场景中的时间性事件。在语言表征中，我们一般使用某些词语对这类运动和事件进行定位描述。例如，英语中用 *now*、*this afternoon*、*today*、*next week* 等时间副词，汉语用"此时""今天下午""刚才""下周""昨天"等对时间事件进行空间定位描述，这些词语的功能就像空间里的某个点，在时间或事件过程中确定时间或事件的位置。

在空间范畴概念化时间是一种认知时间的普遍性。在时间的空间隐喻思维方式上，人类有共同的思维机制理解时间。时间的语言表征也大量借用空间词汇，由于很多时间副词都有定位功能，因此 Tenbrink（2007：12）认为，时间词汇 *today*、*tomorrow*、*yesterday* 其实是一种空间视角。汉语中一些时间词语就借用了空间中的实物或实体，如日（太阳）、月（月亮）、天（天空）、点（空间中的具体标识）等，这些字的语义可以更好地解释时间表征的空间视角。特别是我们熟知的"天"，对于"天空"的空间意义无论用文学的浪漫手法表现出来，还是用写实生活生产经历方法表达出来，都不影响对其视觉的感知，同样，对时间范畴的"天"代表的时间意义理解是 24 小时的时间长度或白天的意义也不会有任何障碍，"天"与其他字组合后产生了更丰富的时间词汇，在这些词语中，"天"的空间语义已经退居于背景中，只有其时间意义才是显性的。例如，包含"天"的词语像白天、往天、改天、前天、明天、后天、昨天、星期天、冬天、秋天、春天、三伏天等，其中，"天"是表达时间或时令的汉字。

空间经历对时间表达的影响是一种普遍存在，很多研究者（Peirsman & Geeraerts，2006；Núnez & Sweetser，2006；Lakoff，1990）指出，几乎所有语言和文化中的时间语言都来自空间，因此，在语言表征中，空间性是时间隐喻概念化最明显的特征。

人类对时间和空间认知有广泛的普遍性，但也有文化差异性。例如，Hopi 人的时空概念就有其独特性。Whorf 和 Carroll（1964：57-58）在对 Hopi 人的田野考察中，经过了长时间的研究和分析，发现 Hopi 语言中没有词汇、语法形式、语言结构（构式）和短语来直接表达我们所指的时间，也没有语言表达过去、现在、将来、时间的间隔和持续，运动也不是动态的描述，是时空中持续的转化而不是某个过程中动态事件的展现，没有语言来表达在空间中存在的时间。因此，Hopi 语言中既没有明确的也没有隐性的语言来表达时间。Hopi 语言和文化中隐藏了一种形而上学，就是所谓的我们的朴素时空观或相对论所隐含的思想，但它又与这两者都不同（Whorf & Carroll，1964：58）。在 Hopi 人的观点和视野中，时间消失了，空间改变了，它不是我们直觉感受的时空同构或无时的空间。新的和抽象的概念不借助时空，而是用图画表达（Whorf & Carroll，1964：58）。

尽管有时间和空间语言表征的差别存在，但总的说来，人类的空间经历及其相应的时间经历非常相似，因此，空间—时间隐喻也具有普遍性（Núnez & Sweetser，2006）。普遍性的时间概念化认知模型中的循环性、线性和螺旋性三种模型，在本质上是完全的空间时间隐喻。在线性认知模型中，时间是一维的，可以从过去运动到现在，再到将来（例如，"从远古走到现在"），或者从将来运动到现在至过去（例如，"春天即将来临"）。循环模型中的时间是二维的封闭环路，观察者可以沿这个环路朝前走，并走向过去。螺旋模型中的时间占据了一个三维空间，观察者可以同时环行、上行或前行（蓝纯，2008：92），这些构想和表征时间的不同方式具有较强的语言和文化属性。

7　小结

本章对时间和空间关系进行了较为详细的讨论，可以进一步厘清它们的概念相关性和各自的范畴特征。由于时间与空间都有概念的抽象性，因此二者的相似性首先表现为认知相似性。其次是范畴、概念和范畴特征的相似性，这些相似性是时间和空间之间的隐喻和转喻表征的基础。

时间与空间在维度上是关联的。在古今中外对时空的讨论中都把时间和空间看作维度共同体。在中国古代的时空认知中，宇宙是一个时间和空间统一体，"宇"是一个三维空间，"宙"是一维的，它是一系列从过去到现在并延续到未来的持续变化，现代天文学也把宇宙看成所有时间空间物质的总和。时间范畴研究中，现代西方哲学、人类学、认知心理学、认知语言学都把时间和空间看作一个四维时空连续体。时间与空间的不可分离性也可解释时间构想中的空间视角和二者之间的隐喻和转喻联系。

第六章 时间概念化表征机制

1 引言

认知语言学的时间概念化表征主要基于概念隐喻与概念转喻理论及其相关理论为概念化理论建构提供的支持。

隐喻思维的普遍性在时间认知中尤为典型，作为抽象概念，时间认知主要是隐喻的，哲学和认知科学的主要学科认知心理学的研究传统一直秉承这一理念。时间认知的隐喻性虽然在远古中外的语料中已经存在并流传至今，但从学术研究的视角对此进行研究始于Smart（1949），以隐喻方式把时间与河流、流水联系了起来，后来的认知心理学和认知语言学界也主要从隐喻的视角探讨时间认知及其概念化表征。

时间概念的隐喻建构、时间认知和表征的隐喻特质在认知语言学和认知心理学界已经得到普遍认同，相关研究亦有丰硕成果［例如二者对"运动的时间隐喻"（moving-time metaphor）和"运动的自我隐喻"（moving-ego metaphor）作为普遍的时间认知模型的分析与实验研究（Engberg-Pedersen，1999：134；Lakoff & Johnson，1999：140；Evans，2005：60，2007：750）］。认知语言学主要从语言现象和使用中探究时间认知的隐喻特质，Lakoff和Johnson（1980a：42）首先从 Time flies 这个结构隐喻中把时间概念化为一个有前后方向的运动物体，之后，Lakoff（1990）也从本体论和映射视角提出了英语中时间通过空间实现概念化的观点。认知心理学及其交叉学科主要通过实验和基于心理学的语言观察视角研究时间思维方式与语言表征之间的关系，在这个方面，Boroditsky（2001）、Boroditsky等（2011）、

Fuhrman 等（2011）、Radden（2011）等对中英文空间—时间的隐喻和时间概念化方式的共性与语言文化差异的研究有重要影响，隐喻研究已经取得一定成果，时间的隐喻表征机制越发系统与完整。

在时间隐喻基础上，Lakoff 和 Johnson（1999：137）提出了"时间在很大程度上以隐喻和转喻方式概念化"的观点，首先在时间概念化表征中引入转喻理论，Barnden（2010）也认同转喻是时间概念化的一种方式。人类认知具有转喻属性，时间认知也是一个概念化过程，因此，概念转喻是时间概念化不可缺少的手段，时间概念化的转喻实现方式虽然开始引起关注（肖燕、文旭，2012），但时间的转喻表征有待进一步系统化，值得深入探讨。

在对概念隐喻和转喻的探讨中，人们发现，在概念化思维中，隐喻和转喻作为思维形式，在很多时候不是独行者，特别是 Goossens（1990）首次提出"隐转喻"（metaphtonymy）概念后，人们注意到隐喻里有转喻成分，转喻里有隐喻思维。隐喻和转喻互动是较为普遍的认知思维方式。认知的具身经验性表明，理解时间概念不能靠纯粹的抽象化，而是融于情景。情景中的时间是语言描述的事件，因此表现为语言现象，概念的认知和语言表征过程除了隐喻或转喻的概念化过程，还有隐喻和转喻的共同作用。

本章主要根据概念隐喻、概念转喻和隐转喻理论讨论时间概念化思维方式及其时间词汇语义表征形式。

2　时间隐喻认知与词汇语义表征

由于时间认知主要是一种隐喻思维，因此时间的概念化表征在很大程度上也是隐喻的。如果从语言本体角度去考察时间的认知表征，无论是语料库资源还是语言的情景使用，时间概念化的隐喻词汇语义表征语料都很丰富。

2.1　时间概念的隐喻认知机制及其语料库证据

认知语言学的恒定假设（Lakoff，1990）认为，时间在本体上通过事物和运动理解。通过隐喻映射，时间认知和语言表征都与其他相关概念和事物联系起来，在映射过程中，其他相对具体的范畴特征映射到了时间范畴，这不仅让我们感知到时间的存在，也表达了时间是什么。

通过前面章节的讨论我们已经充分认识到了时间概念的抽象性，不能通过人类的视觉、听觉、嗅觉、触觉等官能直接认知时间，对时间的所有理解都是间接的，对时间进行概念化表征必须借助其他概念。在生活经验的基础上，我们找到了很多现实事物的认知体验，例如眼睛看到的色彩与形状、身体感受的温度与重量、物体的位置、运动的方向等诸多范畴特征都帮助我们理解相对抽象的时间范畴。这些范畴的特征被映射到时间范畴后，人类借助这些概念实体表达对时间的体验，于是，时间可以是物品、商品、距离、容器、事件的发生与过程、物体的运动等。甚至情感也可以与时间的体验联系起来，有痛苦的时光，也有欢乐的时光。

隐喻理解的本质就是借助具体概念或范畴表达或理解抽象概念或范畴，这正好满足了时间的理解和表达方式。Gibbs（2008）认为，隐喻是大脑、身体和文化共同作用的结果，具有跨学科本质。人类天生具有的认知从简倾向性使我们在理解复杂事物和概念时会自动地把抽象知识建立在具体知识之上。而抽象概念虽然借助其他概念界定，但仅仅靠某一个抽象概念无法准确界定，需要靠多个具体概念以隐喻方式实现概念化（Lakoff & Johnson，1980b）。同理，在理解时间概念时，会自动把它与较具体的其他概念相联系，借助这些具体事物和概念理解并表征时间。Langacker（2004b：299-300）认为，抽象关系概念在意义层面有依附性，概念化时需要与一个更具体的实体（概念）产生关系并作为内在参照。时间在概念上是一个依附结构，不像"苹果""衣服"这类实体自身就有概念自动性，不需要依赖其他关系也能自我概念化。但从各种概念关系看，一个概念能够成为概念的根本原因是它能与其他概念产生联系（Margolis，1999：549）。时间是一个典型的"关系"概念，它不能自身进行概念化，也没有自身的完整概念，需要参照其他相关概念完成概念化，特别是理解这个概念时必须依赖其他概念如空间、事件、运动、物品等。因此，时间可以像物品或物质一样"给予、花掉、节约、浪费、糟蹋、存储、留住、珍惜"，也可以像空间中运动的物体一样"来到、远去、飞奔、缓行"，可以说"投入大把的时间"，把时间以物质形式进行概念化，也可以说"三年的时间说长不长、说短不短"，把时间以空间距离形式概念化。总之，时间可以是物品与事件，也可以是行动者；可以治愈创伤，也可以述说历史。正如德国小说家 Frank 所说："Time is a versatile performer. It flies, marches on, heals all wounds, runs out and will tell"（https://wenku.baidu.com）。

当语料库中的现存语料在涉及"时间"时，从不同的语言素材都能看到时间语言使用中的隐喻普遍性和表征相似性。以 CCL 语料库为例，查询"时间"一词共有 166226 条结果，语料范围涵盖了小说、新闻报道、报告文学、议论文、戏剧等多种文体，真实记录了现实语境中时间的语言表达形式。如果随机抽取任意连续的 100 条结果来分析，这些时间语言对"时间……"相关搭配的语言表达了下面几类隐喻映射结果。

第一，时间是事件或事件的过程。例如：

（1）据今人考证，戚继光练兵始于隆庆二年（1568 年），其成书**时间**当在隆庆四年末或隆庆五年初。《杂集》六卷写成于隆庆年间至万历初年，收入《练兵实纪》当在万历年间。（CCL 语料库）

（2）如果围攻半年，一旦被敌人冲突，不能取胜，或者受到小挫折，那么你的名声一个早晨的**时间**便下落了，所以说探验的方法，是以会战斗为得珠。（CCL 语料库）

这些事件表达的时间或时间表达的事件或事件过程都表现了时间与事件的相互依存性，事件需要根据时间的顺序来呈现，同时，事件也是时间存在的方式，我们通过理解事件来理解时间。

第二，时间是金钱或有价值的商品。例如：

（3）……保密性好，咨询效果明显，但咨询成本较高，需要双方投入较多的**时间**、精力。（CCL 语料库）

（4）第四是接见门生，颇费精神。又加上散馆殿试，代人料理，考差自己料理，这么多事，便没有**时间**读书了。（CCL 语料库）

（5）眼见患病的人日益增多，他便在繁忙的公事中抽出**时间**，每月的初一和十五都坐在大堂上给百姓治病，分文不取，这也就是"坐堂"一词的由来。（时间是金钱或有价值的商品）（CCL 语料库）

人类很早就认识到时间的价值或商品意义，古今中外的诗词和名言警句都有各种珍惜时间的隐喻表述，像"少壮不努力，老大徒伤悲"这样的诗句，虽然没有直接提到时间，但实际上在以隐喻的方式劝导人们珍惜时间。

第三，时间是距离。例如：

（6）由于两军相持了**很长时间**，双方粮草供给成了关键。（CCL 语料库）

（7）有一天，媒婆来到洪家：说吴家挑选女婿**很长时间**了，因为条件高，很难找到合适的人。（CCL 语料库）

（8）炀帝每次倚着帘子注视绛仙，**好长时间**不离开，回头对侍者说："古人说：美色可以当饭吃。"（CCL 语料库）

时间是距离隐喻源自时间的空间识解隐喻。当时间借助空间概念化后，时间与空间中的距离一样，有长有短，有了可测量的长度。

第四，时间是容器。例如：

（9）一生欢爱，都在**这段时间**里，等你过了这段光阴，再选高门，结秦晋之好，也不算晚。（CCL 语料库）

（10）小姑娘，这也是你于**短时间内**赐给我的好教训。（CCL 语料库）

（11）梁军尚难在**短时间内**破城。我军赖以取胜的有利条件在于骑兵，只有在平原旷野地域作战，才能发挥其快速机动、猛烈突击的特长。（CCL 语料库）

我们经历的各种事，都在时光中存在，在描述这些经历时，都有时间限制，它们就像装进了时间的容器里。

"时间"的隐喻思维普遍性可以在不同的语言类型和语言使用中找到证据。以英语的 *time* 在 BNC（British National Corpus）语料库出现频率为例，在对 *time* 的检索中，共显示 151012 个词条，这些 *time* 语料表达中，对时间的描述都涉及非时间范畴，但所有的语言信息中都确切反映了当时语境中的时间信息，以隐喻或转喻方式表达了时间的概念。随机抽取任何连续的显示 100 条结果页面，*time* 的表达以隐喻为主，所有含 *time* 的用法都可以根据 Evans（2005a：107-210）提出的七种时间意义把这些隐喻分为有价值商品或物品、事件、空间等隐喻类型。因此，一般时间思维表达中，隐喻的使用更为明显。例如，把时间概念化为运动的实体隐喻，以常用的 *time* 与 *go* 和 *come* 的搭配为例（表6.1），其运动实体隐喻（除了连续的搭配使用，还有许多被插入成分分开的隔空搭配隐喻）仅仅与两个动词的结合就超过5000条。

表6.1 *time* 与 *go* 和 *come* 的空间运动频度例示（BNC 语料库）

Go	频率	Come	频率
Time go.	1024	Time come.	1315
Time went.	806	Time comes.	445
Time going.	711	Time came.	842
Time gone.	8	Time coming.	279
（总计）	2549	（总计）	2881

2.2 时间隐喻的主要类型

主流认知语言学的时间研究主要从概念隐喻视角探讨时间认知机制及其语言表征，认为人类理解时间的方式多种多样，但主要以隐喻思维为主，从价值、空间、事件三个方面认知时间。Evans（2005a：107-210，2007：739-748）根据人类在生活中对时间体验感知，从隐喻视角归纳的七种时间所承载的概念意义也可以从时间的价值、力量、事件和空间隐喻几个方面去理解。例如商品意义（The commodity sense）是价值意义，持续（duration）意义、测量—系统意义（The measurement-system sense）和瞬间（moment）意义、事例（instance）意义、矩阵（matrix）意义都可以从空间隐喻视角去理解，事件（event）意义隐喻是我们理解事件和描述事件的方式。

2.2.1 时间价值隐喻

对时间的价值认知使时间获得了商品意义。当时间被看作有价值的资源或物品时，也获得了商品意义。通过映射，有价值的物品（商品）的特征被映射到了时间范畴（表6.2）。商品或物品的特征映射到时间范畴后，时间可以被拥有、消费、赠送甚至储存。因此，*Time is money* 这样的表述把时间与金钱或其他有价之物联系起来后，不仅仅能在文体意义上美化语言，而且能形成两个概念和范畴之间的隐喻映射。Johnson（1987：103）认为，目标范畴部分通过意象图式建构，这种隐喻理解是基于身体的具身经验，身体的定位、感知与行为都具有语言和文化维度，促成了时间的隐喻概念化，*Time is money* 也因此成为一个意象图式隐喻。

表 6.2 资源/商品与时间映射类型

资源价值范畴	时间范畴	语言例示
物品/商品	时间	一寸光阴一寸金/Time is money
物品/商品使用	时间使用获得的价值	花时间/spend time
物品/商品的拥有	时间的拥有	给你3天时间；享受属于自己的时间
物品/商品的储藏	时间的储备	Save time/

在线性时间、循环时间和事件时间三种时间文化认知模型中，线性时间是人类最常见的时间认知方式，具有语言和文化的普遍性。时间的线性特征也决定了时间的不可逆性，一旦逝去，时不再来，也凸显了时间更加宝贵的价值。语言中的时间词汇短语的概念意义与商品的词汇概念意义一致，例如，"时间就是生产力"、"时间就是效率"、*Time is money* 等，时间可以是直接的商品或财富，也可以间接产生价值，时间被当作私有财产。例如：

（12）a. 鲧花了九年**时间**治水，没有把洪水制服。因为他只懂得水来土掩，造堤筑坝，结果洪水……（CCL语料库）

　　b. 而太后亦以拨除烦冗，从事燕息，殊觉珍惜此**时间**焉。余等工作，除择其安乐者外，他则无所事事，至年之末日而止。（时间是有价值的商品）（CCL语料库）

　　c. 实在没有**时间**抄写，等明年把全本付回好了。（CCL语料库）

　　d. 若不稍费**时间**，以姿态示之加尔女士，则竣之也，费时日颇久。（CCL语料库）

（13）a. Remember, only last year the Tories admitted they bungled the introduction of tests for seven-year-olds —— by making them too complicated and **time consuming**.（BNC 语料库）

b. End goals must be met for users to think that a product is **worth their time** and money.（http://www.jukuu.com/show–time–3.html）

c. We need to **spend more time** making our products powerful and easy to use for perpetual intermediate users.（http://www.jukuu.com/show–time–3.html）

当"时间是生命""时间是金钱"这样的表述把时间变成有价值的物品后，可以"花九年时间"也可以"珍惜这段美丽时间""浪费大好时光"等，这不仅仅是在文体意义上美化语言，而是隐喻思维对两个概念之间隐喻映射的表征，而"一个隐喻模型是构成概念建架的一部分"（Lakoff，1987：321），一个时间隐喻就是整体时间概念的一部分，这些隐喻形式共同建架时间概念，形成一个整体概念图式，并在思维中形成较清晰、完整的时间概念。在日常隐喻系统里有时间隐喻思维，理解时间概念时也是活跃的，不仅如此，Lakoff（2006：223）认为使用语言中还会涌现很多表征时间的新奇隐喻。这就意味着时间的价值表现会随着社会的发展和语言的变化以及人们使用语言表达价值的方式变化而发生变化。

2.2.2　时间与事件隐喻

时间的事件性是时间与事件隐喻广泛存在的标记，理解事件时间隐喻包括事件的词汇意义和施事意义。当词汇概念与某个具体有界事件相关时，这个有界事件会按照一定顺序发展，从开始到结束，事件有始有终，事件在一定的时间内存在，同时，时间的存在也是事件的存在。事件意义的概念阐述涉及时间瞬间意义（事件在某个时间点发生）和矩阵意义（事件的延续）。因此，事件意义涉及空间范畴，事件隐喻也是一种时间的空间理解。例如：

（14）Politicians using songs by musicians who do not support them has been a **thorny issue for decades**, since Bruce Springsteen castigated President Reagan for planning to use Born in the USA as a backdrop for his **1984** re-election campaign.（BBC，20160202）

（14）中包含了几个时间事件，在有明确时间词汇的 *Politicians using songs by musicians ...a thorny issue for decades* 和 *his 1984 re-election campaign* 两个时间事件中，前者叙述的事件有事件的发生、发展、延续，在一定的范围内、按照特定的时间线发展，事件的瞬间性、延续性都是一种空间思维。后者是一个典型的有界事件，这个事件在1984年内发生、发展并终止，是一个限定在空间内的事件，也是一个容器隐喻。

时间的矩阵意义说明了时间的无限性，学术界首次使用的 *river of time* 隐喻也说明了时间流逝的无限性，它不仅隐喻时间能够收纳承载所有的事件，也能让我们找到时间的包容性与空间性容器之间的关联。在时间的无限流逝性属性上，对应的实体也无界，相关的事件都存在于时间里。例如：

（15）It is not the **first time** Trump has been criticised for appropriating pop songs.（BBC，2016 02 02）

（15）中 first time 包含了 Trump（被批评）这件事的起始和发展，从时间的矩阵意义和语言中的语法词汇看，事件或事件的影响并没有完全结束，在意义上是无限延伸的。

时间与事件的隐喻思维及其表征也会受事件与识解者的关联度影响。基于识解层面理论（Construal Level Theory）的研究（Bhatia & Walasek，2016）表明，在对时间性事件认知和表征方面，时间离得越久远，心理距离就越远，事件的抽象性会增加。但这种心理距离对思维的影响有良好功能，人们学会了对过去的总结和对未来的规划，学会了遵循时间法则，顺应自然，接受时间带来的改变，依时而为，在一天的时间里，古人日出而作、日落而息，今人按时间顺序生活、工作、休息，社会交流更为有效；在一年的时间里，春夏秋冬，季节的更替依次到来，不能逆转也不能跳过，人类作为时间经历者也在季节的更替中学会了抓住每一个恰当的时节来耕种、收获，顺应时间之力。通过时间与事件的结合，事件变得有序，时间变得清晰明了。

2.2.3 时间施事隐喻

时间概念与其他概念产生隐喻联系后,隐喻的结果是时间的概念广泛依托各种概念,乃至可以是有生命的人类,这个实体不但可以是什么,还可以是能做什么的施事者。特别是时间被概念化为有生命、有力量的实体后,它能够行动,对其他事物施加影响并产生结果,带来变化。在这个意义上,时间像一个能够作为的行动者,时间同时与事件结合,时间或事件所指的实体有一种能量和功效可以影响周围环境,改变相关实体的状态,带来另一种状态和结果的存在,这也是时间的事件隐喻的另一个方面,在词汇语义方面,时间词汇概念表达了施事意义。例如:

(16) a. 时间都去哪儿了?

b. 若是把时间算得刚刚好,当时间逼近了才要开始行动,就很可能会发生来不及的结果。身为哈佛经理……(CCL 语料库)

c. 时间可以平息愤怒,却难以冲淡悲哀。(CCL 语料库)

d. 时间进入二十世纪末,机遇再次垂顾。(CCL 语料库)

(17) a. Time has aged me.

b. Time will tell.

c. Time brings the truth to light.

d. Time flies like an arrow, and time lost never returns.

e. Time tries friends and fire tries gold.

上面例子中,时间被赋予巨大能量,时间概念包含施事意义,于是时间能有所作为,产生行动效果,时间可以走开、飞驰或走近、可以说话、让人变老、抚慰等,成为某种具体行动的实施者,这种行动能够带来切实的改变,使事物的形式或状态与先前不同,人类对时间的实施能力感知结果也使人类学会了尊重自然之力。

2.2.4 时间与空间隐喻

时间的空间隐喻思维具有普遍性,这种普遍性来自时间与空间在概念和范畴上的相似性及其密切联系。心理学通过实验证明，人类对时间的理解在很大程度上受空间和空间运动等经验范畴的影响（Boroditsky，2000，2001；Boroditsky & Ramscar，2002；Matlock et al.，2005），这种影响的结果是时间概念化的主要途径为空间隐喻，如果没有空间隐喻，我们就不能理解时间概念（蓝纯，2008：91）。时间就是通过空间这个更具体经验范畴经过隐喻映射建构的（Lakoff，1990）。经过隐喻或转喻，抽象的时间概念具体化和永久化，出现了空间性时间和时间性空间。尽管时间和空间概念密切相关，但在概念系统中，空间性时间思维和时间性空间思维及其语言表征并不对称，在时间推理中，空间能够提供理解线索，而空间推理中，时间的作用似乎并不明显（Evans，2013：143，150），因此，空间概念的相对具体性决定了空间是认知时间概念的载体，经过映射后的空间词汇系统用于时间描述，空间知识也同样用于时间思维，"时间是空间"隐喻在学科领域的研究和一般思维中都具有普遍性，而"空间是时间"隐喻相对比较少见。

　　时间与空间在概念和范畴特征方面的一致性成了一种认知共识，因此"时间是空间"也成了一个普遍性结构隐喻。时间和空间虽然都是抽象概念，但空间比时间更为具体，隐喻类比中的具体概念和范畴是理解抽象概念和范畴的基础。Wolff 和 Gentner（2011）认为，一个熟知的基础范畴可以为另一个界定不够清楚的目标范畴提供推理结构。这也是隐喻本身的结构映射特点。基于二者概念和范畴相似性，空间被借用来识解时间，空间范畴也"以隐喻转换方式概念化时间"（Tenbrink，2007：12）。因此。时间是空间是一种普遍的时间认知方式。"时间是空间"在哲学、认知心理学和认知语言学领域也已经是一个广为接受的隐喻。

　　"时间是空间"隐喻基于人的空间经历，经验现实主义和意象图式理论都把空间经历看作隐喻的基础，空间隐喻也是最基本的图式隐喻之一（Lakoff，1987：126，416-461，1989；Lakoff & Johnson，1999）。在对空间运动的认知理解基础上，人类形成了对时间的隐喻构想方式，"时间是空间"隐喻思维也在空间经历中形成。于是，时间概念的识解通过空间经历特别是空间运动组织起来，时间概念也通过与空间中物体运动的知识而建构起来，形成了时间的概念隐喻。同时，语言本身也组织起一个符号系统来表征这些概念隐喻，有了一个空间—时间隐喻的词汇清单（Evans，2007：760，2013a：169）。因此，时间认知模型涉及的观察者和时间的运动以及运动的方向和顺序等，都是一种基于生活经历的主观性构想，其认知方式也与对生活中事物运动的认知一致。

时间是空间作为一个结构隐喻，其产生的基础和外部特征是二者在概念和范畴上的依赖以及语言表征方面的交织。概念和范畴的相似性表现为语言表征的一体性。周榕（2001）认为，由于时间的空间隐喻认知基础有心理真实性，时间隐喻心理表征的同时也有空间映现心理操作，是空间关系投射到时间关系的隐喻过程。基于"时间是空间"这个结构隐喻，可以衍生出各种与空间相关的时间表达法，例如，英语中的拓扑空间词汇（特别是介词）in（a day/month/year, the morning）、at（night/daybright, 5 o'clock）、within（a week/10 days）、on（Monday）等表达的时间隐喻和运动类动词表达的动态时间（例如，Holidays will come soon）。汉语的方位词和运动类动词也有相同的功能。

当抽象概念或范畴的理解更为困难或不便时，我们会自然地依赖具体范畴，把具体范畴概念映射到抽象范畴。时间和空间在概念、范畴和认知上的相似性也是隐喻映射自然发生的条件。Johnson 和 Lakoff（2002）认为，有形或空间逻辑推理来自身体经验，这些经验正是抽象逻辑思维的基础。我们在空间和其他具体源范畴的体验意义基础上对抽象概念进行概念化和推理，在人的认知发展过程中，源范畴与身体经历越密切，越容易理解和掌握，像食物、人、动物等具体范畴往往被首先习得。虽然一切事物都在空间和时间中存在，但就空间和时间相比较而言，借助其他物体就能切实感觉自己与空间的关系，因此比时间更加具体，空间范畴中的部分具体特征被映射到时间范畴后，形成了较稳定的空间与时间隐喻关系。另外，Lakoff（1990）、Srinivasan 和 Carey（2010）等认为，以空间运动、身体、方位等隐喻理解时间也是由生物学知识和机理决定的，在我们的视觉系统中，由于有运动、物体或方位的监测器，因此能够在运动中平衡身体，判断物体与身体的距离，确定物体运动的方向，等等。但没有时间监测器直接帮助我们感觉时间的运动和存在。由于隐喻理解是一种自然发生的认知官能和语言官能，儿童在早期就能理解从空间到时间的映射（Graf，2011）。

但是，隐喻映射是没有方向的（Sweetser，1990：19；Lakoff，1993：203），当一个实体用另一个实体实现概念化时，反过来不一定成立。时间和空间之间的映射就是如此，不是完全对等映射，两个范畴的映射只是部分的。Núñez 和 Sweetser（2006）认为，在空间中，我们可以偏离小径，或者掉转头朝相反方向行走，运动有方向和维度属性，但时间内在属性决定了时间本身没有方向和维度，因此表达出来的维度和方向都是其空间属性。另外，时间与空间映射属于不对称映射、人在空间中的逆向行走、物体的弧线运动无法映射到时间中，人体的生物体的解剖学原理决定人朝前方直行时方向更自然、准确，无须付出认知努力。在某种意义上，空间和时间映射的不完全对等也是人的前后运动不对称性所致，因此，空间以隐喻更多地来概念化时间。

空间—时间隐喻的形成经历了映射过程中的认知选择和语言组织，并在后来反复的使用中固化为具体的语言构式。在经验现实中，借助空间理解时间的隐喻思维是一种普遍性认知方式。类型学的研究表明，空间认知在不同文化类型中有着普遍相似性，对一维线性空间、二维平面空间和三维立体空间的认识也具有文化普遍性（肖燕，2012）。Graf（2011）和 Evans（2007：73）认为，空间和时间映射过程中的认知意义层面会反映在语言意义层面。在语言层面，说话人用语言隐喻表达法指称空间与时间之间的关系，特定的语言隐喻表达如 *on Monday*、*in July*、*at night* 等分离成独立的语言项储存在语言使用者的心理词库中，通过长期频繁的接触得到固化，最终以常规隐喻语言形式确立了它们在说话人大脑中的认知范式地位。因此，人类的对时间的空间认知经验在语言层面上表现为大量的词汇隐喻，其中多数成了常规隐喻，例如汉语的"长时间""一段时间""在节假日里""一个月内"，英语的 *long/short time*、*ahead of time*、*on Sunday*、*in two weeks* 等已经成为意象图式隐喻，空间性时间隐喻几乎无所不在，Graf（2011）在空间—时间隐喻的定性分析研究中，发现主要包括四个类型：

TIME IS A MOVING ENTITY（ego-moving metaphor 和 time-moving metaphor）；

TIME IS A LOCATION（time is a position in space 和 time is a container）；

TIME IS AN EXTENSION IN SPACE；

TIME IS DISTANCE。

在这些隐喻中，空间距离、空间方位与运动是时间思维中出现最频繁的隐喻类型。

2.2.5 空间距离与时间隐喻

在人的知觉空间中，空间性表现为距离、方向和维度。在习得空间范畴的过程中也获得了对空间距离的感知能力，在生活中，通过目测、行走以及交通工具等可以去感知一段距离，也可以通过测量仪器去测得一段距离的长度，得到具体的数字。在空间中，距离是一维的直线，在时间中，一维性和线性也是其显著的特征。人类对空间距离的具身认知也把这种体验与时间联系起来，时间所具有的线性特征为这种隐喻映射提供了基础条件。映射的结果是空间距离的语言也用来描述时间，例如汉语的"长""短"，英语的 *long* 和 *short*。"长时间"、"短时间"、*long time*、*short time* 都是典型的空间距离隐喻时间。在时间的表达中，"时间是距离"的隐喻用来指经历的时间或事件已经是广为接受的常规隐喻。

时间距离隐喻在汉语和英语中的使用都很普遍，以"长时间"、"短时间"、*long time*、*short time* 为例，它们在北大语料库（CCL）和英国国家语料库（BNC）的出现频率都较高，有较多的使用（表6.3）。在BNC语料库中，包含 *time* 的词条共151012个，*long time* 的句子是4900个，*short time* 的句子是1533个。在CCL语料库中，包含"时间"的词条共166226个，长时间的句子是9754个，短时间的句子是2980个。除此之外，汉语"一段时间"的使用也非常频繁，包含"一段时间"的句子共11281个。

表6.3 距离隐喻时间例示

检索词项	频度（句子数）	语料库	频率（%）
长时间	9754	CCL语料库	5.87
短时间	2980	CCL语料库	1.79
一段时间	11281	CCL语料库	6.79
long time	4900	BNC–BYU	3.24
short time	1533	BNC–BYU	1.02

用"长""短"/ long、short 表达时间长度在汉语和英语里都比较普遍，汉语还用"一段"来量化时间的长度，"一段时间"甚至比"长时间""短时间"的使用更为频繁，英语中 a、some 等表示数量的限定词也可以表达"一段时间"的量化意义。总的来说，描述直线距离的空间词汇用于描述时间在各种语境中的使用都较为广泛和频繁。例如：

（18）a. 很**长时间**她一见到那种棕色的沙发就瑟瑟发抖，很长时间她也因那张用稿通知而欣喜非常。（CCL 语料库）

　　b. 珊瑚可以抵御**短时间**的高温，但长时间高温会使它们大量死亡。死亡的第一个迹象是由红色变为白色。（CCL 语料库）

　　c. 沈从文经过很长**一段时间**的迷狂，开始了向社会回归。他被分配到故宫博物院写文物的说明词，他在文物研究中又找到了自我。（CCL 语料库）

（19）a. It was **a long time** before she tumbled to what I mean.（http://www.jukuu.com）

　　b. In its external relations Indonesia has for **a long time** pursued a non-aligned foreign policy.（http://www.jukuu.com）

　　c. How ever did you lose so much in such **a short time**?（http://www.jukuu.com）

　　d. The tides in most cases reach the cliffs only for **a short time** twice a day.（http://www.jukuu.com）

在汉语和英语中，除了典型的"长""短"/ long、short 隐喻时间，"远""近"/ far、near 也常常用来表达时间隐喻，汉语的"远古、近代、近年（几天、几个月、几年）"，还可以用具体的数字如"近 X 天 / 年 / 周 / 个月"；英语的 Near future、Far future、Near past、Far past、recent five weeks 等也比较常用。

在 CCL 语料库中，包含近的词条共 389826 个，包含远的词条共 186143 个，比较常用的几个词语搭配包括"远古、近代、近年（几天、几个月、几年）"。在 BNC 语料库中，包含 far 的词条共 39147 个，包含 near 的词条共

17606个。检索了比较常用的几个词语搭配，Far future、Near future、Near past、Far past，结果见表6.4。

表6.4 "远"(far)、"近"(near)的时间用法频度与频率

检索词项	频度（句子数）	语料库
远古	1413	CCL语料库
近代	9640	CCL语料库
近年	48212	CCL语料库
近几天	1165	CCL语料库
近几年	16539	CCL语料库
几个月	1063	CCL语料库
Far future	79	BNC语料库
Far past	46	BNC语料库
Near future	589	BNC语料库
Near past	15	BNC语料库

另外，"近几周"(251项)、"近几个星期/几星期"也有一定的使用。从现有语料看，汉语用"远""近"隐喻时间多于英语的far和near。far和near，"远"和"近"都用于描述过去、将来与现在的距离，但far future、Far past、Near past的使用比较少，只有Near future的使用较为频繁。汉语的"远"多用于描述过去的时间，表达将来时往往是不确定的时间，如"远景""远期"，"近"既可以描述过去，也用来指将来，可以指具体的时间，使用的范围更广、频率更高。例如：

(20) a. 因为**远古**之人穴居而野处，茹毛而饮血，既要防范猛禽野兽侵袭，还要防范敌人的掠夺。（CCL语料库）

b. ……呜咽的笛声、激越的鼓声、悠扬的钟声、苍凉的筑声，感觉到了东方**远古**先民及其子孙踏碎艰辛、走向明天的脚步声。（CCL语料库）

c. 曾国藩是中国**近代史**上最显赫和最有争议的人物，其生前毁誉参半，既有"中兴第一名臣"的美称，又有"卖国贼"的恶名。（CCL语料库）

d. 文化意识和学习策略**近年**来虽也多有研究，但零散而不成系统，还没

有引起汉语教师的高度重视。（CCL 语料库）

e. 本·拉丹的生死下落一直是个谜。**最近几个星期**以来，美国官员对本·拉丹的生死众说纷纭。有人说他可能在托拉博拉……（CCL 语料库）

f. **近几个月来**，国内外市场供应发生了新的变化，价格有所回落，贸易量有所下降……（CCL 语料库）

g. **最近几周来**，古城的餐厅和咖啡馆经常有一些"长相不善"的人"光顾"。（CCL 语料库）

从语言的形式看，汉语和英语都有丰富的词汇用"距离隐喻时间"，汉语很多时候直接用表达长度的词汇"远""近""长""短"，甚至还用量化的长度描述时间，例如，"一寸光阴一寸金，寸金难买寸光阴"的隐喻思想表达。

在这个家喻户晓的古诗句隐喻中，"光阴""金"都用来隐喻或转喻时间，当光阴（时间）成为金子后，丈量长度的"寸"直接用来量化时间。

与汉语的"远""近"一样，英语中的 *far*、*near* 几乎不和 *time* 搭配，不说 *far time*、*near time*，也不说"远时间""近时间"。在表达"近……来"的概念时，英语也相对较少，与汉语表达时间距离近的意思相似时，介词 *in*、*within* 等的容器隐喻代替了"近"的距离隐喻，表达了"近年来""最近几天"等含义，例如，*in recent days/years* 等。

除此之外，人类很早就已经可以借助空间经历中的量化经验对时间进行具体的数据量化：例如，一小时、三天、3 *hours*、15 *days*、1 *year*、4 *months* 等用法已经常规到忽略它们的隐喻用法而成了时间思维中的自动化使用的语言。

2.2.6　空间方位与时间隐喻

空间与时间的隐喻映射结果是这些空间词汇也转移到了时间范畴。Clark 和 Carpenter（1989）认为，在方位意识中，首先被习得的是空间介词，然后延伸到其他像时间这样的范畴。这就意味着，我们对空间的表征是基础，是其他非空间范畴的共用模板。人在习得了方位感后，开始试图对方位进行表达，方位识解者会自然从词汇库中提取与方位相关的介词（英语）或其他虚词（汉语的方位词）用于表达方位。英语中的常用介词 *in*、*on*、*at*、*ahead*、*behind*、*over* 等，汉语中的"在……""从……""前""后""上""下"等都有很高使用频率。

空间方位与时间隐喻包括拓扑空间和运动两种类型隐喻。由 *in*、*on*、*at*、*within* 等介词描述的空间往往是静态的拓扑空间，空间方位中的物体一般处于相对稳定的静止状态。例如：

(21) a. Currently the tallest free-standing clock tower is thought to be the 100m-high Old Joe *in Birmingham in the UK.*（BBC, http://www.bbc.com/）（拓扑空间）

b. Big Ben *in London* is just 96m in height（and is not free-standing anyway）.（BBC, http://www.bbc.com/）（拓扑空间）

c. The neighbourhood is quiet *in the evenings*, but it is only a short distance from the city centre.（BBC, http://www.bbc.com/）（时间距离：容器隐喻）

d. It will be prefabricated in Tamil Nadu before being assembled in Mysore in neighbouring Karnataka state-and should be complete *in about 20 months.*（BBC, http://www.bbc.com/）（时间距离：容器隐喻）

e. Steven Tyler got more publicity on his song request than he's gotten *in 10 years.* Good for him! he added.（BBC, http://www.bbc.com/）（时间距离：容器隐喻）

(22) a. The firm claims its corporate training campus in Mysore is the largest such facility *on the planet.*（BBC, http://www.bbc.com/）（拓扑空间）

b. It is not clear if the Infosys clock will chime *on the hour*, as Big Ben does.（BBC, http://www.bbc.com/）（时间方位）

(23) a. Along the way, it spent a brief time at the British testing facility *at Farnborough*, near London.（拓扑空间）

b. *At the same time*, the head of the Luftwaffe, Hermann Goring, had requested designs in a project called "3×1000" -aircraft that would be able to carry a 1,000kg（2,200lb）bombload 1,000 miles（1,600 kilometres）at 1,000km/h（625mph）.（BBC, http://www.bbc.com/）（时间方位）

(24) At various moments *in time*, cultural, language and political differences have led residents of a destination to seek independence from their ruling governments.（BBC, http://www.bbc.com/）

(25) a. All bark *within this area* are cut away.（http://www.jukuu.com）（拓扑空间）

b. Already an autonomous community, Catalonia elected a pro-secessionist regional leader in September 2015, and he's pledged to secede *within 18 months*.（BBC, http://www.bbc.com/）（时间距离：容器隐喻）

英语中的介词 in、on、at、within 在描述空间时，多指静态的空间方位，但介词 into 更多地参与空间运动，因此在时间范畴也与动态时间对应。例如：

(26) a. They come *into the classroom* in a hurry.（空间运动）

b. The Dutch are resolved to never again be taken by surprise, proactively developing plans that reach a century or more *into the future*（BBC, http://www.bbc.com/）（时间运动的方向）

与空间和时间的隐喻思维一样，空间介词的空间意义首先习得后延伸到了时间这样的其他范畴（Clark & Carpenter, 1989），因此，英语中的空间和时间表征共用了这些介词，拓扑空间介词在时间隐喻中一般表达是某个时间点或时间段。通过 *in*、*on*、*at*、*within* 等介词的使用，把时间隐喻为容纳、收藏事物的空间场地，犹如容器，成为描述拓扑空间和视角延伸隐喻的标记性符号。对与生活、工作相关的每个时辰和时节 *morning*、*noon*、*afternoon*、*evening*、*night*、*day*、*week*、*month*、*year*、*spring*、*summer*、*autumn*、*winter* 等日常用语都与相应的拓扑空间介词一起使用，这种常规隐喻思维已经固化为自然习惯。在汉语里，空间表达有较为丰富的方位词，时间也借用部分方位词，例如，"在上午""一天中"，但相对英语，对时间构想的表达更为自由，我们可以说"上午开会,下午休息",不需要其他介词帮助表达时间,对时间的构想更多的是由"上""下"表征的线性时间,而同样的时间语义在英语中是空间容器隐喻,因此需要借助拓扑空间介词表达 in the morning, in the afternoon。

空间方位与时间隐喻的另一个类型是运动隐喻。Lakoff 和 Johnson(1999:139)认为,我们对时间的理解几乎都不是纯时间的,多数时候是以隐喻方式理解空间中运动。我们对时间的概念表征根植于先前的感觉—运动经历(具身经历),特别是对运动事件的比较,在此过程中概念化时间并抽象出时间经历(Evans,2013a:54)。这就意味着,我们的时间经历是直接的,但对时间的表征是间接的。根据 Lakoff(1990)恒定假设原理,"时间是空间"隐喻的背景条件是观察者总是与"现在"处于同一个位置。从本体论角度看,理解时间就是理解实体运动和方位;从映射角度看,空间映射到时间范畴后,时间成了物体(事物),时间"物体"的经过就是运动,这种映射结果是时间也获得了方向,在观察者前面(未来)朝观察者运动,物体经过观察者起到背后之后就成了过去。人对自己和时间的构想有时是运动的,有时是静止的,当一个实体移动时,另一个实体则是静止的,静止的实体是指示中心。这也是时间自我中心认知模型(Lakoff & Johnson,1999)的基础,无论是运动的时间还是运动的观察者定位法,这个隐喻结构都是一种观察者自我中心视角。在这个模型中,观察者的当前位置以及其前后位置分别在时间上对应"现在""将来""过去"。

由于隐喻思维是对抽象范畴进行概念化的认知工具(文旭,1999;束定芳,1998),这种工具使时间的认知和表达更为方便。隐喻是人类大脑反映出的认识世界方式,在隐喻思维表现为语言文字后,隐喻也成为一种典型的语言表达模式。语言使用中无处不在的隐喻使同一个词可以指称属于两个不同范畴的事物或现象,丰富的时间语言隐喻也来源于隐喻思维过程,在时空两个范畴产生语言隐喻认知关联后,跨范畴映射的结果也产生了丰富的共用词汇,特别是在运动空间性时间隐喻表达中,汉语词汇有着无限可能性,不借助介词和助词,也能生动地表达时间的运动。例如:

(27) a. 人生天地之间,若白驹过隙,忽然而已。(《庄子》)

　　b. 明日复明日,明日何其多,我生待明日,万事成蹉跎。世人若被明

日累,春去秋来老将至。朝看水东流,暮看日西坠。百年明日能几何,请君听我明日歌。(文嘉《明日歌》)

c. 惊风飘白日,光景驰西流。(曹植《箜篌引》)

(27) a《庄子》用白色的骏马比喻太阳,并用骏马飞快越过隐喻时间过得很快。《明日歌》中的水东流、日西坠,(27) c 中的惊风飘白日、光景驰西流都是隐喻时间飞逝。中国的古文中有很多描写时间流逝或飞逝的经典名句,这些语言宝库中的精华不仅是语言文化遗产,也说明早在时间概念隐喻理论形成之前,古人的时间隐喻思维已经很丰富了,自然界的万物及其运动都启发了关于时间的思考,为后来的时间语言学分析提供了丰富的资源。

3 时间转喻认知与词汇语义表征

认知语言学对转喻的认识从修辞手段到认知手段成为广泛共识后,对转喻在认知中的地位认识甚至比隐喻更为基础(Talyor,2002:342),它是人类认识世界的工具,也是一个概念化过程(Radden & Kövecses,2007)。通过转喻认知的方式,我们熟知的范畴和概念可以投射映现到不太熟悉的范畴概念上,因此,转喻是人的经验结构与语言结构之间的自然联系,是人类普遍的思维和行为方式,也是人类日常生活的一部分。转喻的概念化过程表明:它根植于我们的经验中,同时又建构和组织我们的思想和行为(魏在江,2007,2010;沈家煊,2006:31;Radden & Kövecses,2007:335),在这个意义上,人类认知的根本属性是转喻的。诸多西方学者(Evans,2006:311;Barcelona,2002:272;Panther & Radden,1999,2006)认为,转喻在概念组织上甚至比隐喻更基础,是更基本的认知现象,很多隐喻由转喻激活。

从认知语言学的时间研究看,之前的讨论多为隐喻视角,把概念隐喻理论作为解构时间概念化机制的手段和依据。但是,对事物的概念化识解是一个复杂的过程,时间作为一个抽象、普遍性概念,表征的手段也相对丰富,隐喻并不能完全解释复杂的时间概念化认知过程。由于时间是其自身之上的一个复杂概念,仅仅借助概念隐喻去解释时间的概念化是不够的,概念转喻作为人类认知基本属性和一般行为及思维方式,一种认知现象和概念化方法,也是认知时间的基本方式和概念化的主要手段，时间概念化的转喻是其中重要的环节，能够为构建时间概念化表征理论框架体系提供语言本体研究范例。

3.1 时间的概念化特征与转喻联系

不同学科都在探讨时间认知研究的视角。由于时间概念的复杂性和抽象性，在界定时间概念时，很难就时间自身的名称进行概念化。心理学从时间知觉的实验研究观察时间的隐喻表征。哲学重视时间与存在、时间与人的关系，海德格尔（2009，2006，2004）把时间、存在和人视为整体，他认为时间所指何物问题在所有场合都是缺失的，时间理解仅停留在了时间的命题上，并没有时间自身完整的概念，作为存在的时间，只有此在在其中能够成为它的整体，时间性之为此在存在，此在即为时间性（海德格尔，2006：20；2009：429-447）。认知语言学也把时间看作一种永恒存在（Evans，2007：752），重视时间概念化表征的语言形式。因此，时间概念化和语言结构层面是考察的主要内容，从时间的词汇语义考察其背后的认知机制。在对时间的认知过程与时间的转喻表征过程的认识方面，发现二者的概念化过程具有相似性，或者说，时间转喻的语言表征实际上经历了认知—概念化—概念化产出这样一个概念化表征过程。

经验现实主义的观点表明，我们对周围事物和对事物运动的认知直接影响对时间的转喻概念化认知。徐盛桓（2009）认为，时间认知方式与其他转喻形式一样由概念的内涵和外延特征决定。范畴和范畴化理论已经有非常丰富的例证证实范畴按照概念的典型性程度组建，概念内部同样有典型与非典型的层级性，上层与下层之间的传承关系可以通过转喻方式互指，这是转喻的邻接关系特征所决定的，这种范畴内部的成员邻接关系生成的转喻联系在时空连续体中表现为时间与空间之间呈现的各种转喻现象。由于我们可以用事件构想时间（Tenbrink，2007：13），事件一定在空间中发生，因此，转喻联系更多在时间与空间和事件之间产生。

时间是人类认知世界的基本范畴和形式。认知语言学及其相关学科对时间属性的探讨都从人的时间体验开始把时间与客观世界相联系，于是时间有了空间运动性和事件性。Lakoff（2006：200）认为，时间的本体理解借助事物和运动，英语的时间借助空间进行概念化，这也是人类的时间认知共性，人们一般把时间与空间联系，空间和空间里的物体被映射至时间范畴后，时间获得方向性、持续性、不可逆性、分段和测量性特征（Galton，2011），把这些特征整合在一起而感觉到时间的变化、顺序、方向和间隔，被概念化为一维、线性、运动的物体或流动的物质，例如"光阴一去不复返"和我们经历的生老病死等。

3.2 时间存在的本质与转喻联系

由于不能直接描述出什么是时间，只能转而描述与之相关的事件，时间如果不与事件关联，就是不可理解的时间，时间感知实际上感知到的是与时间相关的事件，因此，时间以事件方式存在，这也是时间存在的本质。

时间与事件的关系使我们在时间认知中自然产生一种转喻思维，甚至把时间与事件等同起来。Boroditsky（2001）认为，人是时间的观察者和亲历者，对时间的体验其实是经历时间的持续和无方向变化，看到或体验物体及事件反复出现与消失就是时间的标记。例如：

(28) a. 12月9日00时43分在云南普洱市江城县（北纬22.56度，东经101.99度）发生3.0级地震，震源深度10千米。（https://news.ceic.ac.cn/）（中国地震台网）

b. 12月12日10时31分在俄罗斯（北纬53.78度，东经125.61度）发生5.2级地震，震源深度10千米。（https://news.ceic.ac.cn/）（中国地震台网）

c. 明天下午2点有一场羽毛球赛。

例句中的事件分别与"12月9日00时43分""12月12日10时31分""明天下午2点"几个时间关联，这些时间事件不是无联系的物理学纯时间概念，而是人类生活现实，对相关时间或事件的理解也源于对现实的具身体验，类似的事件要么已经发生要么即将发生，用恰当的时间短语描述具体事件时，时间也被赋予意义，事件通过时间准确描述后更清楚。

如果"12月9日00时43分""12月12日10时31分""明天下午2点"

这类时间孤立存在，在人类认知所及范围仍然是模糊时间，是无法完全理解也不能体验到的时间。它们与真实具体事件联系起来后就有了表意功能。但我们也需要明白，"时间和空间的存在并不依赖于其中的物质，时间和空间中的物质也不干扰它们，时间和空间只是收纳物质的容器"（Reiser，1934），换句话说，没有事件，时间还是存在，只是我们不能感知其存在。时间概念原本的抽象性需要一个联系时间与事件的抽象化过程，这种抽象性源自一般性图式化认知，这是一种元图式，同样是一个抽象化的认知过程（Palmer et al.，2009：113），总之，时间概念化过程也是一个抽象化过程，通过与相关具体事物联系才能理解其抽象性，借助这些具体事物实现时间的概念化表征。例如，关于2014年亚航飞机失事事件，下面时间表中的每个时间点都分别与一个事件相联系：

(29) 亚航QZ8501航班失联时间表

12月28日早5时35分，QZ8501从印尼泗水朱安达国际机场起飞，按计划该趟航班应于8点30分抵达新加坡樟宜国际机场。

6时12分，航班曾要求避开围绕它的云雾，然后要求把航行高度提高到3.8万英尺（约11582米）。

6时16分，飞机仍出现在雷达系统上。

6时17分，飞机从雷达系统消失，与空中交通控制中心失去联系。

6时18分，空管察觉飞机已从雷达系统中消失，或许偏离航道。

7时28分，印尼空中交通控制中心采取适当措施，确认飞机与中心失去联系。

7时55分，印尼空管通知有关当局。

11点41分，亚航发布第一份声明，确认QZ8501班机失联，并表示没有有关航班的信息，搜寻已经开始，亚航公布了亲属联络电话：+622129850801。同时，亚航Facebook及Twitter页面头像均改为灰色。

12点，有消息称一架飞机在印尼勿里洞岛东部坠毁，未确定具体坠毁位置，也未确认是失联的亚航飞机。几个小时后，这条消息被印尼交通部官员否认，并称搜寻仍在进行中。

13 点，印尼交通部官员在雅加达机场举行新闻发布会证实，QZ8501 航班当天早上与雅加达空管塔台失去联系，地点在加里曼丹爪哇海和爪哇岛之间。

13 点 23 分，亚航发布第二份声明，表示 QZ8501 班机于早上 7 点 24 分失去联系。亚航还公布了航班飞机型号为 A320-200，以及机上共有 162 人，包括 155 名乘客人员和 7 名机组人员。

14 点，印尼和新加坡方面都表示展开救援工作。有卫星云图显示，客机失去联系时，附近区域的天气状况比较恶劣。

14 点 30 分，中国驻印度尼西亚大使馆发表声明说，当天失联的亚航航班上没有中国公民。

15 点，亚航失联航班 QZ8501 机组人员信息被公布，机长名叫 Iriyanto，印尼人，拥有 6100 小时的飞行经验；副驾驶名叫 Remi Emmanuel Plesel，法国人，有 2275 小时飞行经验。

16 点，马来西亚警方称，目前没有接获任何关于亚航 QZ8501 客机失联事件与恐怖活动有关的情报。

17 点，印尼方面结束了 28 日对失联亚航 QZ8501 航班的搜索行动，29 日的搜索将于当地时间早上 6 时恢复。

18 点 57 分，亚航发布第三份声明，修正了有关乘客国籍的信息。亚航称，乘客中有 149 名印度尼西亚人，3 名韩国人，1 名英国人，1 名马来西亚人，1 名新加坡人。而机组人员中有 6 名印度尼西亚人和 1 名法国人。

（凤凰网，2014 年 12 月 28 日）

这篇报道中的每一个时间短语都有一个相关的事件与之对应，二者结合为一个完整的时间事件，如表 6.5 所示。

表 6.5　时间的事件性与时间存在的方式

时间	时间与事件
12 月 28 日早 5 时 35 分	QZ8501 从印尼泗水朱安达国际机场起飞，按计划该趟航班应于 8 点 30 分抵达新加坡樟宜国际机场

续表

时间	时间与事件
6时12分	航班曾要求避开围绕它的云雾，然后要求把航行高度提高到3.8万英尺（约11582米）
6时16分	飞机仍出现在雷达系统上
6时17分	飞机从雷达系统消失，与空中交通控制中心失去联系
6时18分	空管察觉飞机已从雷达系统中消失
7时28分	印尼空中交通控制中心确认飞机与中心失去联系
7时55分	印尼空管通知有关当局
11点41分	亚航发布第一份声明，确认QZ8501班机失联，并表示没有有关航班的信息，搜寻已经开始，亚航公布了亲属联络电话。同时，亚航Facebook及Twitter页面头像均改为灰色
12点	有消息称一架飞机在印尼勿里洞岛东部坠毁，未确定具体坠毁位置，也未确认是失联的亚航飞机。几个小时后，这条消息被印尼交通部官员否认
13点	印尼交通部官员在雅加达机场举行新闻发布会证实，QZ8501航班当天早上与雅加达空管塔台失去联系
13点23分	亚航发布第二份声明。表示QZ8501班机于早上7点24分失去联系。亚航还公布了航班飞机型号为A320-200，以及机上共有162人，包括155名乘客人员和7名机组人员
14点	印尼和新加坡方面都表示展开救援工作
14点30分	中国驻印度尼西亚大使馆发表声明说，当天失联的亚航航班上没有中国公民
15点	亚航失联航班QZ8501机组人员信息被公布
16点	马来西亚警方称，目前没有接获任何关于亚航QZ8501客机失联事件与恐怖活动有关的情报
17点	印尼方面结束了28日对失联亚航QZ8501航班的搜索行动，29日的搜索将于当地时间早上6时恢复
18点57分	亚航发布第三份声明，修正了有关乘客国籍的信息

除了这张时间表中每个时间节点代表一个事件，事件中涉及的其他时间同样代表一个具体事件："早上7点24分"与飞机"失去联系"、"28日"与对飞机的"结束搜索"、"29日当地时间早上6时"与"恢复搜索"都是时间和事件的共同所指，这些时间短语如果不与具体的事件对应，就没有具体的意义，和某个事件联系起来后，就与人类的经验现实结合起来，不但是一个可理解的时间，还会与类似的乘飞机、看新闻等事件结合起来，唤起某些场景记忆或激发

场景想象，使时间变成持续的时间事件。虽然一个事件在时间上是有界的持续，但它可以在时间上无界地延伸（Mayo，1961；Casati & Varzi，1999：173），因此，识解人还可以把这个时间事件继续延伸：亚航 QZ8501 航班后续的搜索、发现、更多的新闻发布、对事故的调查、处理等。

虽然人类无法直接经历纯粹时间，但事件经历或理解他人的事件经历也可以让我们切实感觉时间的存在。依附在事件上的时间概念帮助我们通过事件直接描述时间经历或经历的事件，Galton（2011）认为，"从过程和事件经历中可以抽象出时间并实现时间的概念化"，在这个意义上，事件发生发展到结束的过程也是时间变化之过程，在任何事件过程中，事件中的每一个位置点都可以对应具体的时间点，此乃时间转喻之基础。

事件的时间性和时间的事件性属性使我们更容易理解这两个概念。对时间概念的理解依赖事件，没有时间，事件也需要时间信息的参与才是完整的，即使一个事件没有明显的时间标记语言，但一定有开始和结束的时间。因此，我们认知的每一段时间里一定包含有事件，从这一点看，事件嵌入了时间里，一个事件就是一段时间，是时间存在的方式。

3.3　时间与事件的维度顺序

时间的顺序是一种自然顺序，也是无法改变的顺序。Calkins（1897）认为，空间顺序是一种同现，时间顺序是一种连续，事物顺序构成了空间，事件顺序构成了时间。在对水平时间和垂直时间的认知表征中，我们可以根据自己的身体判断，人体视域的自然水平方向决定我们自然优先考虑水平时间。在涉及顺序时，普通的叙述文体对描写事物或事件顺序时，都遵循时间和空间的维度顺序，因此首先采用的是水平顺序。Navon（1978）认为，"空间维度支配了除时间以外的所有维度，而时间维度却支配了包括空间在内的一切维度"。时间的维度顺序支配了我们日常生活，无论做什么，都是按照时间顺序进行，即使物体的运动和事物在空间布局，但在描述这种运动和布局时，时间顺序仍然是首先需要遵循的，然后才是空间的顺序。在任何语言事件表述中，英语中的时体信息在句子中总是识解者优先考虑的因素。例如：

（30）It was their own idea, started without help **before** I began my work as an adviser and I want to try and help them make it a success.

因此，根据时间既定的顺序和方向，人们行事总是依循一定的时间顺序，语言对事件的描述也按照自然的或合乎逻辑的时间顺序展开。例如：

（31）a*. 长工们又吸了几袋烟，各自回家睡觉，准备明天坐车赶庙会。（CCL语料库）

　　　b*. 长工们各自回家睡觉，准备明天坐车赶庙会，又吸了几袋烟。

（32）a*. 玫瑰馅绿豆糕的做法步骤：脱皮绿豆冲洗干净，用适量清水浸泡4小时以上；倒出多余的水（水面要稍高于豆子）入高压锅加盖加阀大火上汽，转中小火20分钟，关火自然泄气冷却；原汁机选无孔滤芯安好；填入绿豆；出来的绿豆泥倒入不粘锅，加入玉米油、白糖、炼乳小火翻炒；把绿豆沙炒到不粘锅，水分变少时加入麦芽糖继续翻炒，直到麦芽糖吸收，取出冷却；锅内留约200克左右的绿豆沙，取出冷却加入30克糖玫瑰翻炒均匀；待豆沙不烫手时，原味豆沙分成30克一个，搓圆，玫瑰豆沙分成20克一个，搓圆；取一份原味的捏成小碗状，包入一个玫瑰豆沙，慢慢收口搓圆，放入模具，挤压模具并脱模，玫瑰酱芯的绿豆糕就做好了。

　　　　　　　　　　　　（http://home.meishichina.com/recipe-275175.html）

　　　b*. 玫瑰馅绿豆糕的做法步骤：取一份原味的绿豆沙捏成小碗状；包入一个玫瑰豆沙，慢慢收口搓圆，放入模具，倒出多余的水（水面要稍高于豆子）入高压锅加盖加阀大火上汽，转中小火20分钟，关火自然泄气冷却；原汁机选无孔滤芯安好；填入绿豆；出来的绿豆泥倒入不粘锅，加入玉米油、白糖、炼乳小火翻炒；脱皮绿豆冲洗干净，用适量清水浸泡4小时以上；把绿豆沙炒到不粘锅，水分变少时加入麦芽糖继续翻炒，直到麦芽糖吸收，取出冷却；锅内留约200克左右的绿豆沙，取出冷却加入30克糖玫瑰翻炒均匀；待豆沙不烫手时，原味豆沙分成30克一个，搓圆，玫瑰豆沙分成20克一个，搓圆，挤压模具并脱模，玫瑰酱芯的绿豆糕就做好了。

（33）a. Outside the window now the stars slowly faded. He got out of bed and put on his slippers and bathrobe and went softly downstairs. (Pearl S. Buck. *Christmas Day in the Morning*)

b*. Outside the window now the stars slowly faded. He put on his slippers and bathrobe, got out of bed and went softly downstairs.

c*. He went softly downstairs. Outside the window now the stars slowly faded. He put on his slippers and bathrobe and got out of bed.

（31）、（32）、（33）都是受时间限定的事件，描述方法都遵循了一定的时间顺序，每一步都按照事件的自然发展顺序展开。虽然我们在叙述事件时可以顺序，也可以倒叙，但在同一个语境中，叙述需要遵循一定的时间和空间顺序，如果要打破这个时空顺序，就必须转换语境，否则就会逻辑混乱，不知所云。（31）a*描述的是日常生活中的普通场景，长工们"吸烟""回家睡觉""准备明天赶庙会"都是在按照一个自然时间线发展的。（31）b*的时间顺序混乱，不符合事物发展的逻辑时间顺序，只有（31）a*才符合时间事件描写的一般逻辑顺序。（32）a*所记录的做菜程序按顺序进行，也是依时间而进行。例（33）的事件顺序也有严格的时间性。赛珍珠在描写事件时（33）a，首先把事件定位在星星隐去这个时间点上，它也是一个时间转喻，即用 *the stars slowly faded* 转指凌晨或下半夜，这也是"他"应该起床去准备圣诞礼物的时间。接下来，作者按照事情发生的先后顺序并遵循一定的空间顺序（从上到下：天空—楼上—楼下）来叙述事件。（33）b*和（33）c*的顺序颠倒后，句子在语法上仍然视为正确表述，但在时间顺序模型中，事件相互失去参照，逻辑发生混乱，不符合事件进行的正常顺序。

在叙事惯用描写手法中，不同特征、运动着的时间各种事件组成同一个运动时间顺序序列，映射到水平时间性上就组成一个前后直线序列（图6.1a），经过整合，形成时间顺序模型（图6.1b），描写顺序也是时间的线性、一维、不可逆性特征的体现，时间线上两个或多个运动事件相互参照，或者一个具体时间事件的相对位置以另一个时间事件为参照，它们的运动方向相同。

后　　　　　　　　　　　　　　先

图 6.1a　时间前后序列（Evans，2007：755）

图 6.1b　时间顺序模型（Evans，2007：755）

时间的顺序也是事件的顺序，事件的叙述方法虽然可以倒叙或顺叙，但事件的发生和发展顺序不会因为叙述方法而改变。对于诸多连续时间性事件组成的某一个较大事件，这些事件一般就是一条时间线，叙述的顺序性要求更为严格。

3.4　时间转喻思维的词汇语义表征

时间概念除了隐喻表征方式，转喻也是时间认知表征的主要形式。转喻在语言中表现为一种现象，在思维和行为中则是必要方式，它根植于生活经验，建构了人类思想和行为，也是人类日常生活的组成部分。在时间的认知与表征中，转喻也是主要手段，转喻在其中的参与与人类的现实经历以及对周围事物和事物运动的认识密切相关。

对世界的认识和表征离不开转喻思维，转喻是思想和语言之间的纽带，它丰富了语言表征的形式，Kövecses（2005）认为，转喻作为认知过程，其效应超越语言是社会文化中行事核心。对时间的转喻认知是在事件和运动经历中体验到的，在这个过程经历中隐喻和转喻思维会自然发生。Evans（2007：760）认为，时间是其自身之上的事物，虽然我们无法直接经历时间，但可以从更基础经历中建构时间。转喻思维是建构和理解时间的工具，通过转喻，思想情感、社会经历、心理认识等多种内容融入具体时间数字。例如，中国日历中的二十四个节气即二十四个日子，每个日子都代表了与自然、气候、时节相关的习俗和农耕社会活动，人们还把与之相关的养生知识融入其中，这些活动事件以转喻方式与时间联系起来，把人的行为和社会心理融入时间里。例如：

（35） 二十四节气歌

立春梅花分外艳，雨水红杏花开鲜；
惊蛰芦林闻雷报，春分蝴蝶舞花间。
清明风筝放断线，谷雨嫩茶翡翠连；
立夏桑果像樱桃，小满养蚕又种田。
芒种玉秧放庭前，夏至稻花如白练；
小暑风催早豆熟，大暑池畔赏红莲。
立秋知了催人眠，处暑葵花笑开颜；
白露燕归又来雁，秋分丹桂香满园。
寒露菜苗田间绿，霜降芦花飘满天；
立冬报喜献三瑞，小雪鹅毛片片飞。
大雪寒梅迎风狂，冬至瑞雪兆丰年；
小寒游子思乡归，大寒岁底庆团圆。

（http://baike.baidu.com/20160805）

  时间的抽象性特性决定了对时间的认知需要借助其他范畴的相关概念来表征其语义，时间的认知过程及其语言表征不是围绕时间概念本身，而是通过理解与之相关的事物或概念来完成。在这二十四个节气中，每一个节气都是一个时节，而每一个时节又包含了丰富的自然和文化内容，并延伸至与人相关的各种活动。因此，每一个节气都是一个具体时间，每个具体时间都承载了自然界万物变化现象和人的相关活动，理解节气就是以转喻方式理解节气的活动内容，也是对时间的理解，例如，立春代表天气渐暖、乍暖还寒，因此梅花盛开，但雨水开始增多，润泽万物，杏花、梨花等各种花卉争奇斗艳，而大寒除了字面意义体现的季节寒冷，还预示一年即将结束，人们开始为大年的大团聚做准备，置身于这种文化氛围中，经验现实会激发认知组织，思维的转喻属性帮助我们自然联想到与之相关的活动内容。

  由于时间语义学的研究本身也是一种现象语义学，因此，概念转喻对这些时间内容的解释从表面看是一种现象，但从内部原理看，是对时间进行概念化的一种认知机制。一个简洁的时间词语通过转喻思维可以表达诸多现象及思想，我们日常生活中有很多时间表述其实是通过转喻对某种现象进行了高度概括，像"数九寒天""豆蔻年华""时代楷模""裸婚时代"这些与时间相关的词语都是对自然、人与社会等现象及内容的浓缩。

转喻是人类的基本认知能力，转喻的认知机制是激活两个实体中的一个，这个被激活的实体是一个概念参照点，为另一实体搭建起心理接触媒介。Langacker（1995）认为，在转喻中，语言所指就是一个被激活的参照点，为另一个潜在实体（目标）搭建起心理通道。像"时代楷模"这样的时间语言，时间所指会在识解人认知思维中自然激活，可以指代任何一个时间段，词语整体语义指代的这个时间段里的人（楷模）。有着特殊内容的"楷模"则是代表了一个典型的人，这个人除了人的生物学意义上具备人的所有属性，在社会意义层面，这个人在特定的历史阶段为社会做的贡献比普通人多，有更高的道德水准，是"人"的认知参照点，是"人"范畴中的一个"好样本"（Ungerer & Schmid，2008：18），是一个"理想认知模型"，因此，"时代楷模"转喻一个时间段里积极进取、无私奉献、为社会进步带来正能量的人。

Lakoff 和 Johnson（1980a：35）在对隐喻的概念机制讨论的同时，也指出了转喻在本质上的概念性。他们认为，由于转喻是一种思维方式，但同时也是语言形式，因此，一个实体指称另一个相关实体成为可能。Barcelona（2009：365）也认为，由于转喻推理中涉及实体间的替代，"指称性是转喻的必要条件"。时间与事件往往有很强的指称性，例如，用"戊戌变法"或"百日维新"指 1898 年 6 月 11 日至 9 月 21 日这段时间（时距），其矩阵意义的延伸包括了以梁启超、康有为等维新派人士鼓动光绪皇帝向西方学习、倡导科学文化，对政治、教育体制进行改革，发展农业、工业、商业内容的政治改良运动。再如，"9·11"是一个简单的数字，但这个数字作为一个具体的时间转喻是指 2000 年 9 月 11 日发生在美国的恐怖袭击事件，这是一个世界闻名的事件，事件内容是当代人熟悉的，数字代表的时间可以轻易在人们的认知中唤起时间所指称的内容。

由于转喻概念化过程是一个可逆性过程（Panther，2006：148；Radden & Kövecses，2007：336），因此，在某些时间转喻中，当时间指称的内容有高

度概括性时,时间数字和所代表的事件可以相互替代,也就是说,当"甲是乙"时,"乙是甲"也成立。例如:

(36) A: 几点钟了?
　　　B: 在播天气预报了。

中国中央电视台播出的"天气预报"是每天晚上 7 点 30 分新闻联播结束后固定播出的一个栏目,在这个语言语境中生活的人都熟悉播出时间,"天气预报"是一个时间实体,这个实体可以激发说话人和听话人对特定时间的认知,一个时间实体可以激发另一个时间实体认知,二者之间是"唤起"与"被唤起"关系(束定芳,2004)。在一个确定的概念结构中,转喻的实质是在两个同时激活的实体间建立起联系(Taylor,2001:123),虽然两个概念可能被同时激活,但在认知凸显中一次只能彰显其中一个,因此,"天气预报"与"晚上 7 点 30 分"同时被激活,但会凸显其中任何一个,说话人和听话人在两个概念实体中自然选择需要的信息。转喻使实体间的替代尤为方便,这是一个心理捷径(Radden & Kövecses,1999:19;Brdar,2009:262),转喻的认知基础性使之成为时间概念化的一种主要方式。

转喻还在交际中实现某些语用功能,由于其替代性作用,可以选择或回避其中一个实体,因此,Brdar(2009:271)认为,使用实体之间转喻是一种回避策略。在(36)中,对于 A 的问题,B 可能无法立即告知一个确切时间,只能根据播出"天气预报"的时间推测一个大概时间。在这个意义上,转喻实际上超越了其指称功能,正如 Geerarts(2006a:400)所说,转喻不仅是一个语言学概念,在心智上,它也是人类拥有的一种认知能力。因此,一些认知语言学研究者,如 Taylor、Radden 等,认同的转喻是一种甚至比隐喻更基础的认知思维观点在时间性事件的思维中表现得特别突出。

转喻虽然是一个范畴内的映射,但不同概念在同一个范畴内仍然可以建构一个网络框架。转喻的网络框架内存在三种概念邻接关系:一是概念与概念之间的关系,一般是一种部分与整体关系;二是上位范畴概念与下位范畴概念之间的关系,是一种替代关系;三是两个相关范畴之间的关系,这是部分与部分之间的关系(Blank,1999:174)。时间转喻范畴内也有部分与整体关系、接触关系和包含关系三种关系，前两种关系在空间意义上都有邻接性，但语言所指也有模糊性，特别是接触关系往往有模糊时间地带，例如一天中的几个时段从早晨、上午、中午、下午到晚上等概念的表征，时间的相邻部分可能存在交叠，英语的相应时间概念也是如此，由于每一个词语所指的时间都有一定跨度，像 *afternoon*、"下午"可能是午后一、二点，也可能指临近 *evening*（傍晚）的四、五点。包含关系更多表达了时间的事件属性：时间包含了时间中的事件或活动，例如，"五一节"从时间上看是每年的五月一日，它包含了这一天的活动事件：不上班，待在家里和家人庆祝节日，或者出去旅行等，这些活动事件都包含在时间中。

由于时间主要通过事件体现其存在，因此，时间与事件转喻是时间转喻类型中很重要的一部分。Bredin（1984）认为，这种转喻关系是由时间中的事物与时间的联系来体现的，这种联系使我们可以用事件指称事件相关的时间，例如用"贴春联"指春节，也就是农历的除夕到新年这段时间，或用某个时间指称与这个时间相关的事件，例如"9·11"指 2020 年 9 月 1 日发生在美国的恐怖袭击事件，时间与事件间的相互指称已经约定俗成，变成固定语言表达形式后，无须过多认知努力，识解者的转喻思维会自动在时间与事件之间转换，理解某个具体的时间或事件。

3.5　时间转喻的主要形式

由于转喻在结构上具有的横组合关系使转喻表现出不同的种类特征，如层级性（gradations）、线性（linear）、连接性（conjunctive）和包含性（inclusive）等（Dirven，2002：75-111），因此，时间转喻概念化也以这些形式呈现。由于转喻表现为不同的现象，包括固化的语言现象、活用的修辞现象、认知现象、思维现象等（徐盛桓，2008），时间的转喻认知中也有这些现象，使时间转喻类型表现为时间与事件转喻、时间与空间转喻、部分时间与整体时间转喻、时间特征与时间概念转喻、活动及实体与时间之间的转喻、实物与时间概念转喻等转喻形式。

3.5.1 时间与事件转喻

时间的认知方式和转喻认知特征决定了时间概念化的转喻方式。时间总是与事件相伴，由于时间主要以事件方式存在，因此，二者的属性也有共生性：时间具有事件性，事件也具有时间性，事件在一定的时间里发生、时间在事件里存在。事件会留存在记忆里并使抽象的时间概念变得真实，这种真实性使事件和时间并存。在涉及事件与时间之间的指称时，时间以事件的转喻方式实现了概念化。

时间与事件之间有着内在转喻联系。时间不是具体的感官经历，人类无法直接感知时间，对时间的体验不尽相同，时间存在的方式决定了时间与事件之间总有一种内在联系方式，从时间即事件的角度看，这种联系是内在转喻联系，王寅（2005）认为，转喻的形成基于对各种事件域的体验认知，人们在认识事件域中各行为或事体要素基础上把形成的知识块储存在大脑中，这些要素紧密关联，牵一发而动全身，不可避免地在思维中产生转喻现象，因此，时间与事件的内在转喻联系具有普遍性。

转喻在人类认知中的普遍性使人类备了较强的转喻认知能力，对时间的概念化转喻认知也使时间概念化表征形式多样。Jaszczolt（2009：vii）认为，人类使用的时间概念与身边的事件和状态的证据概念间有一种内在联系，因此，当需要对时间进行表征时，一般与事件联系起来，这种联系更加凸显了时间的事件性，人类因此得以通过感知事件来感知时间，能够被感知的时间实际上是一种事件时间。事件时间不是一个确定的点，而是一个由众多时间点组成的时间段，"是一个没有长度限制的持续时间跨度"（Klein，2010），这个时间跨度是事件发生或可能发生的时间，*The train reportedly went through ticket barriers and into the reception area of Hoboken station*，指"火车出轨事件"，事件发生在某个时间点，时间的矩阵意义使我们理解到事件的持续，而事件的持续是时间的持续（Coll-Florit & Gennari，2011），反之亦然。例如：

（37）新闻发布会持续了30分钟。

（38）During the time her husband was busy with the film, she frequently went out with his agents.

时间与事件之间转喻联系使事件和时间的表征都更为简便，例如，在区分瞬间时间或持续时间段时，最简洁的标准就是说出在某个时间点发生了什么事（Casati & Varzi，1999：170），有了参照点，即使某个事件没有具体时间标记，另一个时间事件作为参照也可以显现该事件的时间位置。例如：

（39）苹果7还没到手，骗局就来了！（两个事件之间的参照，其中一个代替时间点为另一事件提供参照）

时间与事件之间的转喻主要有两种形式呈现。

第一，嵌入式转喻。

事件认知源自转喻，时间的存在方式也是事件，二者之间的转喻联系也顺理成章。不同的人对时间的体验可以各异，这是视角问题，但事件本身没有对不同的人展现不同的面，时间的事件性也是不变的：事件的发生、存在都离不开时间。事件都有时间和空间属性，时间属性表现为事件的过程性，而过程依附运动，没有运动就没有过程（陈忠，2009：8），事件的过程性和运动性是事件展露的空间性。由于任何事件都有开始和结束的时间，开始于某个时间点并在某个时间段内持续，因此，是嵌入其中的有界事件，时间与事件融合，它们之间是一种转喻关系：时间即事件，事件过程也是时间持续，反之亦然，这种转喻关系是一种包含性转喻，即时间和事件之间的嵌入式转喻。例如：

（40）直到过了**一炷香的时间**，新郎跪得脚踝痛了，新娘还是不做声。结果由新娘的姑娘等出来调解，代说了新娘的名，新郎才叩头起身。（CCL语料库）

（41）He's a man who learned Mandarin in what seemed like just a few months, using his new language to impress a room full of Chinese students.（BBC.2015年12月2日）

（40）中的新郎和新娘之间的僵持关系发生在"一炷香的时间"内，（41）中 *using his new language to impress a room full of Chinese students* 事件也嵌入一段时间内，事件过程是时间持续过程，这是"时间限定的事件"（time-defining events）(Lakoff & Johnson，1999：151-152)，时间与事件处于同一个运动情景里，运动和时间域组成一个整体，例如，*Those young people talked aloud during the film* 描述的时间里，*the film* 转喻电影放映时间（时距），年轻人的高声喧哗、电影活动内容与时间组成了运动情景。

事件由多种因素组成，不是孤立的，事件内的因素相互关联形成一个事件域。由于转喻是基本的思维方式和认知过程，对事件域里各种因素认知的同时会产生转喻思维，时间存在的方式决定了时间与事件的一体性，这样，同一图式里的两个实体能够互相指代，通过转喻认知思维，时间与事件相互指代实现了事件概念化。例如，"战国时期""2008 年"如果不与特定事件联系，所指时间是抽象、虚无的，是无法理解的时间概念，对这些虚无时间概念的理解必须与事件结合起来。因此，时间的转喻属性会使识解人去探寻与时间关联的事件，把时间短语与相关的事件联系起来，时间与事件因此可以彼此替代，替代是转喻一个的重要属性（Kövecses，2008：381），例如，当"9·11"成为恐怖袭击事件的代名词时，这个时间数字就成了替代转喻。同样，当"战国时期"与"商鞅变法""百家争鸣""齐秦争霸"等诸多历史事件联系起来时，这些事件嵌入"战国"这个历史时期，这个历史阶段也变成了可理解性时间。对于亲历"2008 年"这个时间段的人来说，会自动把它与相关的事件关联，比如这一年个人可能大学毕业、或结婚、或升职、或买房等，如果与更凸显的"汶川地震""奥运会"等历史事件关联，"2008 年"就是一个更凸显的、大众共同的时间认知域。

第二，参照点转喻。

每一个事件都是一个事件域，同时也是一个概念框架。事件完整的概念框架是在具身经验认知过程中形成的。在整体框架中，与一般的认知范畴一样，实体之间的整体与部分、部分与部分的配置关系有邻接性，邻接关系特征会促进转喻的发生（Kövecses，2005），由此可见，意义邻接性是转喻生成的基础。两个实体在时间与事件转喻联系中以相似性为基础，相似性是转喻和转喻所指之间联系的纽带，转喻也是两个概念之间的推理关系。Langacker（1993）、Pankhurst（1994）认为，在转喻推理中，源概念是帮助理解目标概念的指称参照点，在这个方面，转喻主要是指称参照点转喻。但是，转喻的功能如果只停留在指称层面，就与转喻的修辞功能没有区别，在同一个认知域中，实体与实体之间的相互指称更多凸显了它们的概念性联系（Bredin，1984）。Janda（2011）指出，在特定语境里，源概念一般是显性的，它能为目标概念提供心理通道。在时间与事件转喻中，总有一个概念是显性的，或者说话人总是会让其中一个概念处于显性位置，为另一个概念提供参照，形成时间与事件的指称参照点转喻。指称参照点转喻的工作原理是概念化者激活某个参照点时，这个参照点就为目标搭建起一个心理通道（Langacker，1995）（图6.2）。

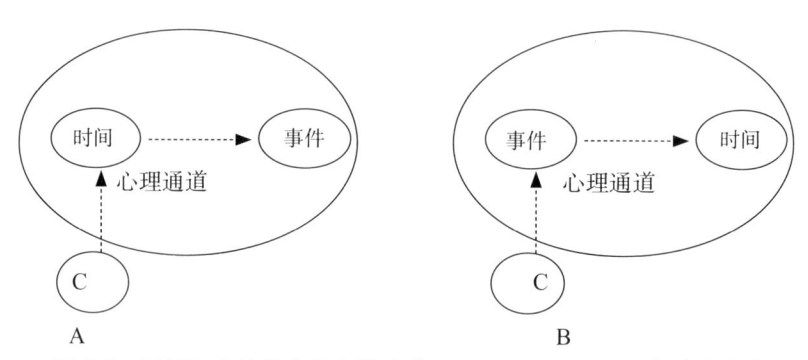

图6.2　时间和事件的参照点转喻（C=Conceptualizer, 概念化者）

激活参照点是时间和事件参照点转喻的核心环节，识解人激活的参照点可以是时间实体，把时间作为联系事件的心理通道，时间与事件融合后成为一个整体图式（图6.2A）；或者激活事件，把事件作为参照点建立起联系时间心理通道，与前一种参照点激活方式殊途同归，也会形成时间和事件融合在一起的整体图式（图6.2B）。转喻为同一认知范畴或概念结构里并存的两个实体搭建起了联系桥梁后，转喻的意义就超越了邻接或指称等功能特征，Taylor（2001：124）认为这种"意义延伸比隐喻更基础"。时间与事件的意义联系不仅使相互指称成为可能，事件也因此具有了时间性。例如（42）中与时间点和时间段相关的事件：

（42）卡希尔利用一次角球机会射门偏出右门柱。第38分钟，英格兰扩大领先优势，亨德森传球，阿里点球点射门被霍格扑出，再射破门，2–0！第41分钟，斯图里奇禁区右侧底线低射被霍格化解。2分钟后，沃克禁区右侧传中，斯图里奇头球攻门被霍格没收。第45分钟，斯图里奇禁区右肋射门被阻挡。

（http://sports.ifeng.com）

显性时间短语指称的时间概念可以指没有表达出的事件，也可以显性化事件，用事件指称与它相关的时间，也就是说，时间实体可以成为理解事件实体的心理通道，反之亦然，事件实体也是理解时间实体的桥梁。在时间参照点转喻中，时间和事件是相互指称、相互限定的实体。例如：

（43）幕后主谋到底是谁？——"9·11"留下了五大悬念。

2001年9月11日发生在纽约世贸大厦的恐怖袭击是一个改变世界政治格局、影响全球的事件，"9·11"与恐怖袭击已经在人们的认知中固化，在人们的转喻思维中，激活时间或事件二者中任何一个实体，这个实体都是参照点，与另一个没有凸显的实体融合成整体图式。指称参照点转喻使源概念的语义与目标概念的语义互相转变，即指称转移。根据Papafragou（1996）的阐释，参照点转喻可从两方面引起语义转变：一是阐释性使用概念引起语义变化，二是新转喻具有了命名功能。前一种现象较普遍，但无论哪种类型，只要转喻语义发生改变就会产生意义延伸，初始的语言表述失去本来意义，只留下转喻延伸意义。因此识解人更关注的焦点是事件内容，并非时间本身。于是，（43）中的"9·11"具备了参照点激活功能，根据图形背景分离原则，识解过程中，关注到9月11日这个时间后，其内容更容易引起认知注意，时间意义退居到背景中。一般情况下，事件内容和延伸意义更加凸显，只有在纪念日当天，时间与事件才并列凸显，很多类似的参照点转喻都是从时间凸显到内容凸显过程，最后表现事件的内容和延伸意义，如"九一八""3·15""七七事变"等，都具有相同的转喻识解方式。

指称参照点转喻也是指称转移的结果，这由转喻的范畴凸显所致。Croft

（2002：177，2006b）认为，一个概念通常是在复杂的范畴结构或范畴矩阵中凸显出来的，转喻映射的前提也是范畴凸显，它发生在同一个理想认知模型或范畴矩阵中，其中包含指称的转移。由此可见，范畴矩阵整体包含无限经验，指称的转移发生时，认识时间矩阵意义也把某个特定时间与其中的很多因素关联起来，例如"9·11"事件的范畴凸显与指称转移使2001年9月11日这个时间与一系列的活动内容联系起来，两架飞机先后撞击纽约世贸大厦、人们的逃离与牺牲、消防队救火、相关新闻报道等，使"9·11"这个时间参照点所激活的事件内容通过转喻使相关事件在时间上成为一个意义无限延伸事件。在这个框架内，相互联系的事件概念内容构建起一个复杂的邻接网络（例如，2001年9月11日、美国、纽约、双子楼、飞机撞击、逃离、救火等），这些概念除了与框架本身（"9·11"事件）的联系，还与其他邻接框架（美国反恐、阿富汗塔利班、本·拉登与基地组织等）相关联，框架之间甚至存在边界模糊性、相互交叉的情况。当打开或触及其中一个具体框架时，框架内所有规约性概念都同时被激活（Blank，1999：173），参照点转喻的范畴或框架组成了一个多义范畴矩阵。

3.5.2 时间与空间转喻

时间和空间虽然同为抽象概念，但对它们的感知具体方式有很大不同，通过视觉、触觉等感觉器官直接感知空间物体可感知空间的存在。时间不是真实、具体的感官经历，需依赖心理和推理活动去感知，是心理感悟的结果。不过，时间并不是凭空臆想的，比时间具体的范畴（如事件和空间等）总能为这种心理感悟提供依据。在时间的空间识解中，虽然同为基本认知概念，更加具体的空间范畴和概念是时间的隐喻和转喻概念化认知的基础条件。Evans（2007：759）认为，时间在所有层次的概念组织上都借助空间运动和空间关系进行概念化，因此，时间的识解基于可直接感知空间经历和运动事件等更加具体的经历，时间和空间之间的概念转喻也在此过程中形成了。

虽然时间以事件方式存在，但在理解时间或事件时，还涉及空间，它们都不能脱离认知系统，事件总是在一个具体时间和特定空间里发生，理解事件即理解时间，理解时间即理解发生在空间里的事件。描述事件时，不仅需要遵循时间顺序，还需要根据时间信息来确定事件。Smart（1949）认为，我们体验和经历的"今天""明天""昨天"既表达了时间概念，也表达了空间概念。例如：

(44) a. Time has flown faster today than it flew yesterday.
　　b. Today I played cricket and tomorrow shall do so again.

时间与空间之间的转喻也基于人类在空间中的事件经历。由于任何事件都有时间和空间维度，为了方便指称，认知经济原则促使了时间和空间之间的转喻，转喻思维也可能起源于隐喻（隐转喻类型中"源自隐喻的转喻"）。根据 Smart（1949）的时间河流隐喻思想，时间是流淌的河流，事件则随河水而流动，这里面包含两个维度，一个是 today、tomorrow、yesterday 表征的时间，另一个是这几个概念所对应的空间地点。在(44)a 中，在时间层面，today、yesterday 用来计量随河水而流动的事件，在空间层面，相同的时间里河水今天比昨天流动了更长的距离。(44)b 的时间事件中，today 可以是地点，同时也是时间，按照一天的时间算，这个时间是时量，从开始到结束，这个时间是时距，因此，played cricket 在某个地点（时点）发生在 today 这个具体的时距内，除了时间信息，它也表征了事件的空间位置维度。

虽然识解时间更多依赖空间，但也存在空间的时间识解。时间和空间的共同点在于它们都需要借助他物识解，除此之外，由于时间和空间同存于四维时空连续体内，它们就有维度关联，它们之间还存在一种或多或少的邻接性，Sternberg（1981）认为，空间和时间规约性或在不同语境的邻接关系松紧不一样，意义邻接性产生转喻。Blank（1999：171-173）认为，产生转喻前，两个实体概念的邻接性和相似性已存在，概念间的联系也是转喻的基础，这些概念在本质上有邻接性关系，时间空间的邻接性也是一种潜在转喻联系，在时间的空间识解或空间的时间识解中一触即发。

时间与空间之间的转喻主要有两种情况。

第一，空间距离与时距。

在时间的空间识解中，空间中物体的运动会产生一段距离，映射在时间中成了"运动的时间"，同样会产生距离，也就是时距。以隐喻方式把空间运动用于时间的识解，这种运动是随时间而变化的方位，非物理学意义上的运动。人类一直处于时刻变化的时间和空间中，在体验运动事件中感知时间和空间的变化，因此能够用转喻思维理解时间和空间的长度（距离）。例如：

（45）Current treatment techniques for HF burns have generally been unchanged **over the past two decades** in the published literature.（COCA 语料库）

Lakoff 和 Johnson（1999：139-152）认为，我们每天都处于"运动情景（motion-situation）中，因此自然地把运动与时间所限定的事件联系在一起。*over the past two decades* 用一个空间介词表达了一个时间跨度，里面的某个时间从过去某个时点开始，运动了 *two decades* 后到了说话时的时间，介词 *over* 把这个时距概念化为空间距离，因此，"我们可以用空间测量时间"Tenbrink（2007：13），于是空间距离便用来转喻时距。

空间距离转喻时距时实际上是把一个事件的起始到终止或事件的某个片段概念化为一个二维空间，在时间维度中，时间词汇概念表达了事件意义，其中的具体事件是有界的，这个有界事件有始有终，也是一种空间理解，因此，我们用空间距离转喻时间。例如：

（46）a. 凭着坚定的信念和果敢的步伐，走过一年年的**三百六十五里路**。（CCL 语料库）

b. 在他开车的时候我大约睡了 **50 公里**。

c. 那质克多恰巧在家，哈布向他纳头便拜。质克多从前虽曾见过哈布，但已**距离多时**，不复认识。（CCL 语料库）

虽然人类早已经有测量时间的仪器，但日常生活中特别是在比较放松的旅途中，人们一般不会严格地去掐时间，加上时间转瞬即逝，需要付出更多的认知努力才能测出来。而空间距离是相对固定的长度，因此，用空间距离表达时间更为方便直接，也符合认知从简的原则，于是经常用空间距离转喻时间长度。（46）的具体距离数据"三百六十五里路"转喻 365 天，"50 公里"虽然是空间长度的惯常表达，但说话人实际表达的是时间长度，这段距离也是睡觉时间的长度（时距），是空间距离转喻时距。

人类在遥远的古代就开始用空间距离表征时间，像日晷和画线条的计时方法就是用一个设定的长度表示相应的时间。现代文明在此基础上使用了更精确的长度量化方法，机械钟表、电子计时器等虽然不是明显的直线条，但显性或隐性地设定固定长度表达时间，指针的物理运动和电子数据的跳动都明确或间接标示了物体的运动，运动就会产生空间距离，物体每运动到一个点都是一个确定的时间点，即使是圆形的钟表，也是由固定线段组成的完整圆形，运动产生的距离以转喻方式直观表达了时间概念，具有可理解性。同理，在生活中，人在空间里的任何活动都会耗费一定的时间，行走或使用交通工具出行时，从起点到终点的空间距离也会耗费时间，这个空间距离常常用来转喻时间。例如：

（47）A: 还有多久可以到镇上？

B: 大约还有 5 公里。

（47）中的"5 公里"虽然并非时间单位，而是描述的空间距离，但具体的语境中，说话人和听话人都能理解这种时间的空间表征方式，因为人们认知时间段（时距）时往往和空间距离联系起来。空间距离指时间或时间指空间距离都是自然的转喻思维方式，这不仅带来指称和理解的方便，也使交际活动更顺畅。

第二，时距转喻空间距离。

空间时间的普遍使用是人类的历史经验积累成果。用空间或空间中的物体表征时间经历了漫长的过程，现代的空间时间表征除了直接的空间距离量化，还物化为钟表和各种计时仪器。空间概念有时也存在表征困难或者很烦琐的情况，时间同样也可以为空间表征提供可选方法，人类思维的转喻属性会自动在空间与时间之间切换，自然产生时间表征空间的情况，因此也有时间性空间存在，这种空间的时间识解转喻方式多出现在时间运动或涉及两个实体之间的距离时，于是有了时距转喻空间距离。例如：

（48）a. 从河畔往镇中心方向步行 10 分钟，就到了莎翁的出生地——亨莱街上一座都铎风格的半橡木结构两层小楼。（CCL 语料库）

  b. 高速列车载客量远远大于喷气式客机，又比飞机安全，所花费的时间短。坐高速列车从东京到大阪只要 3 个小时。如果乘飞机，把从市内到机场时间算在内，共需 3.5 小时。（CCL 语料库）

（49）a. In most of the cities in UK, it's usually **a few minutes' walk** from the railway station to downtown section.

  b. The new express way shortened the distance between Chongqing to Chengdu from five **hours drive** to **three**.

  这些例句中的时间表达法 10 分钟、3 小时、3.5 小时、半个小时、*a few minutes*、*three hours* 都代替了直接用里程表达的距离，当这些时间用来量化距离时，不是一种无规矩的猜测，而是源于转喻思维对生活经验中车行和人行一个固定距离通常要花费的时间认知。在日常生活中，时间无所不在，事物的发展变化、人类日常行事都依循时间的自然变化：从早上到晚上，起床、梳洗吃饭、约会、上班、睡觉等都是根据时间，要么按自然时间行动要么按计划时间行动，因此，对时间的存有更强烈的意识和自动性，而记住两地之间的旅程距离比记住花费的时间需要付出更多的认知努力。因此，用时距转喻空间距离也体现了认知经济性原则。

3.5.3　时间与活动转喻

  任何活动都有时间性和空间性，这也是事件的时间性和空间性。由于时间在空间里存在，当事件被定位在时间里时，它实际上在空间时间里（Jaszczolt，2009：Ⅶ）。沈家煊（2006：9）认为，动作发生在空间，占据时间是其主要特征，没有不占据时间的动作。由此可见，活动的时间实际上包含了活动内容，我们以一种包含性转喻思维理解时间与内容，文旭、叶狂（2006）把活动时间与活动内容的相互指代称为动作实体与动作时间转喻。由于动作总是限定在具体的时间和空间里，因此，活动时间包含了特定空间中所发生的活动及活动实体的时间，这种关系也是一种整体与部分的转喻关系。时间与活动实体间的转喻关系类似时间与事件转喻关系，当某个活动发生的时间点或过程即活动时间，它实际上也是活动内容，例如：

（50）早8时40分乘XW127次航班赴哈尔滨。10时15分抵哈，赴二龙山龙珠滑雪场。**午餐后**乘坐龙珠滑道，打冰爬犁，坐马拉雪橇。**晚餐后**参加雪夜烟花篝火晚会或自由活动。**早餐后**滑雪两小时，午餐后返哈，漫步中央大街，参观圣索菲亚大教堂。15时25分乘CA1624次航班返京，17时10分抵京。双卧五日游D1：晚乘T17或T71次列车赴哈尔滨。（CCL语料库）

"午餐后""晚餐后""早餐后"不仅表达了吃晚饭、早饭和午饭的时间，还包括这些活动的内容和其他相关因素：除了明确表达的乘坐龙珠滑道、打冰爬犁、坐马拉雪橇、晚餐、参加雪夜烟花篝火晚会或自由活动、滑雪两小时，还有未说出的午餐、晚餐和早餐的活动内容：涉及的人、地点、吃了什么、吃饭使用的餐具、与吃饭相关的文化活动（诸如敬酒、讲话等）。

活动的时间性使活动实体与活动时间之间的转喻更为自然，现实中的活动多种多样，语言描述的各种活动形式都在具体的时间和空间中，因此描述活动实体的语言丰富多彩，这些精彩语言表述往往集中在活动本身，但具体的活动都有起始过程等，会以显性或隐性方式显露其时间性。例如：

（51）零点的钟声响了，广场上一片沸腾。一朵朵五颜六色的礼花在空中绽开，以彗星为造型的礼花拖着一条几十米长尾巴在空中闪耀了3分钟，象征着第三个千年的开始。广场四周的灯柱上，火轮状的礼花飞快旋转，象征着人类历史的车轮滚滚向前。"砰、砰、砰"，开启香槟酒的声音不绝于耳，人们举杯庆贺，将最美好的祝愿献给亲人、朋友和周围所有的人。广场四周值班的警车、救护车、消防车也"情不自禁"地鸣响汽笛，向欢乐的人群致以节日的问候，恭贺新千年、新世纪、新的一年。（CCL语料库）

（52）The bell rings, the children stopped singing, and the teacher step in.

（51）"零点的钟声响了"和（52）*The bell rings* 都是时间标志并表达了时间的活动内容：钟声的意义延伸至更多的内容成分：钟、敲钟时间、敲钟人、敲钟行为及过程等，与钟声相伴随的一连串活动都发生在一个特殊限定的时间，它们构成一个整体代表"新年开始"和"上课了"，也转喻新年开始和上课时间事件。同时，说出的和没有说出的延伸活动也由"钟声响"触发了。

实体与时间、活动与时间转喻（Peirsman & Geeraerts，2006；Blank，1999：180）是主要的时间转喻类型，两个实体的转喻联系都基于时间的事件性和空间性。由于活动在一定的空间范围内，活动时间也是特定空间内活动的时间。例如，踏青、播种活动指春天；踏雪寻梅的活动转喻冬天，活动与时间之间在特定语境中相互指称，也就是活动与时间转喻，转喻的机制符合转喻分类中的"容器转喻容器里的内容"（Peirsman & Geeraerts，2006）。例如：

（53）比及越滚越低，却反越亮起来。差不多又是**一盏茶的时间**，才觉身子落地。（CCL 语料库）

（54）放慢脚步，给生活加点调料，用**一杯茶的时间**，叙叙亲情和友情。

（55）黑龙潭本是一座大湖，后因水源干枯，逐年淤塞，成为一片污泥堆积的大沼泽。只**一顿饭功夫**，杨过和郭襄已来到潭边。纵目眺望，眼前一片死气沉沉，只潭心堆着不少枯柴茅草，展延甚广，那九尾灵狐的藏身所在，想必就在其中。（CCL 语料库）

（56）**一顿饭时间**，如心都在怀念姑婆，脑海里都是温馨回忆，三个人都没说话。（CCL 语料库）

（57）74 岁的侯昌德叹息道："砍树砍穷了西江人。"老人说，从前寨子就在林子里，周围虎豹出没，野猪成群。出门**一袋烟功夫**就能打回一挑柴。稻田里终年有水。1958 年砍树炼钢铁后周围的山渐渐秃了。当地人砍柴烧饭取暖、伐薪烧炭，更是刮光了一片片的山坡。现在寨前的小河有一半河床裸露了，1/3 的稻田变成了望天田。年成好点，人均吃粮也不过 250 公斤。（CCL 语料库）

这些话语中的"一盏茶的时间""一顿饭功夫""一袋烟功夫"等，里面都有一个时间量，也是活动开始到结束的时间距离，虽然凸显的是活动的时间，但时间里都包含了喝茶、吃饭和抽烟的行为、地点以及活动的参与者。

活动包含的实体内容会激活识解人思维中的概念图式，思维中的转喻思维会自动把活动时间和活动实体结合在一起，形成时间与活动转喻。

3.5.4 时间概念范畴与特征转喻

人类的转喻认知倾向性使人类自然会以转喻的方式概念化时间。一个概念无论抽象程度如何，都会显露一定的特征。这些特征也代表这个概念，于是特征转喻概念成为可能。根据认知语言学的注意观和凸显观，人在感知事物时，个体或物体的凸显成分是注意焦点，这种自动认知分配使我们能够通过辨认事物的突出成分或凸显的特征来辨认这个事物或个体（Papafragou，1996）。时间概念虽然抽象，但可以根据概念的承载物具体划分出一个时间点或时间段（时点与时距），而一个时间段特别是我们经历的自然时节都有标记性特征，如春季的温暖湿润、植物嫩绿，夏季的酷暑，秋季凉爽，冬季的冰天雪地等，某个特征也代表了相应的季节，因此用来转喻具有这些特征的时节，即转喻中的特征与概念范畴转喻。例如：

（58）时至今日，历经三十寒暑，"黑皮"已化成"白皮"，"小子"已变为"老子"，玩笑之中也曾提及旧事。（CCL语料库）

（59）燕草如碧丝，秦桑低绿枝。（李白《春思》）

（60）侯家大道傍，蝉噪树苍苍。开锁洞门远，卷帘官舍凉。栏围红药盛，架引绿萝长。永日一欹枕，故山云水乡。（杜牧《长兴里夏日寄南邻避暑》）

（61）山光忽西落，池月渐东上。散发乘夕凉，开轩卧闲敞。荷风送香气，竹露滴清响。欲取鸣琴弹，恨无知音赏。感此怀故人，中宵劳梦想。（孟浩然《夏日南亭怀辛大》）

（62）远上寒山石径斜，白云深处有人家。停车坐爱枫林晚，霜叶红于二月花。（杜牧《山行》）

（63）日暮苍山远，天寒白屋贫。柴门闻犬吠，风雪夜归人。（刘长卿《逢雪宿芙蓉山主人》）

在对时间特别是那些有丰富内涵的时间的描写中，时间的特征比时间的概念和范畴更加凸出，因此一般不直接或不限于描述时间概念本身，而是更多地用大自然赋予时间的时节性特征来描述时间，这是典型的特征与概念之间的转喻。在一年四季中，每个季节都有典型特征，这些语言表述中，虽然没有直接提到这些季节的名称，但"寒""暑""燕草碧丝，秦桑绿枝""蝉噪""荷风""天寒白屋"等自然特征和风景都以转喻的方式代表了相应的"春""夏""秋""冬"四个季节，形成了特征与时间概念及范畴之间的转喻关系。

3.5.5　时间局部与整体转喻

在转喻的几种主要类型中，部分与整体关系转喻是一种重要形式，Radden 和 Kövecses（2007：340-349）、Littlemore（2015：19-41）等详细讨论了部分与整体、整体与部分的转喻关系，他们分别区分了七个理想认知模型和六个理想认知模型及其所实现的相应语用功能。由于一个范畴是由部分组成的整体结构，因此不同的时间段也共同组成一个整体时间。每天的早、中、晚阶段加在一起是一整天的时间，每个月的上、中、下旬，每年的四季等都是整体时间与部分时间关系。人的思维既有分散组织功能，也有整体拆解功能，因此用整体时间的一部分指整体时间，形成部分与整体时间转喻关系。例如：

(64) 无数个**春夏秋冬**，他们都在这与世隔绝的荒漠里默默奉献，终于等到回家的日子了。

(65) 经过多少个**日日夜夜**的航行，宋子文终于抵达了祖国的上海。5 年前，他就是由上海港登船启程前往美国求学的。**斗转星移日月如梭，一晃 5 年过去了**。此刻，宋子文以美国哈佛大学经济学博士的显赫身份，归返自己的祖国了。说来**五载春秋**虽不算太长，但宋子文毕竟在这段时间内增长了许多知识，因而也增长了许多的力量。（CCL 语料库）

(66) 据曲阜市有关部门统计，32 个**寒暑春秋**，姜健为群众义务针灸 6 万多人次，义务注射 11 万多人次，夜间义务出诊 2400 多人次。（CCL 语料库）

空间场景产生时间意义，意义可置于场境中，而整个场景与它的组成部分之间、组成成分相互之间都有转喻关系（张辉、周平，2002）。部分时间与整体时间之间的转喻都具有场景性，说话人和听话人通过话语涉及的场景以转喻方式理解到时间概念表达的内容。"春、夏、秋、冬"四季和"日""夜"都是一个整体时间单位中的部分，它们的叠加可以成为整体，作为整体中的部分，组合在一起转喻一整年，用部分时间转喻整体时间，也符合转喻分类中的部分转喻整体或成员转喻范畴原则。

3.5.6 时间概念与表征符号转喻

量化时间需借助工具或仪器，从古代的沙漏到现代的各种计时方式，人类的计时仪器的发展经历了一个较为漫长的过程。有了这些方法和仪器，当实物用来表征抽象时间概念时，实物或计时仪也成了时间表征符号，是时间概念的象征。在表征和理解时间概念时，具体钟表类实物和电子计时方法都可以代表时间概念，时间等同于时钟，因此时钟也转喻时间，或者时间转喻时钟（肖燕、文旭，2012）。在一定的语境中，参与交际的人在一个共同的认知框架内很容易产生计时用的实物和时间概念之间的转喻，用实物转喻时间概念或用概念转喻实物。例如：

（67）你戴表了吗？看一下时间。
（68）还不睡觉啊，看看你面前的钟都几点了。

"看时间"其实是看手表，看实物就能知道事物表征的时间概念，"看钟"是看实物，也是为了知道时间，在现代人的时间认知思维中，钟表实物与时间概念是等同的，因此相互转喻是一种自然联想。

现代的计时仪器更加多样化，电子计时仪器代替了钟表实物，更精确、直接表达了时间概念，计时仪器也是转喻思维符号象征。例如，从下面的世界城市同步即时时间显示截图可以看出，没有通过钟表实物显示，而是电子在线持续显示的即时具体时间（表6.6）。

表 6.6　全球主要城市时区时差转换计算表（截图）

主要城市名称	同步即时时间
[加拿大] Vancouver 温哥华	2021 年 5 月 12 日 1:10:21
[墨西哥] Mexico City 墨西哥城	2021 年 5 月 12 日 3:10:21
[古巴] Havana 哈瓦那	2021 年 5 月 12 日 4:10:21
[美国] New York 纽约	2021 年 5 月 12 日 4:10:21
[英国] London 伦敦	2021 年 5 月 12 日 9:10:21
[西班牙] Madrid 马德里	2021 年 5 月 12 日 10:10:21
[法国] Paris 巴黎	2021 年 5 月 12 日 10:10:21
[比利时] Brussels 布鲁塞尔	2021 年 5 月 12 日 10:10:21
[荷兰] Amsterdam 阿姆斯特丹	2021 年 5 月 12 日 10:10:21
[瑞士] Geneva 日内瓦	2021 年 5 月 12 日 10:10:21
[意大利] Rome 罗马	2021 年 5 月 12 日 10:10:21
[德国] Berlin 柏林	2021 年 5 月 12 日 10:10:21
[匈牙利] Budapest 布达佩斯	2021 年 5 月 12 日 10:10:21
[俄罗斯] Moscow 莫斯科	2021 年 5 月 12 日 12:10:21
[澳大利亚] Sydney 悉尼	2021 年 5 月 12 日 20:10:21
[新西兰] Wellington 惠灵顿	2021 年 5 月 12 日 22:10:21

资料来源：http://tool.ckd.cc/worldclock.php。

4　时间隐转喻认知与词汇语义表征

思想和概念表达的方式是灵活而丰富的，在语言表征中，自然语言的各种表现形式或独立使用，或共同发挥作用。隐喻或转喻是常见的方式。它们除了表现为隐喻思维和语言形式或转喻思维和语言形式，也会在描述情景与现象、行为与活动等各种语境中形成一个共同体，隐喻和转喻相互包含，形成隐喻—转喻连续体，即"隐转喻"认知现象，两种认知方式互相包含，你中有我，我中有你，其互动和交织关系也通过语言表现出来。隐喻和转喻的互动关系被 Goossens（1990）称为"隐转喻"。Deignan（2005：53）认为，任何隐喻描述中都有转喻，隐喻与转喻在同一个喻体内共存。在时间的概念化表征中，当时间以空间形式进行概念化时，大多由隐喻和转喻互动完成，空间与时间的相互识解中存在一个隐喻—转喻连续体，这种认知现象在空间距离转喻时距时特别普遍。例如：

（69）他们说，中国的服装博览会太多，太滥，大同小异，看不出各个展览的侧重点。有的**时间相距不远**，如北京 4 月举办，上海 5 月举办，布展来不及，不知参加哪个为好？（CCL 语料库）

（70）等我睁开眼和太阳再见，这又算溜走一日。（朱自清《匆匆》）

（71）用一朵花开的时间，聆听那些花谢。用一世盛开的隐忍，埋葬那些花开。（郁雨君《一朵花开的时间》）。

（72）Children's books have been published and marketed to youths since the 18th century（Roxburgh, 2000）, and growing evidence suggests that books have become more socially acceptable *over the last two decades*, with such commercial phenomena as Harry Potter, Twilight, and The Hunger Games positioning books in the center of youth culture.（COCA 语料库）

（73）The trumpet of a prophecy! O Wind, If Winter comes, can Spring be far behind?（Percy Bysshe Shelley, *Ode to the West Wind*）

时间的量化来自空间和时间范畴的映射结果，空间中的"远、近"是指距离，而时间中的"远、近"是指事件与观察者当前身体位置的隐喻距离。（69）中的"时间相距不远"里面有一个"时间是空间"的隐喻，"相距不远"指称时距时又是一种转喻思维，因此，隐喻与转喻的共同作用表达了两个时间的间隔意义。（70）中"我睁开眼和太阳再见""溜走一日"都用来描述时间快速流逝的语义，"睁开眼和太阳再见"是一个情景描述，转喻早晨的时间，而"溜走一日"又把时间概念化为可以行动的有机体，是一种隐喻思维，隐喻与转喻的互动完成了对时间的概念化表征。（71）中"一朵花开的时间"不仅转喻成长过程，里面还包含一个开花过程、人生过程中的花开花落与人生的成长过程的隐喻映射，也是隐喻和转喻的互动。（72）中用 *over the last two decades* 里的转喻思维在认知无意识中理解刚过去的二十年时间，在这个概念化过程中，*over* 表达的时间跨度来自空间距离跨度的隐喻映射，时间是一片空间，在这个时间范围内，书从开始到后来逐渐被受众接受的过程与空间中物体从起点到终点的运动过程是一致的，整个短语转喻时距。(73)中的 *far behind* 的概念化方法也是如此。在时距转喻空间距离之前，时间被隐喻为空间，从 Goossens（1990）的隐转喻理论看，是"隐喻中的转喻"。

4.1 时间隐转喻表征基础

隐喻和转喻的映射原理也是隐转喻识解的基础。虽然隐喻和转喻映射有范畴内外之别，认知过程也不同，有相似性和邻接性之分，但 Barcelona（2000：1）、Barnden（2010）认为，隐喻联系本身就是一种邻接，邻接中包含相似性。这就意味着，在概念的识解过程中，往往存在隐喻和转喻的融合，即隐转喻认知现象（Goossens，1990，2002：350；Croft & Cruse，2004：218；Geeraerts，2002：435），经过识解者的认知操作，隐喻和转喻共同作用形成了特别的隐喻和转喻连续体（Dirven，2002：93；Radden，2002：407；张辉、承华，2002）。隐转喻认知现象的存在也在语言使用中反映出来，在语言交际中是一种交互行为，涉及的概念和范畴与其他概念和范畴有或多或少的交叉，特别是人类交际的基本认知范畴如言语行为、情感态度、声音和身体互动、语言选择等，多种概念化方式，特别是隐喻和转喻互动结合自然产生的语言能更好地促进语言交流。

概念和语言在隐喻和转喻交叉处的碰撞是隐转喻理论的重要议题。隐喻和转喻的概念化手段和认知现象都涉及实体之间的映射，虽然二者在映射是否跨范畴方面有根本区别：即隐喻是两个不同范畴的映射，而"转喻是相同理想认知模型建构的相同概念域内的映射"（Lakoff，1987：288），但是，根据原型范畴理论，自然范畴分界的边界和成员归属层级性是模糊的，隐喻和转喻范畴分界也不是完全清晰的，存在一个模糊区域，Barcelona（2000：16）、刘正光（2002）认为，隐喻和转喻的区别不是离散的，而是有层级的。这表明两个实体间概念关系的密切程度也是分级的，随观察的角度变化，其性质发生改变，可能更接近这一端或那一端，因此，连续体里的模糊区域是隐喻，也可以是转喻（毛帅梅，2009）。例如，在"十年寒窗"里就存在一个隐喻转喻连续体。从字面意义看，是窗户经过了十年的寒冷，实际上转喻学子刻苦读书十年，是时间与读书活动之间的转喻。同时，"寒窗"并非真正指寒冷的窗户，而是隐喻学习的辛苦。在中国民俗文化的时令概念中，很多时节都以隐喻和转喻方式表达了自然的状态、变化和进程，例如，冬至后开始数九的《九九歌》从第一个九天数到第十个九天："一九二九不出手，三九四九冰上走，五九六九沿河看柳，七九河开、八九雁来，九九加一九，耕牛遍地走"，其中的每一个九天都转喻一种现象，内容涉及人、动物、植物与天时的关系，通过与天时之间的互动，以隐喻的方式表达了天气变化的情况。

隐喻和转喻映射原理的不同导致其在组织形式和结构关系上的不同。Dirven（2002：77）认为，隐喻是基于选择、替代和使用相似性的一种纵聚合关系，转喻则是基于邻接、结合、拓展和结构组织的横组合关系。隐喻概念映射跨两个不同概念范畴，更为具体范畴的相对稳定知识结构用来建构一个更抽象的范畴。这些区别性特征也使得在隐喻和转喻的一般意义区分中，隐喻的跨范畴映射和转喻的范畴内映射得到过分强调。虽然"邻接性"和"相似性"是工作原理中较为典型的区别特征，但模糊地带的隐喻和转喻互动也是认知概念化中不可或缺的，诸多研究者（Panther & Radden，1999，2006；Barcelona，2002：272；Croft，2002：161）认为，概念互动过程中转喻触发了隐喻，转喻是建构隐喻的基础。时间概念的理解和表征都涉及其他概念，在概念互动中，隐喻和转喻的共同作用使抽象的时间概念以各种形态（如人、动物、事件、事物、运动实体等）出现，并以多种词汇语义存在于语言里。

4.2　时间隐转喻识解机制

通过概念界定和映射原理区分，分出了隐喻和转喻，通过隐喻和转喻，语言对概念的描述丰富多彩，但隐喻和转喻互动共同完成的语言表述无法用其中一个独立地解释，这种现象在实际语言使用中比较多见。例如，Ungerer 和 Schmid（2008：135-138）在讨论隐喻和转喻互动时，从 *Anger is the heat* 里发现了更多隐喻和转喻：

(74) a. Anger is fire.

b. The body is a container for emotions.

c. Anger is the heat of a fluid in a container.

d. Anger made his blood boil.

e. She got all steamed up.

（Ungerer & Schmid，2008：136）

时间隐转喻也有着类似的识解机制，比如时间最突出的属性之一是事件性，于是产生了"时间是事件"识解方式，这是一个隐喻或转喻，也是一个隐喻和转喻的结合体，可以产生多个隐喻和转喻实体：

（75）a. 事件是时间的载体。

b. 时间是事件的开始。

c. 时间是收纳事件的容器。

d. 事件的发展是时间的变化。

e. 时间是事件的结束。

有的语义识解可以是隐喻，也可以是转喻就能完成，但有的语义识解需要隐喻和转喻识解共同完成，特定语境中语言同时触发的隐喻和转喻连续体内的概念及其语义是一个相互关联的网络，在概念及其语义互动中，某个或某些概念得到凸显。Lakoff 和 Johnson（1999：154）认为，时间事件中的概念转喻与时间隐喻往往同时发生，例如，*The vocation is coming to an end* 讲的是假期的状态，但凸显的是假期的时间，用 *vocation* 转喻了一个特定时间，时间又被隐喻为一个有机体向说话人走来。

从诸多时间事件描述可以看出，就一个时间概念涉及的事件本身而言，它涉及的元素是多层面的，这些元素相互关联，构成了一个多义时间网络，多义产生过程是概念融合过程，隐喻和转喻互动带来了一个更大的时间语义网络。例如：

（76）Before Mary came to teach the class, some boys would stay away from school by various excuses.

Stay away from school 的字面意义是"不去学校"（逃学），本意并不是要逃避机构或建筑物，而是要逃避学校的课程及其活动，*school* 转喻了学校的

课程活动，识解在人的心理会形成关于课程范畴的认知语境，建构一个课程的认知模型，模型内包含很多因素，它们相互关联，形成一个语义网络。由于范畴具有语境依赖性（Ungerer & Schmid，2008：58），在特定的文化语境中，这个认知模型的词义项目可能包括课程内容、教师、作业、考试、课程时间、时间频率、时间延续长度（学时、学期）等，因此，school（学校）转喻课程活动时，"课程"认知模型里面的语义项目所指向的不仅仅是"课程"，更是一个隐喻和转喻建构的包含诸多词汇项的多义网络。在词义项所指的概念在隐喻与转喻的互动中，形成一个隐喻转喻连续体（如图6.3），在这个过渡区域，隐喻里有转喻的踪迹，转喻里产生了隐喻或者说转喻是隐喻的基础（Radden，2002：431）。例如：

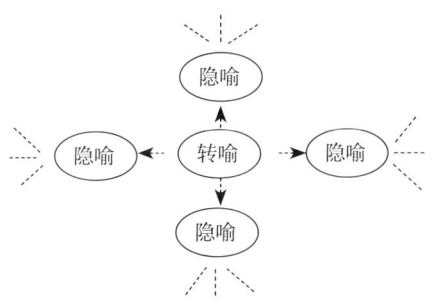

图 6.3 转喻与隐喻的概念互动

（77）早上我起来的时候，小屋里射进两三方斜斜的太阳。太阳他有脚啊，轻轻悄悄地挪移了；我也茫茫然跟着旋转。于是——洗手的时候，日子从水盆里过去；吃饭的时候，日子从饭碗里过去；默默时，便从凝然的双眼前过去。（朱自清《匆匆》）

在这个时间事件中，没有直接说"时间过得很快""时间飞逝"这样的词语，但在这段话语建构的语境中，无论是从作者还是读者的视角，都理解了太阳的移动、洗手、吃饭的日常活动，甚至独自发呆的时候，时间的无情流逝。首先，整个场景都表现了时间的快速流动，其中的一些概念和活动（如太阳、洗手、吃饭、默想等）都用来指时间，是一种典型的转喻思维，它可以指从每个活动开始到结束这个时间段，由于转喻的范畴矩阵意义和范畴内部以及范畴之间的互动，它涉及的时间和相关意义会更丰富，例如太阳照射的过程中有太阳本身的移动、有人（我）的活动，涉及的时间段包含了时间的持续意义，其中的任何一个时间点又有时间的瞬间意义，时间段内事件发展等。这是一个推理过程，Radden（2009：202）认为，在共同理想认知模型内，转喻概念作为一个推理过程充当了源概念和目标概念之间的桥梁，产生意义融合后形成新的意义。这个时间事件认知模型中"我""太阳"及其描述"我"的活动的运动词汇"洗手""吃饭""旋转"和太阳的运动"过去"，又以隐喻形式把时间概念化为一个有行动能力的实体，通过隐喻和转喻的互动，传达了"时间飞逝"的概念化认知表征。

4.3　时间的隐转喻表征形式

隐喻转喻连续体中，二者互动的认知过程有不同的表现形式，Geeraerts（2002：454-461）对隐转喻认知现象从概念认知和概念表征进行细化，把隐喻和转喻结合分为三种情况，即：转喻和隐喻连续发生，转喻和隐喻并列发生，和转喻和隐喻交替发生。在时间认知中，隐转喻的这三种形式也是时间概念化表征的主要方式。

4.3.1　转喻隐喻连续式

由于转喻认知的基础性，Panther（2006）、Barcelona（2002：272）、Croft（2002：161）等认为，在隐喻建构的概念互动中，转喻是必需的前提条件，为隐喻建构提供了基础并促成了隐喻。转喻和隐喻连续发生时，两种语义延伸一前一后，从语言形式层面看，转喻首先产生，在认知模型中，从转喻到隐喻又连接起一个多义网络。例如，*at home* 首先转喻"在家"的时间，*home* 这个认知语境又会以隐喻方式引发对 *home* 语义的多义联想，包括家人、在家的时间、家庭活动、家人相互关爱、家的温暖与幸福等正面语义，也有家庭琐事、吵架与家庭矛盾等负面语义，其隐喻意义在具体语境中有无限延伸性（图 6.4）。

```
        语义
转喻 → 隐喻  语义
        语义
```

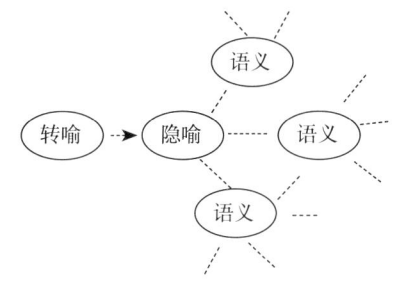

图 6.4 转喻隐喻连续式的语义延伸

转喻隐喻连续式识解是基于转喻的隐喻识解方式，也是一种自然和基础的认知识解。从转喻和隐喻互动建构的语义网络（home）看，在意义建构认知过程中，从转喻到隐喻认知方式是转喻和隐喻一前一后发生，与 Goossens（1990）所说的"源自转喻的隐喻"的概念延伸性质相同。在具身经验与抽象概念映射、具身经验与隐喻的联系中，转喻起了桥梁作用，这个认知过程就是 Yu Ning（2008：249）所称的"身体经验→转喻→隐喻→抽象概念"的过程。在话语中，当语言表述中的字面意义和延伸意义无明显分界时，可取其任何一方的语义，可用具体事物指抽象东西，也可以用抽象事物指具体东西，转喻中会由此产生隐喻（Goossens，1990；Deignan & Potter，2004），因此，Borbely（2008：420）认为，只要有转喻就必将出现隐喻，转喻中自然产生隐喻。例如，上下课铃声与时间概念间存在转喻关系，它又隐喻上下课活动内容的开始与结束等，在"铃声"与"上下课时间"中，"铃声"代表了一个具体活动时间，也代表了"时间"的概念，以铃声和上下课时间的转喻关系为前提，由听铃声认知思维里产生了上下课活动内容的隐喻意识，隐喻和转喻共同作用表达了时间意义。在转喻的复杂情景中，语言再现隐喻的源域和目标域的自然结合，呈现了概念互动的过程。而转喻性概念比隐喻性概念更加显而易见（Radden，2002：412）。在时间的空间识解中，我们往往只注意到隐喻思维的普遍性，容易忽略转喻思维的基础性和隐喻转喻共同作用的空间性时间表征。例如，时距转喻空间距离和空间距离转喻时间都是直接用时间指空间或用空间指时间，实际上，"X 小时车程"表达距离、"X 公里到 Y 地"表达时间或距离都是由隐喻和转喻互动完成的。另外，在时空表达中还存在间接时空转喻方式，这种转喻是以空间运动产生的距离需要花费的时间为媒介，根据时间距离推导运动速度，然后用速度转喻空间距离。推理转换过程有两个环节，一是把距离和时距进行比较，再根据距离和时距比较的结果推导速度，形成时距和速度的转喻，即，如果从 A 地到 B 地耗时 X 小时，从 A 地到 C 地耗时"X+n"小时，那么，从 A 地到 B 地比从 A 地到 C 地近，即 AB<AC。如果用相同的交通工具和行驶速度从 A 地到 B 地和从 A 地到 C 地移动时，AB 两地之间的旅程一定比 AC 两地间的旅程先完成，因此可以说"从 A 地到 B 地比从 A 地到 C 地快"，最后的表述是速度转喻距离，中间发生时距与速度，速度与距离两次转喻，这个过程包含了转喻和隐喻互动，转喻中产生了隐喻。例如：

（78）a. 北京到上海 6 小时。

　　　b. 北京到广州 8 小时。

　　　c. 北京到上海比北京到广州快。（甲地到乙地比甲地到丙地距离短，花的时间少）

在表达两地之间的距离或旅行时间时，时间与空间的相互转喻使时间可以指代距离，在（78）a 和（78）b 中，两个时间持续转喻空间距离，也是（78）c 的前提条件，结果是（78）c 的转喻方式发生了转移，先是距离与时间，再从时间到速度的转喻，最后通过速度的快慢转喻距离的远近。整个过程首先是时间持续与空间距离转喻，包含"北京到上海比北京到广州近"的转喻。由于距离短，花的时间也短，即使相同的交通工具同时从起点出发，距离短的比距离远的交通工具先到达目的地，因此"北京到上海比北京到广州快"并非真正的表达速度快，而是表达时间的先后，因此，即使行驶速度相同，"先到"也表述为"快"，这是速度与距离之间的转喻，从时间持续长度到速度，再到距离的两次转喻，完成了时间与空间的转喻。在词汇语义表达中，转喻和隐喻同时存在，因此，（78）c 实际上包含一个转喻隐喻连续体。

4.3.2　隐喻转喻连续式

在 Goossens 的隐转喻分类中，"隐喻里的转喻"（Metonymy within metaphor）是从隐喻到转喻的认知过程。Goossens（1990）认为，当转喻表达嵌入复杂的隐喻时，出现隐喻中的转喻。从语言现象看，隐喻与转喻连续发生的情况多表现在习语中。Deignan 和 Potter（2004）从词源角度把隐喻中的转喻概念化过程分为两个阶段，第一阶段是转喻在较宽泛的文字语境里指代相关实体时从字面引申出的意义，例如 bite one's tongue off 这个短语用来隐喻不说话（prevent oneself from speaking），而不是字面意义表达的"咬掉舌头"，tongue 指代语言或话语几乎已经约定俗成，成了规约性转喻，隐喻中包含了转喻。在第二个阶段，这个包含转喻的短语以隐喻的方式用于表达抽象概念。因此，隐喻和转喻在实际语言使用中不会明确同时显现，隐转喻的结果一般是概念意义在前台呈现，文字意义则隐退到幕后。

从隐喻到转喻的时间认知概念化过程中，时间认知过程始于隐喻，隐喻也充当了意义表征和识解的主体，而且多为常规隐喻，多见于约定俗成的时间表达法中，例如，round the clock 作为字面意义是"围绕时钟"，但我们无论在理解这个语言表达本身还是使用这个短语去表达概念都不会取其字面意义，而是首先取其隐喻意义，即这个短语整体隐喻"夜以继日地工作"，在隐喻表达中，clock 联系思维中的时间，是一个实物（时钟）指代"概念"（时间）的转喻，整体上是隐喻里的转喻。Clock 一词的多义性在具体的语境中也常常以隐转喻形式表达时间概念。例如：

（79）Fourteen huge printing presses, using secret black and green inks, run round **the clock** turning out about 22,500,000 bills a day.（http://www.jukuu.com/）

（79）以隐喻的形式表达了时间概念。"24 小时运转 / 工作"（run round the clock）是用时钟的运转来隐喻连续工作，一个计时仪器会不停地运转，一直跟着这个仪器转，就是隐喻不停地工作。理解其隐喻意义后，我们再看 clock 在其中的作用，时间转喻中，有"实物（钟表等计时仪器）转喻时间概念"的类型，这里的 clock 转喻了时间概念，话语中没有直接说出"时间"（time）不是因为不方便，而是认知思维的复杂度足以让人类理解和用各种丰富的语言表达的思想，凸显说话人和听话人的认知能力。用具体的时钟实物来指代抽象的时间概念，不是强调实物而弱化概念，而是认知主动和认知无意识同时作用，理解的替代和被替代者之间的关系，反而是一种认知凸显，以时钟为参照点联系时间概念时，说话人和听话人均需付出认知努力，对时间概念的深度和广度都有更好的理解。因此，隐喻与转喻的互动完成了"连续运转 24 小时"的语义表达和解构。

4.3.3　隐喻转喻并列式

隐转喻认知中的隐喻和转喻并列发生时，它们的先后顺序并不明显，可能会交替出现，可能同时出现，隐喻和转喻并存，它们一起建构概念的复合语义（图 6.5a、图 6.5b）。例如，*school started*（字面意义"学校开始"）是一个时间事件，转喻上课时间和学校教学活动开始，也隐喻上课活动内容处于进行中并将持续，隐喻和转喻路径同时指向 *school* 表达的时间。

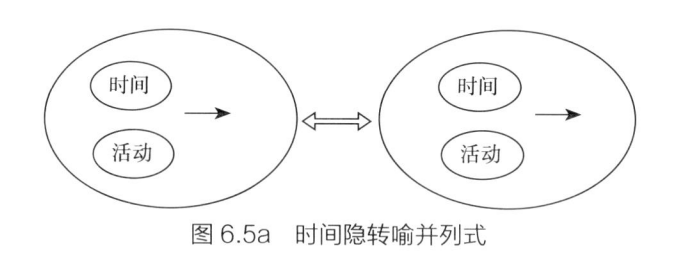

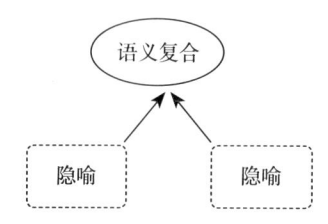

图 6.5a　时间隐转喻并列式

图 6.5b　隐喻和转喻并列式：复合语义的形成

在时间认知概念化过程中，对隐喻和转喻交替发生的时间语言表征有两种不同的识解方式：先自下而上，然后在顶部找到一个参照点从前到后识解，或者在底部找到一个参照点从前到后识解，然后再自下而上到顶端，例如：

（80）宋朝五大名窑，如五朵灿烂的烟花，在中国审美的天空，**昙花一现，绝美千年**。（《宋瓷，中国美的顶峰》，今日头条，2020-08-12）

"昙花一现，绝美千年"两个看似时间长短对比的成语和词语，用隐喻和转喻方式表现了宋瓷美的灵魂永恒，隐喻和转喻共同存在于成语的语义中。识解人或先产生转喻思维后产生隐喻思维，或先产生隐喻思维，再产生转喻思维。从字面意义上看，"昙花一现"对应"绝美千年"只有数字的对比，但实际上都是时间的对应，即短暂的时间对应长久的时间。前者所描述的昙花开放和快速凋谢的自然现象，实际上转喻了一个时间过程，这个过程的长短等于昙花盛开又凋谢的过程，非常短暂，从隐喻视角理解是"稀有事物或显赫一时的人物出现不久后很快消逝"，是先转喻再隐喻的识解方法。另外一种识解方法是先隐喻再转喻。识解者首先想到的是其隐喻意义，即"稀有事物或显赫一时的人物出现不久后很快消逝"，然后联想到昙花的开花过程，即再从转喻视角理解昙花的开放和快速凋谢的自然现象这个短暂时间过程。Geeraerts（2002：460）认为，隐喻和转喻的交替包含了不同的隐喻和转喻驱动连接组合，在这个组合布局中，隐喻和转喻是相互转换的。

隐喻转喻并列识解方式往往是隐喻和转喻的交替出现，是两个不同语义重建过程，说话人（听话人）的认知选择是先隐喻还是先转喻表现了不同的倾向性，但其中任何一种方法都是语义建构的过程：先隐喻后转喻是一个从隐喻中产生转喻的语义建构过程，先转喻后隐喻是一个转喻中产生的隐喻语义建构过程。

5　小结

时间认知的最基本词汇语义特征通过概念隐喻、概念转喻和隐转喻三种思维方式表现出来。

人类的具身体验和各种现存语料都印证了时间认知和表征隐喻性。隐喻映射也是范畴转移，两个范畴之间产生隐喻操作（Sweetser，1990：19；Lakoff，1993：203）后，其他范畴中的特征被用来表达时间，较为典型的是空间范畴和资源范畴，借助这些范畴及其概念，我们充分表达了生活经历中的时间体验。时间的各种意义都具有典型性，通过隐喻思维和隐喻语言形式，把时间概念化为可以想象、可以交流、可以相互谈论、可以借用、可以消费的各种实体。

由于空间是最重要时间隐喻源范畴，在丰富的时间隐喻形式中，空间隐喻最普遍，这是因为空间和时间在概念、范畴、维度和属性上的差别造成了范畴映射不对称，这种不对称映射出的概念网络却是最基础的隐喻，两个不对称网络形成的隐喻以多种方式概念化表征时间。虽然概念自身是抽象的，但这种基础隐喻富有多产性，因此产生多种意义（Fauconnier & Turner, 1998）。时间想象中的空间思维参与更为频繁，时间语言中空间词汇的使用产生了大量的空间—时间隐喻。因此，时间的空间识解隐喻形式多样，空间中的时间亦静亦动，甚至自然的各种力量都以空间隐喻的方式彰显时间在空间中存在。与其他语言单位的使用一样，用空间隐喻表达时间也出于交际目的（Graf, 2011），抽象思维可能始于个人行为，但在语言层面，空间性时间隐喻是一种共同的行为形式，遵循共同的习俗与规约。

时间认知与转喻思维有着相似性，因此时间概念化中的转喻思维较为普遍，从认知原理看，转喻是把熟知的范畴概念特征投射映现在相对抽象的事物范畴概念中，是经验结构与语言结构之间的自然联系，也是人类普遍的思维和行为方式。时间认知是一个概念化过程，通过对其他事物的感知而意识到时间存在，对时间是在事件和运动经历中体验到的，转喻思维在这个过程经历中会自然发生。时间主要以事件方式存在，因此转喻也是时间概念化的主要手段，转喻是时间概念化认知的主要特征。通过转喻思维，时间里融入了情感、思想、经验、社会心理等内容，转喻思维是理解时间概念的重要工具。

时间转喻主要包括时间与事件、时间与空间、时间与内容、时间概念与时间特征、时间概念与计时实物转喻等类型，这些形式都与时间的属性和时间存在的方式密切相关。在这些转喻类型中，时间的事件性特征决定了时间与事件转喻最为普遍，而且有明显的指称性，如正月初一与春节、"六一"与儿童节、七夕与情人节、八月十五与中秋节，12月25日与圣诞节等，但这些转喻并不是只停留在指称层面，事件涉及的是一个多义网络，其活动内容与空间运动等结合，各种概念在范畴内融合并伴随意义延伸对时间进行概念化。与转喻形成原理一样，时间转喻的各种形式都基于邻接关系，也有可逆性，两种思想在时间范畴内融合后，时间和另一事物，例如事件，以转喻形式联系起来。

由于人类转喻思维的创新特质，时间转喻形式并不能一举穷尽，新的时间转喻形式会不断出现。因此，时间的概念化表征涉及的诸多语言现象所表现出的转喻形式还有待进一步讨论。另外，从认知语义的视角看，与一般性转喻一样，时间转喻也有情景性特点，转喻实体间的语义联系一般与特定时间和语境相关（肖燕、文旭，2012），因此，许多时间转喻是非约定俗成的（non-conventional metonymy），不像约定俗成的转喻（conventional metonymy），如 the White House 指美国政府，Whitehall 指英国政府，在词典上有明确词条释义，不涉及使用环境也能被准确解读。非约定俗成的转喻需要结合特定的语境和语篇才能理解。

　　隐喻和转喻是两个独立的范畴，在认知中也是联系紧密的范畴，与任何相邻自然范畴一样，存在成员归属的等级性和范畴边界模糊性，因此，Deignan（2005：71）认为，几乎不可能也无必要试图在每个方面都清楚区分它们。在时间隐喻和转喻中，一个时间事件往往和诸多因素结合，很多时候认知表征手段都不是唯一的，Barnden（2010）认为，我们无须过多考虑话语是隐喻还是转喻的区别，而应该去探寻隐喻—转喻连续体中相似性和邻接性的类型和程度，或许隐喻和转喻的清晰界限根本不存在。在时间概念化表征中也是如此，虽然时间主要以隐喻和转喻两种方式概念化，实际上，一个时间事件所包含的活动又和空间、运动等结合，时间的概念化及其语言表征中往往是转喻和隐喻互动形成概念融合，构成的语义网络往往是隐喻中有转喻，转喻中有隐喻，隐喻和转喻的共同作用在时间概念化表征中不可缺失。

第七章 时间参照框架与时间表征的主观性

1 引言

在空间—时间隐喻图式中，时间是运动或者静止的物体，时间认知和语言表征时都依赖时间参照框架，时间的自我中心模型对这两种图式的描述使用了不同的参照框架。指示性自我参照框架和非指示性并列参照框架的使用反映出时间表征的主观性与客观性。在时间认知中，我们对自身存在并没有刻意去付出认知努力，而是出于自动的无意识状态，对时间的认知也是如此，这种无意识自动认知也会导致自动地使用指示性或非指示性参照框架。虽然都是自动化使用，但把自己与时间关联的方式却体现了不同的主、客观性。非指示性并列参照框架用于表达时间时，一般只涉及时间与外部事物，或者两个相关的时间，说话人对过去和未来的理解是以这两个实体互相参照的，时间的表征有较强的客观性。使用指示性参照框架表达未来和过去概念时，说话人把自己置于显性的场景中，对时间的认知和表征都以自己为中心，这种认知方式也是一种心理时间旅行，是绝对的认知主观性。但总的来说，无论说话人使用哪一个参照框架，他都会选择一个最佳视点来观察和描述相关的时间或事件，因此，即使非指示性并列参照框架用于表达时间也有一定主观性。

本章主要讨论时间参照框架的类型及其呈现的主、客观性，并从认知语言学视角分析借助时间参照框架表征时间时体现出的认知方式和语言主观性。

2 时间参照框架

时间和空间作为人类基本认知范畴，决定了大脑体验世界和认识世界的方式，是一种"内在直觉形式"（Klein，2009：8），这种体验和经历也决定了时间经历和时间概念识解及其表征的主观性。当时间被看作物体时，它的运动或静止状态的表征都以说话人为中心，因此，时间关系的表征是借助参照框架完成的。时间的语言表征也借助参照框架，参照中心点可以是说话人，也可以是另一个时间或事件，说话人一般从自我视角选择一个最佳视点来描述时间或事件（肖燕，2015）。

2.1 时间参照框架的转移

空间关系的表征依赖参照框架，参照框架是一个体系，根据以观察者和以参照物为基准的参照框架（Frawley，1992：263）以及图形—背景参照（Talmy，2000a；Levinson，1996，2008，Levinson,et al.2002）提出的空间参照框架体系，涉及内在、绝对和相对三种参照框架。

空间的存在并不依赖人的主观认知，但对空间的认知和对空间关系的表征是和主体密切相关的。在空间认知中，某个物体方位的确定必须依靠另一物体；在空间关系表征中，描述空间方位必须借助参照框架。由于说话人（观察者）的视角不同，参照框架的类型使用也不一样。空间参照框架包括主观性和客观性两大类，在表述方位时，主观性参照框架是一种自我中心定向方法，以说话人为中心的参照框架，例如"前""后"和"左""右"的位置是说话人根据自己所在位置确定的，不可避免其相对性和主观性。客观性参照框架是一种他物中心定向方法，以坐标或外部标志物为中心，有绝对性和客观性。因此，在几种主要使用的参照框架分类上，它们都可以归入"客观性"或"主观性"参照框架。

对时间的空间识解从概念隐喻视角的研究包括两个方面。一是根据时间和空间的映射原理所做的语言本体分析（Gentner et al.，2002；McGlone & Harding，1998；Lakoff，1990），时间的语言表征较为充分地反映出两个范畴之间的隐喻联系。二是心理学实验观察（Boroditsky，2000；Boroditsky & Ramscar，2002；Casasanto & Boroditsky，2008）对来自不同语言文化的人对空间性时间思维的方式进行的对比，也证明了语言和文化类型对时间的空间隐喻思维有较大影响。这种时间表征的影响实际上反映了参照框架选择的不同。时间参照框架的形成是空间到时间范畴隐喻映射的结果，也是空间参照框架被连续转移到时间范畴（Tenbrink，2011）的结果。例如：

（1）a. Valentine's day is approaching（us）.（Moving Time）

b. 春节要到了。

c. We are approaching Christmas.（Moving Ego）

d.（我们）快过年了。

在（1）的时间描述中，时间作为一个实体与同样作为实体的说话人（观察者）是相互参照的，体现了一种运动，要么是时间的运动，要么是观察者的运动，这个时间的自我中心模型实际上使用了一种指示性时间参照（deictic reference）（Clark, 1973；Evans, 2013a：4），与空间参照中的内在参照框架类似。当时间的描述不需要突出时间与说话人的关系，而是两个时间（事件）之间互相参照，时间的表征是时间（事件）的顺序参照（sequential reference）（Evans, 2013a：4）。例如：

（2）a. Christmas always comes before New Year's Day.

b. 大雪之后就是冬至了。

根据时间的先后顺序描述了 *Christmas*、*New Year's Day*、"大雪"、"冬至"这些时间或时间性事件，这种顺序时间参照框架是非指示性的，类似于空间表征使用的绝对参照框架。Evans（2013a：5）认为，非指示性时间参照框架还包括外部时间参照，这种参照方式利用运动提供的外部场景来定位事件，时间被构想成了一个无限的矩阵。例如：

（3）a. Time flows on（forever）.

b. 岁月流逝，斗转星移。

在（3）中，在无限的时间矩阵中，时间是没有止境的，它有无限的包容性，像一个无限大的空间收纳容器，所有的事件都在这个无限的范畴矩阵中发生、发展。

由于"大脑解构空间关系的方式是一致的"（Majid，2002），时间的空间识解在时间隐喻思维中普遍存在，因此，指示性时间参照框架和非指示性时间参照框架两种类型在人类认知时间和表征时间上具有普遍性。

2.2 参照框架的主观性与客观性

Talmy（2000）根据空间中两个相关物体之间的参照关系，在图形、背景原理的基础上，把空间关系中的两个实体位置与空间关系表征结合起来，位置相对固定的物体是参照物，即背景，另一个物体的位置不固定，方位需要借助参照框架进行定位来确定，也就是说，这个位置待确定的物体是凸显的，即图形，图形与背景的辨认是一种认知主观性，而图形与背景的关系是一种空间位置关系，这种关系是表征空间关系的依据。以此为基础，Levinson（2008，1996）、（Levinson et al.，2006）建构了更完备的描述空间的参照框架体系。

时间认知中的主观性往往更加凸显。由于时间的认知与表征都是建立在我们的时间经历与体验基础上的，这种经历也是直接、真实的，虽然时间是一种客观存在，但个体对时间的体验也不尽相同，心理学的实验已经证明了时间感知中的主观性，Evans（2013a：56）认为，我们判断时距的能力是生理机制的结果，是一种主观间性的估测方法，所经历的类型的自然属性影响我们的时间经历，出现时间延长和时间压缩的情况。对时距的感知如果不依赖钟表或其他计时仪器，不同的人对相同时间段或同一个事件的感知是不一样的。例如：

（4）A: 今年的春节联欢晚会好长啊！

B: 我怎么感觉没看多久就结束了？

主观性是时间的特性之一，它总是和人对时间的认知相关，"春节联欢晚会"这个时间性事件的时距是不变的，但不同的人对这个时距的判断取决于时间经历者对事件中的相关因素的熟悉程度、喜好程度等。

时间的经历与体验总是在一定的空间范围，时间与空间形成的范畴和概念映射关系使时间的表征借用了空间表征的方法，空间参照框架也在时间的空间识解及其语言表征中得到类比转移，形成了指示性和非指示性时间参照框架体系。

哲学界的早期时间研究中，时间总是与人相关的，因此具有很强的主观性。A 系列（A-series）和 B 系列（B-series）（McTaggart，1908）两种构想时间和区分时间的语境方式厘清了时间与人的关系、时间与时间的关系。根据 McTaggart（1908）的时间观，A 系列是界定时间的必要条件，而 B 系列是 A 系列的派生物。在涉及时间主观性时，如果说时间独立于人的主观经历是说不通的，它是一种非真实的感知幻影，从中可以看出时间认知和时间表征的主观性。后来的研究则从他的两个时间系列中读出了不同的主观性与客观性。Tenbrink（2011）认为，A 系列时间依赖观察者视角或位置，是指示性时间，B 系列时间是两个并列相关事件之间的关系，它们的存在和发展不依赖观察者，是非指示性时间。A 系列时间帮助确定了物体和事件中的现在、过去、未来的概念。在时间关系中，B 系列时间把时间关系与事件关系看作独立于人的主观经历，无论是哪个时间，事件都存在于"先于""同时""晚于"（Earlier than, simultaneous with, and later than）这样的时间里（Bullis，2002）。因此，A 系列和 B 系列时间理论也为后来的时间参照框架的主观性（指示性）与客观性（非指示性）划分提供了理论依据。与空间参照框架一样，除了参照框架本身所包含的主、客观性以外，话语所指实体与说话人关系的密切程度也体现了不同的主、客观性。

B 系列描述时间的观察最佳视点也是此刻的位置，从这个最佳视点看事件，它与观察者的位置关系随事件发展而变化，虽然观察者最佳视点决定了参照框架主观性，但视点的变化不会改变事件的顺序。因此，第二个时间语境是第一个时间语境的前提，解释了事件发生的次序和时间的顺序性。两个时间（事件）实体的关系是：如果 A 事件先于 B 事件出现，那么在某个时间瞬间，A 事件一定在过去的位置，B 事件在当时的现在位置。据此可以推导：事件具备过去、现在和未来的时间属性，随 A 系列属性变化，这种顺序性是时间的方向性基础。例如，根据 A 系列时间理解 2022 年维也纳新年音乐会，在 2021 年 12 月 31 日之前是将来的事，观察者可以表述"维也纳新年音乐会快到了"，在 2022 年 1 月 1 日这天变成现在，观察者的表述可以是"维也纳新年音乐会开始了"，2022 年 1 月 1 日之后成为过去，观察者的描述则是

"维也纳新年音乐会结束了"。而 B 系列中的事件存在状态不发生改变，不随时间变化而变化，当"维也纳新年音乐会在午餐前结束了"成为事实，"维也纳新年音乐会"和当天的午餐两个事件的顺序状态不会变化，Baker（2010：28）把这种关系描述为"先于"与"永远先于"关系，事件的顺序是一种客观存在，参照框架的客观性也始终存在。

2.3 参照框架与时间认知表征的观察者视角

指示性时间参照在描述时间时，参照点往往是说话人，是从说话人（观察者）视角出发进行的。Evans（2013a：82）认为，指示性时间参照以说话人现在的经历为中心，把参照体系固定在异向性的真实现象经历中——这种时间经过的感觉展现了其内在的不对称：即感觉到将来、现在和过去的不同。实际上，正是这种与异向性的主观真实经历绑定才使得这种时间参照具有指示性。

自我中心的时间参照涉及的语言形式一般包括两大类：一是由方向性运动动词描述的时间，二是由副词（时间状语）描述的时间。

第一，动词表达的指示性时间。

从说话人视角观察的时间运动或静止，这种指示性时间一般通过使用指示方向的运动型动词来完成，汉语中的来、到（来）、走、（过）去和英语的 *come*、*go*、*arrive*、*leave*、*approach*、*move*、*pass* 等。例如：

（5）a. Their day will *come*.（BNC 语料库）

b. There will *come* a time when that joke isn't funny anymore.（BNC 语料库）

c. He has promised that in extremity he will send for her, and she will *come* and be his nurse.（BNC 语料库）

d. The deadline for submitting our proposal is *approaching* us.

e. The deadline has *passed*.

f. It was a way to make time pass quickly.（http://www.jukuu.com）

g. The end of his spare time had now *arrived*.（http://www.jukuu.com）

（6）a. 四人曰："早晨**过去**，已半日矣。"蒋钦曰："何不拿下？"四人各言孙

夫人发话之事。(CCL 语料库)

b. ……的遗志。到了第二年，完颜亮发动南侵，二十二岁的辛弃疾眼看机会**到来**，就组织了一支两千多人的起义队伍，投奔耿京。(CCL 语料库)

在这些例子中，时间的表达都是以说话人为中心构想时间，这是时间的自我中心模型。研究者（Clark, 1973; Engberg-Pedersen, 1999: 134; Boroditsky, 2000; Lakoff & Johnson, 1999:141-145; Evans, 2005a: 60）把时间的自我中心模型分为运动的自我（Moving-Ego）和运动的时间（Moving-Time）两种模型，也是时间的运动与自我运动隐喻，"是一种图形与背景之间的动态关系，即图形的运动是相对于背景而言的"（Graf, 2011）。

Friedman（1975）认为，时间参照与空间方位参照一样，它以一条可视时间线上的一个点做标记，在空间中，这是一条身边的水平直线。时间自我中心模型就是这样一种线性隐喻模型，在"运动的自我"隐喻模型中，自我（说话人或观察者）作为一个凸显实体，在静止的时间线上向前（未来）移动。例如，"走向未来""走近新的一年"等所表达的是人的"动"和时间的"静"以及二者之间的运动关系。在"运动的时间"隐喻模型中，时间实体被构想成了过去、现在、未来，它们在时间线上移动，而这种移动也是相对于时间线上静止的"自我"这个背景的，自我的位置始终与"现在"时间位置重合，这个位置也是时间的方位，例如"春天来了"表达了相对于静止的说话人与运动的时间之间的关系。因此，在时间认知和时间表征中，表达时间方位必定涉及另一时间，这个时间即为一个参照时间（Smith & Erbaugh, 2005）。

对空间中物体运动的表征体现了直线性和方向性，映射到时间范畴后时间所获得的线性属性也使时间获得了运动和变化的方向。时间线上的中心方位是观察者现在的位置，当时间被构想为运动的物体时，观察者通过隐喻思维看着现在和未来从身边经过，变成过去。当时间被构想为静止的场景时，观察者自己沿着时间线走过现在、走向未来，现在和未来这些时间同样变成过去。因此，在时间认知和时间描述中，过去的时间概念不再变化，成为永恒的过去，只是与现在距离远近的问题。现在和未来最终会变，这种变化以过去为基础。说话人以自己当时的位置为参照点谈论事件，描述事件正在发生（现在）、已经发生（过去）或将要发生（未来）（肖燕，2015）。例如：

（7）a. 雅尔塔时代毕竟已经过去了，一个新时代又开始了。我相信，不管今后世界如何变化，和平的力量总是不可战胜的，历史总是要向前发展的。（CCL 语料库）

　　b. 优胜劣汰这一市场法则已使国内许多青霉素厂家减产、停产，低谷过后，高峰马上就会到来。（CCL 语料库）

（7）的时间表征从观察者视角出发，自我作为参照点，使用了运动时间和运动自我两种类型指示性时间参照框架，在"雅尔塔时代""低谷"的过去，"新时代""高峰"的"开始了"与"到来"，时间被构想为运动的实体，而"历史总是要向前发展"描述了自我的运动，历史被构想成了向前运动的实体。

根据 A 系列的时间概念理解，过去、现在和将来的时间划分总是按照先后顺序与变化和运动相伴，同时，事件的状态和过程的连续也持续与时间一起发生变化（肖燕，2015）。在这个运动和变化的共同体中，由于时间或事件顺序有序，任何事情都可以按照其与观察者位置的关系定位在现在、过去或将来。因此，从观察者当前所处位置视角看，明天会变成今天，接着变成昨天，时间是"有时的"（McTaggart，1908；Klein，2009：8），时间构想方式、使用哪种参照框架、语言如何表现等都取决于说话人，这种通过指示性时间参照框架描述时间或事件的方法有明显的空间性特征。例如：

（8）a. Their day will *come*.（BNC 语料库）

　　b. He has promised that in extremity he will send for her, and she will *come* and be his nurse.（BNC 语料库）

在（8）a 中，以观察者为中心，时间的变化与经验现实中所看到的空间中运动的物体结合，时间（day）在观察者的认知系统中形成了一个隐喻运动图式，朝观察者（自我的位置）运动。（8）b 中，观察者（*he, she*）本身是空间的一个运动实体，同时他（她）要做的事情还没有发生，但从话语发生的时候开始，他们计划的事件都会像运动的物体一样朝这个中心点靠拢。在这两个时间事件中，时间是一系列可以移动和变化的事件，事件的状态随着实体的运动不断变化，事件未发生前在观察者前方（未来），事件发生时在观察者当前位置（现在），一旦发生就变成过去（肖燕，2015）。时间的动与静取决于说话人构想时间的方式，是相对的，这就是 A 系列时间理论对构想和表征时间方式的阐释。时间或事件与流动的水或运动的物体一样，从将来运动（流动）到现在再到过去，有一个依次出现的顺序（图 7.1）。

←   ←   ←
过去   现在   将来

图 7.1   时间运动的顺序

基于 A 系列时间构想的"运动的时间"和"运动的自我"在前—后定位的时间认知模型中，自我和时间都被识解为运动或静止实体，二者互为参照物，识解方式都是观察者视角的自我中心认知法。观察者想象时间的方式与自己空间经历中身体朝向一致（肖燕，2015），当未来被想象成在自我前面时，构想时间和表征时间都具有主观性。例如：

（9）a. …drives the van. Not everyone is pleased to see us. As we *approach* a mini roundabout, a man dangles his arm from the driver's window of…（COCA 语料库）

b. …her workshops in Maine and on her recent tour of Norway. " Maybe I *approach* the North in a different way now, " she offers. " I am…"（COCA 语料库）

c. …is the sacrosanct tabot — a representation of the Ark of the Covenant. I *approach* to get a closer look, but the worshippers nearly tackle me to the ground…（COCA 语料库）（空间）

d. …has been taped Donkey's butt. Shrek spots students entering the Gymnasium. They *approach* a HALL MONITOR who stops them. HALL MONITOR Hold it… Two mascot costumed…（COCA 语料库）（空间）

（10）a. …n't allow this racial genocide to carry on in the middle of Europe as we *approach* the 21st century. But that lack of understanding caused most of the tension...（COCA 语料库）（时间）

b. ..."but then, for two months, I felt off." Despite the *approaching* World Cup, Krieger said she is not going to rush it because I...（COCA 语料库）（时间）

c. ...it contributes to his vision of the city as an emerging tech hub. An *approaching* deadline there might demonstrate the company's commitment. After making a down payment on...（COCA 语料库）（时间）

d. ...in Henry Adams and the Making of America. But as the 20th century *approached*, Adams worried that, by inclination and education, he was better equipped to...（COCA 语料库）（时间）

Approach 在不同的语境中表达了不同的语义：空间中的这种"走近"是身体真实的运动能够靠近一个具体的物体（例9），而时间中的"走近"是一种隐喻思维，是心理上想象的运动，是主体的主观性认知表征（例10）。

第二，时间词汇（状语）表达的指示性时间。

尽管没有明显的时间或自我运动的方向性词汇（"来"、"去"、*come*、*go* 等）直接表达相对于说话人为中心点的时间，但语言中丰富的时间词汇也同样表达了观察者中心的时间概念，这类词汇包括英语和汉语中的副词或介词（表7.1）。

表7.1　时间副词或介词表达的时间

汉语时间词汇	搭配	英语时间词汇	搭配
自 / 从……	事件名词（例如，大学毕业）	last	year, week, Monday, month, year, night, day, etc
		next	
		this/that	
		for	
……之后 / 以后		in	
		from	
直接时间词汇	今天、明天、后天、去年、现在、过去	from	now/then

英语中的 last /next /this month（year、week、Monday），汉语的今天、明天、后天、去年等都明确指示并表达了时间，例如：

（11）a. South Korea suspended its operations at Kaesong *last week*.（BBC，2016-02-16）

b. Unification Minister Hong Yong-pyo made the statement on Sunday but *now* says it was not backed by "clear evidence".（BBC，2016-02-16）

c. The 500m-wide Aperture Spherical Radio Telescope（FAST）is due to be operational *this year*.（BBC，2016-02-17）

d. Potter's first known watercolours of mushrooms date from *the summer of 1887*, when she was 20 years old. *By the early 1890s,* more and more of Potter's art focused on fungi.（BBC，2016-02-17）

e. *In October 1892*, Potter met with Charles McIntosh, a naturalist she had known since she was four: he was the local postman in Dalguise, Scotland, where her family holidayed *for many years*.（BBC，2016-02-17）

f. For at least a decade, Potter painted hundreds of detailed, accurate images of mushrooms.（BBC，2016-02-17）

g. In recent years, this lesser-known side of Potter's life has caused controversy.（BBC，2016-02-17）

（12）a. 就让他们去了解自己的家族史。有句名言不是说，要想豪迈地走向**明天**，就要踏踏实实地站稳在**今天**，还要永远不忘记**昨天**吗？我想，他们的……（CCL 语料库）

b. ……借款缴税，这样把基数抬高。还有就是"寅吃卯粮"，收过头税，把**明年**的税在**今年**收了，把基数抬得很高。（CCL 语料库）

语言中表达延续的时间词汇（英语介词如 *for*、*in*，汉语的"……以来""自从……"等）也使时间参照有较强的指示性。例如：

（13）宋太祖心里总不大踏实。有一次，他单独找赵普谈话，问他说："**自从唐朝末年以来**，换了五个朝代，没完没了地打仗，不知道死了多少老百姓。这到底是什么道理？"（CCL 语料库）

在时间自我中心模型中，话语涉及的现在既是时间，也是方位，是描述时间的参照点，它可以是时间线上的一个点，也可以是时间线上的一个时间段。通过这个参照点，过去和未来的时间概念得以确定。通过空间隐喻思维，时间线被构想为一条空间中的直线，前后方向取决于观察者（说话人）的视域（肖燕，2015）。由于多数文化中把前面的空间看作未来，说话人所处的时间参照点也成了这条可视水平线上表征现在的一个点，参照点的位置总是与说话人所处的位置保持一致，也始终是中心点，它把时间轴线分为三个部分，在空间上是当前位置、身后位置和前面的位置；在时间上是现在、过去和未来（如图 7.2）。在时间的词汇语义表征上，分别与言语行为正在发生、言语行为还没有发生，言语行为已经发生相对应，在这一点上，使用动词或时间副词或二者同时出现在话语中，都实现了相同的功能。

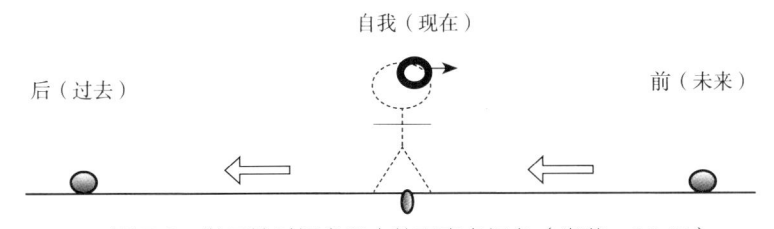

图 7.2　指示性时间参照中的观察者视角（肖燕，2015）

Friedman（1975）认为，言语行为发生的"现在"是一个无标记时间，在语言表达时间时，话语中可以不使用任何标记性词汇如副词、动词的完成体等来指示时间线上的某个时间。当词汇项（month、year、night、day 等）明确指示一段时间时，这些词就是时间参照，不需要另外的专门时间参照也起了现在的时间参照作用。因此，这些时间标记词也是言语行为发生的标记。

人身体后的空间是时间线上过去时间的标记。一般情况下，英语中可以通过动词的屈折变化表征的时体、汉语通过上下文的语义衔接来表达相应的概念，但在表达离现在时间点比较远的过去时，往往使用一个更强调性的标记作为时间参照，例如，在动词的前面或后面加上一个时间词（month、day、 year 等)时间参照,"标记(过去)+ 时间项"构式有指示性,指"言语行为发生前的那段时间(由词汇项描述的时间),汉语用"那时""当时""那天"等词汇加强时间标记。状语指先前的时间足以表达"过去",一个状语指过去后,在没有新的时间指示出现前,所有的话语都是指示那个"过去"时间。

有了空间和时间的映射关系,身体作为空间中的物体在时间范畴也能找到明确的定位:身体直立位置指现在时间,如果向后略微倾斜则标记过去时间,或者头稍微向后倾斜与肩膀成一定角度,时间位置也相应变化。人可以随时让身体直立,也可以指示随后的时间不是一种过去式,在现在时间参照与过去时间参照之间转换。身体沿着一条想象的空间性时间线移动,这个标记也可以成为时间参照而不需要使用动词的屈折变化或时间词汇项。在时间线上,未来的时间是由身体前面的空间标记的,时间的运动会远离某个标记。但是,未来时间参照与过去时间参照的区别在于空间表征未来的简单指示不是口头的而是文体风格的时间参照,更可能发生在戏剧和叙述中(Friedman,1975)

总之,在时间自我中心模型中,无论是运动方向性动词还是时间词汇表达的时间,观察者的位置都是空间和时间的中心,相对于时间的构想和语言的选择,时间位置限定在一定空间中,是一种客观存在,而观察者对所构想的时间进行表征时,选择了自我的位置作为参照点,其使用的参照框架和语言表征方法都是主观的,这种认知主观性把过去、现在和未来概念与自己关联起来,也是观察者为中心的指示性参照框架(Kranjec & McDonough,2011;Friedman,1975)。

在指示性时间中,动词表征的运动图示是与说话人或听话人具身经历结合在同一指示性参照框架中,人始终是中心参照点。但很多时候,时间的描述并不需要凸显观察者,这时,说话人和听话人并不把自己置于时间或事件场景中,而把关注焦点放在时间和事件本身上,描述时间使用的参照框架是非指示性的。非指示性时间参照框架也被 Evans(2013a:114)称为顺序参照(Sequential temporal reference),时间表征中不凸显自我,定位方法与空间表征的绝对参照类似,是一种他物中心定位法,有非指示性特征,McTaggart(1908)B 系列构想时间"无时"(tenseless)法就是非指示性时间参照，在这种时间想象中，时间是先前（precedence）、同时（simultaneity）、后来（following），独立于说话人和听话人，因此，在非指示性时间参照中，时间或事件关系表征不直接体现说话人或听话人的存在，事件是一种客观存在状态，从不改变，其先后顺序关系以时间为纽带。例如：

（14）但是在《易经》——《周易》之前，还有两个《易》，一个叫《连山易》，一个叫《归藏（cáng）易》，也叫《归藏（zàng）易》。（CCL语料库）

根据 Evans（2013a：115）对顺序参照的自然属性阐释，某个既定的目标事件是根据另一个作为参照点的事件来确定的，这也确定了事件的顺序，时间顺序的确定要么是以第一个事件为准，要么以凸显的事件为准，这个参照点的确定也确定了时间的先后顺序。(14) 所描述关于《易经》版本的存在问题，《周易》和之前存在的《连山易》和《归藏易》是有次序先后的时间性事件，在时间上这种出现和存在有本体真实性，不管说话人从什么样的认知视角审视和谈论它们，这种顺序都不发生变化，无论什么时候谈论二者之间的时间逻辑顺序，《连山易》和《归藏易》都先于《周易》出现，说话人无法改变事件的顺序状态。

非指示性时间参照描述的时间事件是两个或多个时间（事件）之间的固定关系，Kranjec 和 McDonough（2011）认为它们不仅是一种先后顺序关系，也是一种内在时间关系。在时间认知中，借助时间顺序参照框架的非指示性参照点，我们既能够表征两个已经过去的时间关系，也可以表征两个未来时间之间的关系。从 B 系列"有时"时间视角看非指示性时间参照框架的使用，在描述时间顺序时，事件里的概念是静态的，即使说话人离这两个时间事件的"远""近"是动态变化的，但事件中的时间顺序关系是恒定的。在语言表征中，英语的 before 和 after，汉语的"前"和"后"常常描述的就是这种稳定的顺序关系。时间参照确定的时间顺序表明，指示性时间参照框架描述的事件顺序相对独立于观察者方位，是一种客观性较强的参照框架，在这样的时间认知和表征中，两个相互参照的时间或事件顺序关系是一种客观存在，如果一个事件在另一个事件前面，在某个瞬间时间，前一个事件一定处于过去的位置，后一个事件处于现在位置，即使后一个事件变为过去，前一个事件仍然先于后一个事件。正如 Baker（2010：28）所说："一旦'先于'，就永远先于。"

虽然顺序时间参照框架以两个事件或时间互为参照，由于说话人或观察者不处于事件的场景中，事件的顺序不受观察者视角变化的影响，但总有一个最合适的表达方式来描述这种关系，因此，Langacker（1990：315）认为，对物体的空间描述都是从最佳视点对被感知事物进行定位布局，往往不是中性的，静态时间图式与空间物体之间的静态关系图式也是相同的，语言所描述的布局也是从最佳视点来观察和表征时间的，这个最佳视点即话语发生时的"此刻"（肖燕，2015），在表征这种时间关系时，说话人会根据自己位置的方便程度选择最佳视点观察和描述事件，时间与观察者的位置关系会按顺序依次发生变化。例如：

（15）a. Chinese New Year is before Lantern Festival.

　　　b. Lantern Festival is after Chinese New Year.

（16）a. 新闻联播在天气预报之前。

　　　b. 天气预报在新闻联播之后。

从上面两个例子可以看出，同一个时间事件，表述的方法可以不同，但这并没有影响这些时间事件运动或存在的顺序，即使这些时间还没有到来或者已经过去，它们出现的顺序和存在的顺序关系也不会产生变化。因此，语言表征这种关系时，话语所指的中心是运动和事件，而不是说话人或听话人，语言的词序布局是一种空间中物体的前后关系顺序图式，参照框架自然选取非指示性时间参照框架来表达事件概念。尽管如此，观察者的参与并没有完全排除，因为在描述事件或时间顺序时，"语言表达的概念总是以这样或那样的方式与观察者相关"（Tenbrink，2011）。在描述两个相关的时间事件时，观察者视角决定描述二者关系的方式，说话人会把自己有意无意地与时间事件联系起来，语言所表征的时间概念是说话人最佳视点的反映（如图7.3 可以图解 15 和 16 两组描述）。在语言描述中，组词成句基于说话人的叙事视角，即最佳视点（vantage point of view）。Chinese New Year 与 Lantern

Festival、天气预报与新闻联播两组概念分别组成两个句子。每一组概念中，概念在句子中出场的先后顺序并不一定是事件自然发生的顺序。如果从视点 A 观察，最佳视点所观察到的 Chinese New Year 优于 Lantern Festival，新闻联播要优于天气预报，句中 Chinese New Year 和新闻联播两个概念在各自句子中的位置与自然时间顺序一致，离说话人心理距离近。但（15）b 和（16）b 的组句方式是根据视点 B 优先观察到的两个概念 Lantern Festival 和天气预报来布局的，尽管自然时间顺序晚于 Chinese New Year 和新闻联播，但它们在句中的位置与说话人的心理距离更近。因此，从非指示性时间参照中的语言表征看，说话人不是场景中的焦点，仍然在有意与无意之间把自己与场景联系起来，虽然隐藏在场景的背景中，这种隐性视角很大程度上影响甚至决定场景里的语义达成。因此，在这样的语境中，"意义更加基于说话人对命题的主观相信状态或态度"（Traugott，1989）。视角对客观事物的主观相信程度决定说话人如何选择语言和叙事方式，在很多叙事情景中，事件重现时不一定按照原态进行，说话人从自己的视角，按照一定的空间或时间顺序叙述，这个顺序不一定是时间（事件）发生的自然顺序，为了突出某个集中的焦点，说话人（观察者）根据最佳视点（图 7.3）从不同的视角展开事件，可以按照自然顺序叙述，也可以倒叙，还可以前后穿插叙述，通过语言从不同视角再现的事件更为生动有趣。视角、参照框架和语言的选择、表征手段，都是说话人的心理表征，这些因素在很大程度上反映了说话人的主观心理过程和状态，尽管使用了非指示性时间参照框架，主体仍然存在于时间构想和语言表征中。

图 7.3 说话人（观察者）的最佳视点（肖燕，2015）

3 时间参照框架与时间表征

时间关系虽然是一种客观存在，但人是一个主观性客体，也是时间概念的识解者和语言描述者，时间认知和时间表征也不可避免其主观性。在时间与世界的关系中，认知语言学与哲学和心理学都认为是人通过对时间的体验，把时间和客观世界联系起来（肖燕、文旭，2012），这种联系通过语言表征得以显现。语言主观性的普遍存在已经在哲学和认知语言学领域得到认同，Whitt（2011）认为语言中的主观性是"读者或作者在话语中的自我实现"，作者或读者都参与了编码或解码，时间的语言表征与其他编码或解码方式一样，体现了说话人的存在。

3.1 时间构想的主观性

时间的主要属性来自时间与空间范畴的映射，空间中物体及其运动的一维性、方向性、连续性等是可以通过感觉器官体验的，但我们不能直接看到时间的这些特征，空间的这些特征和空间现实经历帮助我们把空间范畴中的这些特征投射或映射到了时间范畴。这种隐喻的方式感知时间的这些特征也依赖我们的认知想象，如果没有主观认知与空间联系，时间的联想也无法实现。即使空间经历也没有完全的客观性，因为，一方面，通过内部视觉再现所感知的东西会引起个体对该事物的主观再现；另一方面，它也会引发一系列逻辑思考和个人对事物新的理解（Campbell，1997）。在时空经历上，Boroditsky（2001）认为，经历物体和事件的出现与消失实际上是经历持续、无方向的变化。由于人类有相似的时空经历，多数情况下都能构想出相似的时间经历方式，即使语言文化不同，英语的 *time flies* 原文和译文（时间飞逝）都包含了说话人和听话人能理解的时间方向与运动，也能理解 *time flows* 和"时间静静流淌"所表现的时间一维、不可逆、连续等属性。

空间中物体运动的快慢可以用时间测量，时间运动的快慢本身也有钟表仪器之类的测量工具，但时间运动"快""慢"的主观性更明显，这是人对时间运动速度的一种主观性感知，例如：

（17）a. Weekends always go by faster than weekdays.

b. The hours sped by for him but dragged by for me.

c. The dissertation defense was an extremely embarassed situation. It took centuries for the my time to pass.

d. And the two hours inched by for me, but the same defense hours went by quickly for him.

e. Anyhow the same hour went by whether I was suffering or he was pleasantly demonstrating his talent.

（17）a 中，Weekends 和 weekdays 都是固有的时间段，每一天的时距长度相同，都是地球以同样速度自转 24 小时。虽然时间运动无快慢差异，但时间经历者的主观感受影响到心情变化，于是感知到了不同的时速和时距，（17）b 的时间 dragged by 就描述了这种时间经历。在不同的语境中，事件经历者或因心情愉快、痛苦、烦恼等情绪，或经历忙碌、尴尬、难堪等事件而感觉时间的快速运动（went by quickly）或拖行（dragged by）。

时间感知伴随个体情感体验，是一种主观经历，经历虽然真实，但不同个体对相同时间事件的体验感知不一定相同。因此，西方哲学传统从来就不把时间看作一个中性范畴（Gissberg，2012），个体的时间经历本身是真实的，但所感知到的并非真实、自然的时间状态，只是感知到了时间压缩和时间延长，在经历令人厌烦、痛苦、担忧、焦虑的等待之类的时间过得很慢，而做日常熟悉的工作、幸福欢乐的时间过得很快（肖燕，2015），Evans（2013b）认为这是一种现象上的真实性。就事件发生发展而言，无论是时间的长度（时距）还是时间流逝的速度都没有变化，但我们总会感觉时间过得太快或太慢。现代认知科学研究也证明了人对时距感知的情感和个体差异，Lambrechts（2011）等通过实验发现，对时距的感知在非常大的程度上取决于情感内容，在感知愉快事物时，对时距的判断偏短，感觉时间一晃而过，而感知不愉快事物的时候，对时距的判断偏长。因此，在不舒服的环境中，个体感觉时距变长，过得很慢，又有"度日如年"的感觉。语言中有丰富的表现方法描述这样的时间场景：

（18）a. 历史上，这类病症最有名的例子就是英国诗人勃朗宁的夫人伊丽莎白。她父亲极其专制，所以她**度日如年**。小时候，脊椎骨受到轻伤，于是，她就借此逃避。小题大做，成了缠绵床的人。（CCL 语料库）

b. 众人**熬过一夜**，又倦又饥，挨出苇丛，思寻饮食，忽见李之英颁将率兵冲来，喊道："沙虎不降，更待何时！"沙虎大惊。（汪寄《海国春秋》）（CCL 语料库）

c. 在历史的长河中，一年的时间只不过是**短暂**的一瞬间。（CCL 语料库）

d. 斗转星移，日月如梭，**一晃 5 年过去了**。此刻，宋子文以美国哈佛大学经济学博士的显赫身份，归返自己的祖国了。（CCL 语料库）

"度日如年""熬过一夜""一晃 5 年""短暂"等描述时间的语言并不是时间运动的真实状态，而是个体的主观真实感知，由于个体在这些环境中或承受痛苦或忘我专注于某项工作，时距的感觉或更长或更短，这些都是说话人的主观感受，时距并没有真正变长或变短，汉语中有丰富的主观性时间词汇，类似"日子难熬""恍如隔世""度日如年""一日不见，如隔三秋"这样的词语都描述时间快慢的主观感受，主体的存在及其与时间的关系通过语言得到最大限度的表现。

3.2 时间表征的主观性

人类构想时间的方式有诸多相似之处，表征时间也多通过隐喻和转喻思维完成。语言表达时间最直接、明显的手段是词汇、语法和语境的结合，实现时间概念表征。不同语言对过去、现在、将来概念的表征也有自己约定俗成的规则：有屈折变化的语言，动词的屈折变化与助词一起指示时间的方位是过去、现在或将来，例如，虽然英语和汉语都属于附目框架语言，动词的路径不是由动词本身决定，而由附目决定，但英语中的 -ing、-ed 可以标记"时""体"，数和人称也可以通过屈折变化完成。中文动词虽然无屈折变化形式，但与英语动词屈折变化指示路径的功能一样，仍然有一些直接时间词汇或与时间相关词汇，如"昨天""今天""下午""后天""现在""正要""刚才""马上""将要"等标记时间，明确表达现在、将来和过去的时间概念。除此之外，交际参与者对构成语境的因素一般能够做出恰当的判断，据此可以准确理解时间所指。在语言交际中，时间位置确定与空间中心点定位性质一样，不同的是空间中可以找到一个具体的点，而时间的中心点是说话人自己，这个中心点也是"现在"（Smith & Erbaugh，2005）。因此，可以从两个方面看时间表征的主观性，一是选择词汇和使用句法形式及规则时表现出的主观性，二是如何选择参照框架来凸显说话人之中心地位。

时间表征主要通过语言描述完成，而语言的使用者是主观性客体，即使客观性判断也涉及主观感知经历（肖燕，2015）。Peacocke（2009）认为，主体的感知经历决定了语言中具有最小限度的客观性。Lyons（1995：341）则认为，所有自然语言结构都有主观性，没有主观性就无法解释语言。语言中的词汇和语法不仅达成了交际目标，也标记了时体的概念。在词汇方面，几乎所有语言都有专门的词汇表达时间，例如英语中的 *now*、*then*、*present*、*at the moment*、*yesterday*、*future* 等，汉语的"目前""过去""那时""今后"等。在语法方面，每一种语言都有独特的方法和手段表现时间，汉语用"在""了""过"帮助标记时间，如英语用限定动词的屈折变化强制标记"时"（tense）和"体"（aspect），因此，交际中的话语不在描述某个事件的过程或状态时，"时"（tense）和"体"（aspect）也是说话人根据自己当前视角，借助这些标记去用话语表现过去、现在或将来位置的情景。例如：

(19) a. John speak at the meeting.（中性时间）
     b. John speaks at the meeting.（现在）
     c. John spoke at the meeting.（过去）
     d. John will speak at the meeting tomorrow.（将来）

（19）的4个描述话语的句子指向相同的话语时间，但词汇和语法标记了不同时间，（19）a 句表现中性时间，一般只局限于理论研究层面。另外三个句子根据说话人理解、感知与自己现实状态相联系，分别描述事件状态，指示说话人是否正在经历、已经经历过或者还没有经历的时间事件。由于中文没有强制的时间标记，在表现动词的时体方面，没有标记性变化（肖燕，2015），但通过词汇和语境仍然可以顺利表达不同的时间概念。例如：

(20) a. 由于天气炎热，每天**开会**的时间很短，上午两小时，下午三小时，晚

上还要安排歌舞娱乐，卡拉"Ok"一番。（CCL 语料库）（抽象时间 = 中性时间）

b. 他专门抽出时间去与他们谈天。闲谈中，一个职工谈到："任院长人很不错，前几天我去**开会**要支钱，陈院长硬说经费紧张不给签字，可财务上非要有院长批示不可，说这是规定。"（CCL 语料库）（过去）

c. "下午**开会**决不能去，以免自投罗网。"陈璧君越想越怕。（CCL 语料库）（将来）

d. 几乎是与此同时，达波号集来的二十来个人正在**开会**，研究搜捕乞丐的具体方案，到会者都是新成立的各行动队的队长，可以说是个个摩拳擦掌，大有雷厉风行之势。（CCL 语料库）（现在）

在没有动词屈折变化标记的情况下，关于"开会"的表达，现在、将来、过去和中性时间概念与英语一样清楚。在描述"开会"的时间时，可以根据时间词汇（如"前几天""下午""正在"）和话语语境区分时间，并不会因为没有动词屈折变化的时间标记而混淆时间概念，丰富的时间表达方法和时间词汇，加上说话人和听话人有共同语境作为认知渠道，表达时间和事件时，可以自由选择话语呈现方式。因此，在描述事件的"时"属性时，仍然以一种自我中心视角选择语言形式（肖燕，2015）。

选择指示性或顺序时间参照框架表征时间也反映出说话人与事件的关系。指示性时间参照框架的自我中心定位法让观察者成为语境中话语焦点或情景焦点，现在、过去和将来时间概念的表征都参照说话人此刻位置展开（肖燕，2015），即使时间（事件）发生变化（Moving-Time）或自我位置在运动（Moving-Ego），观察者位置作为中心参照点的情况不变。Evans（2013b）认为，对时间瞬时性的感知也是一种主观性，而非真正意义上的时间运动，时序、时距以及对过去、现在和未来感觉的异向性都有主观性。例如，前面讨论的情感对时距的感知、时间运动快、慢的影响。指示性时间参照框架可以定位感知到主观时间和语言表征中的"现在"，将来和过去事件分别被想象处于自我的前面和身后。

对时间的想象赋予我们对过去、未来时间的概念化能力，因此，能够记忆过去事件和构想未来事件，Stocker（2012）、Viard 等（2011）、Tulving（2002）等把构想过去、未来时间的方式称为"心理时间旅行"。在构想时间时，时间和自我的运动都使时间处于持续的变化中，表征时间时只有锁定现在的自我中心点，才能表征过去和未来的时间，这种表征通过心理时间旅行实现。例如：

（21）a. Back in the 1930s, 96 of the world's 100 tallest buildings were made of steel.（BBC.http://www.bbc.com）

b. all my best memorise come back clearly to me some can even make me cry just like before. it's yesterday once more.

由于指示性时间参照的参照点是说话人目前的位置（现在），Evans（2013b）认为，这种参照来自说话人的当前经验，自然使用经验性时间表征策略。目前位置是话语参照点，以此为中心，任何时间事件都必须连续呈现所经历的临近、同时、已经发生三个特征。（22）中，Christmas 的临近、到来、过去三个概念的表征都定位在说话人现在的位置，经过心理时间旅行，描述还没有到的时间和已经过去的时间：

（22）a. Christmas is approaching.（即将来临）

b. Christmas has arrived.（同时发生）

c. Christmas has gone.（已经发生）

（Evans，2013b）

实际上，我们并不能真正进行时间穿越，但是通过心理时间旅行，人类总能够通过回忆和想象在心理再现过去的事情或预现将来的事情，Tulving（2002）和 Stocker（2012）认为，这种对未来的时间（事件）的想象和过去事件的记忆是把自己投射到了主观未来或过去。在圣诞节真正到来前，时间描述是一种情景想象，圣诞节过去后，时间描述是情景记忆唤起（肖燕，2015）。心理时间旅行是人类的特有能力，语言的位移性基本功能也帮助我们准确地表征了心理时间旅行。当然，这是建立在主观时间基础上的，如果没有主观时间，心理时间旅行也无法实现。Viard 等（2011）认为，有两个因素使心理时间旅行成为可能，一是有主观时间存在，个体会产生有关自己身份和存在的自动意识；二是记忆体系里有零碎记忆，个体能够在主观时间里从心理上于过去和未来间游走，语言表征借助时间参照框架再现了这种心理时间旅行。

4　小结

时间认知是建立在时间和空间经历基础上的，时间表征与空间关系表征一样依赖参照框架。时间范畴的抽象性特征使时间认知依赖时间想象，而时间参照框架帮助表征了这种想象。

本章通过对时间参照框架的讨论，分析了时间参照框架体系的特征与时间表征的主观性。时间的构想源自人类的时间现实经历，用语言表征这种经历与构想可以使用不同的参照方式，参照框架的类型本身有主观性和客观性之分，指示性时间参照表达了以说话人为中心的时间构想，有较强的主观性。顺序时间参照是两个并列的时间或事件，有较强的客观性。但两个相互参照的时间中，说话人在表征时间时，可以选择其中任何一种时间参照方式作为参照中心点，仍然有一定的主观性。因此，选择哪种类型的参照框架描述时间体现出说话人对话语情景的参与程度，这种参与度表现了主观性的程度。包括后面章节讨论的时间认知模型、时间的线性思维及其表征等，都是观察者自我中心视角，表现出较强的认知主观性。

特有的思维官能使人类有了独特的主观性时间意识，即使自我只存在于当下，也能够"随时间穿行，并用语言表征出来"（Stocker，2012），这种心理时间旅行外化为语言时就是有关过去、现在和将来时间事件的描述。观察者通过时间的构想和表征，分清楚了时间存在的方位。虽然时间认知及其语言表征有很大的主观性，但时间的概念内容本身仍然不乏客观性，我们也能观察到时间性事物的这种客观性，如时间顺序、间隔和相应的变化频率（Peacocke，2009），因此，客观性时间概念内容是不能忽视的一个重要方面。

第八章　时间认知与表征：来自身体的影响

1　引言

空间方位域在概念形成过程中起重要作用，是隐喻认知的基础，通过方位隐喻可以习得很多抽象概念（程琪龙，2002）。时间认知中，时间的空间识解是一种普遍认知方式，这种隐喻思维把空间中静止和运动的物体的特征都投射到了时间范畴，使时间具备了空间物体所拥有的特征，形成了时间的空间隐喻图式，是时间隐喻思维中最为常见的，这种理解也是理解其他事件的基础。在描述时间时，往往不直接用时间这个词本身指称时间，而是用与事件相关的词汇定位某个时间，以确定时间的存在方位或时间运动的方向，例如，"经过/pass"或"流逝/flow"在中英文中本来是描述物体（空间中任何可以移动的实体）或物质（水等流动的液体）的运动事件，但我们经常用这些词来描述时间，类似的词汇在中英两种语言中比比皆是，与概念认知一样，时间思维和时间概念的语言表征在很大程度上是隐喻的。现代物理学把时间定位和运动确定称为时间的结构，Evans（2005a：5）认为，这样做的同时，时间实际上已经空间化了。具有普遍性的时间自我中心认知模型"运动的时间"和"运动的自我"实质上是一种空间隐喻思维。在这个模型中，时间有存在的方位和运动的方向。从海德格尔的存在论视角看，时间、人和空间是一个有机结合体，时间的运动或者人的运动是相对的，其方位和方向取决于空间场景中观察者的位置和方向，对时间认知模型的语义识解也基于观察者构想时间的方式，是对时间的主观性认知识解。

本章主要考察时间认知过程中人的身体与时间构想方式和时间词汇语义表达的关系。

2 时间的自我中心模型

时间的自我中心模型始于 Clark（1973）关于时间的空间隐喻观。Clark（1973）认为，对时间的理解主要依靠空间范畴。在英语中主要有两个空间隐喻理解时间：一个隐喻是我们沿着一条大路前行，没有看到（或者将要看到）的事物在前方，因此，在时间情景中，未来是即将发生的事件，也在我们前面；另一个隐喻是时间像一个物体在朝我们运动，迎面而来，并经过我们到后面。Clark 用了两个例证来说明这两个隐喻：

(1) a. We will be in Paris in the days ahead (of now).

b. We will be in Paris in the days ahead of Christmas.

Smith（1975）认为，第一个句子中的定位是现在，而第二个句子的定位是未来，参照点具有不确定性，因此 Clark 的例证不是特别有说服力。虽然 Clark 给出的语言描述实例有瑕疵，但他的解释和语言描述说明了两个关系，一是时间与空间的隐喻关系，二是人（观察者）与时间的关系。Clark 首次提出的这两个时间的空间隐喻被后来的研究者广泛接受并得到优化，形成了时间自我中心模型，即运动的时间模型（The Moving-Time Model）和运动的自我模型（The Moving-Ego Model）（Engberg-Pedersen，1999：134；Lakoff & Johnson，1999：140；Evans，2005a：60，2007：750），在认知心理学（Boroditsky，2000，2001）、认知语言学（Evans，2005b，2007，2013b）和语言哲学（Lakoff & Johnson，1999：140）中得到共识，从认知的视角突出了人在时间认知模型里的中心地位。在随后的语言使用和研究中，发现了更多的语言语料辅证，使时间的自我中心模型的解释力更有依据。例如：

(2) a. The time for action has arrived. (Lakoff，1990)

b. We are approaching the new term.

时间的自我中心模型对时间的概念化表征和释义是一种典型的空间视角，

时间被概念化为空间或空间中的物体。这个隐喻图式既可以把时间看作运动的，也可以是静止的，运动和静止是两个相对概念，运动图式还表征了时间运动的方向，静止图式表征了时间存在的方位。上面两个时间描述例子中，以 Clark 的两个空间隐喻为基础，分别对应了运动的时间（a 句）和运动的自我（b 句），观察者（说话人）身体位置是模型中的时间参照点，说话人所在位置为现在，以说话人为中心看空间隐喻化的时间，当时间运动时，它被概念化为空间中的物体朝说话人运动，说话人处于静止状态；当自我运动时，时间被概念化为静止的时间线或面，说话人从现在的位置沿着时间线向未来移动，这个模型与 Johnson（1987：118）所描述的时间和空间联系图式有着一致性。

3 时间词汇语义的隐喻性

在时间自我中心模型中，对时间的空间识解及其表征基础是空间隐喻图式，这是空间范畴与时间范畴的映射结果。基于这种映射，时间认知中，时间成了空间中静止或运动的实体，语言表征的时间也是静止实体的方位和运动实体的方向。

3.1 词汇语义的范畴映射依据

时间的词汇语义表征系统地使用了空间的词汇语义。时间和空间两个范畴和概念经过映射，形成的空间时间隐喻包括静态映射和动态投射两个隐喻图式。拓扑空间与时间范畴映射的结果是一种静态映射，空间中运动物体与时间之间的映射是动态的，其映射结果在时间范畴是运动的时间。从这两种形式看，映射与投射虽然都是概念隐喻或转喻，但形式略有不同，王军（2011）认为，静态的映射是一种"匹配"，动态的映射是一种"投射"。空间与时间之间经过映射或投射导致的形式差异，直接决定了我们理解时间方式的不同，可以解释为什么我们会把时间看成静止的点、线、面或运动的物体。经过映射，时间的不同方位点在空间范畴找到了对等的落点，于是有了表达现在、将来和过去的运动或静止时间概念（表 8.1）。

表 8.1　空间与时间映射及投射（改编自 Moore，2006）

源范畴：空间	目标范畴：时间
身体（自我）前面的空间→	身体（自我）的未来
身体位置（这里）→	身体位置（现在）
身体移动到某点→	某个时间发生/出现
两个物体的共存方位→	同时
身体后面的空间→	观察者的过去
距离远近程度变化→	期望或记忆时间程度的直接变化

空间和时间的映射（投射）发生后，空间范畴的物体在时间范畴成了时间，空间范畴中物体的运动与静止与时间范畴中时间的运动和静止相对应。经过映射或投射，空间中的物体如果是列队一个个沿着一条水平路线依次朝前运动，在时间范畴，它们就成了作为运动实体的时间事件按一定历时顺序向前移动，于是有了时间（事件）的先后顺序，观察空间范畴中物体运动或静止位置的视角在时间范畴成了想象时间存在的方位和运动方向的观察者视角，这个观察者视角在时间范畴是现在的时间。在空间中观察者前面的物体在时间范畴中是观察者想象的未来，而空间中的观察者身后的物体在时间范畴中是已经经历的过去。

3.2　时间构想的词汇语义表征

时间的自我中心模型较为形象地展现了时间的认知构想，对这种构想方式的词汇语义表征也把时间的空间想象通过空间词汇语义表达了出来。虽然在牛顿的绝对时间中，时间是一种持续的流动，与我们的感觉没有关系，但我们感知到的相对时间，不但有长短快慢，还有方位和方向。因为我们能够感知方位和方向，就意味着时间既可以被构想为"静"，也可以被构想为"动"。时间自我中心模型中，以观察者的身体为中心，时间语义被识解为两层意思：一是时间是一片静态的空间场地，因此，静止的时间被概念化为静止的大地或路径，自我穿行于其中（Grady，2007：196；Gentner，2001：204），二是时间是运动的物体，观察者（人）是空间中某个位置上的静止实体，时间在运动并从观察者身边经过（Teuscher et al., 2008）。例如：

（3）a. 他（马寅初）的一生历经三个时代，跌宕起伏，极具传奇色彩（凤凰网，2016年8月2日）。（静止的时间）

b. 如今半个世纪过去了，时光悠悠，沧海桑田。我们不禁想起宋老夫人生前的遗嘱（CCL语料库）。（运动的时间）

时间在两种认知模型中的语义可以是动态的，也可以是静态的。实际上，时间本身的"动"与"静"是相对的，基于空间时间识解方式不同，隐喻表征形式也不同。因此，观察者与时间在这个模型里总是处在相对"动"和"静"的位置。Clark（1973：50）认为，动态时间像一条由离散事件序列组成的高速公路，从观察者的前面过来，经过观察者并向其后面运动（The Moving-Time Model）；静态时间中，观察者是动态的（The Moving-Ego Model），自己沿时间（线）向未来走去，把过去留在了身后。在这种相对关系中，静态的观察者看到的是运动的时间，时间像一个运动着的物体从将来某处向观察者身体的位置（现在）靠拢。运动的观察者体验的是静态时间，而"时间像静止的大地"（Evans，2007：754），观察者像一个动态实体在时间大地上行走（如图8.1a、图8.1b）。

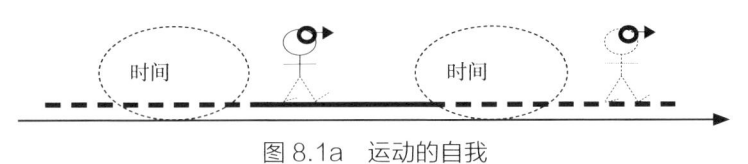

运动的观察者与静止的时间

图8.1a 运动的自我

静止的观察者与运动的时间

图8.1b 运动的时间

空间中物体的运动和静止是一组相对关系，在日常生活中我们可以体验这种相对性。例如，从快速行驶的车里看车外的景物，虽然是车在运动，但看到的却是车外树木、建筑物或其他的车等从自己所在的车旁飞驰而过，观察者把自己和所乘坐的车构想成了静止参照物，形成他物在动的假象。这样的空间思维方式会转移到时间思维上，在空间运动投射到时间范畴后，时间运动与静止的识解方式与空间识解相对应，自我静止时，时间在运动，这种时间构想方式就是"时间"和"自我"的运动和静止之间的相对性。因此，在两个范畴里这种关系的词汇语义表征中，空间和时间中的自我作为静止之物的参照可以用相同的手法描述，Fauconnier 和 Turner（2008：60）使用几个包含 *go by* 的句子中的词汇语义诠释了这种相对关系：

（4）a. The old tollhouse went by.

　　b. The rough stretch of road went by.

　　c. The forest went by.

　　d. The first five miles went by effortlessly.

　　e. The lecture went by effortlessly.

　　f. The party went by pleasantly.

对于空间中的物体，其运动都有参照物，（4）a、（4）b、（4）c、（4）d 中的运动是说话人把运动的自己想象为静止的实体，那些相对静止的房屋、道路和森林就被想象为运动的实体。多数情况下，*go by* 用于描述运动的物体，但空间与时间范畴映射后，空间中运动的物体投射到时间范畴就成了运动的时间。观察者的运动时间构想基于把自己的身体作为静止参照物情景，与空间物体的运动一样，（4）e 和（4）f 的时间事件描述也使用了 *go by*。汉语的"过去"作动词也是如此，多数情况描述空间中实体的运动，但也可以描述时间的运动，例如：

（5）a. 麻端又是一笑："既然您看中了它的风水，您就搬**过去**住吧。卖，我是不会卖的，我还没沦落到卖祖业的地步，再说奶奶也得有个住的地方。"（CCL 语料库）。（空间运动）

　　b. 寸金失去还能觅，光阴**过去**何处寻？（CCL 语料库）（时间运动）

　　c. 吴孝廉在途中随意浏览，有的平原旷野，有的深箐密树，有的临水有几间茅屋，有的绕城有几爿村店，一日一日**过去**，只作几首诗消闲。（CCL 语料库）（时间运动）

"运动的时间"和"运动的自我"里的"动"和"静"并非客观事实,而是一种主观隐喻性识解,观察者用隐喻思维想象了时间的形式。在运动时间模型中,观察者把自己想象为在某个固定位置(现在)的实体,时间作为运动的实体,在观察者前方运动,朝向与观察者相反,时间的过去就是物体的经过。在自我运动模型中,时间可以是静止的点、线、面,方位固定。当观察者把时间想象为静止大地时,自己是动态实体在大地上运动,自我中心视角使"自我"所处的任何位置都是现在的时间,未来或过去时间的语义识解都以此为参照,作为实体的人在静止大地上的运动后,经过了每一个现在时间位置走向未来的时间位置,也就是观察者还未达到的位置。因此,根据这两个时间隐喻可以推导:空间语言表达法可以广泛用于表述动态或静态的时间(Lakoff,1990)。可以从汉语和英语的时空语言及其蕴含的语义里找到丰富的词汇语义表现形式。例如:

(6) a. When the time for farewell has arrived, the lovers held each other's hands tightly.
b. The time is at your hand.
c. Let's throw all the hardships of 2020 behind us.
d. We're looking ahead to a complete new 2021.
e. No matter what, let's face the future together.

(7) a. 声明说,两家公司正在考虑这个问题,但尚未做出任何决定,"我们很快就会宣布有关的详细内容,但此时还不能发表评论,因为我们仍在谈判当中"。(CCL 语料库)
b. "我有——我在这城里有点生意,我亲爱的,"伊根说,"我很快会回来的,我想。如果——如果我不能的话,我让你来负责。"(CCL 语料库)
c. "希望曹郎好好爱惜保存此衣物,过后二十四年,你就会成就婚姻之好。"(CCL 语料库)

自我中心时间认知模型的两种形式中的自我参照点映射的推理结构有很大不同,根据 Lakoff(1993)的解释,它们的不一致是因为同一个词汇项用于两个变量时理解不一致,例如,在 *The end of the world is approaching*

（时间的运动）和 We are approaching the end of the year（自我的运动）里，approaching 的主目不同，虽然两个都表达隐喻时间关系，但在运动的时间（前者）中，approaching 的第一主目是运动时间，在运动的自我（后者）中，approaching 第一主目是运动的观察者。同样，动词 come 在 the time has come 和 We are coming toward the end of the year 中也是如此。从小句成分凸显视角看，处于主语位置的成分无论是施事还是感事，认知概念或单位在认知范畴里结合，处于一个大空间或情景中，尽管概念及其表征方式有所不同，但两个变量都蕴含一种运动：某个时间靠近观察者或观察者靠近某个时间。在 approach 表达的两个时间事件中，人与时间的隐喻距离有两层含义：一是随着"靠近"动作进行，前者距离变短，后者在"靠近"动作结束后距离变短。

3.3 对身体的认知与时间意义

由于对时间概念和范畴的思考是一个古老而年轻的话题，从古至今，不同的学科对时间的思考从没有停息，因此，对"运动的时间"的丰富想象和持续分析成为可能。时间认知模型中的"运动的时间"隐喻模型中，词汇概念的整合蕴含了多种意义，既有过去、现在和未来的时间概念，也有持续、瞬间、挤压、延伸、矩阵和事件等时间意义。在场景中从静止的观察者视角关联时间概念和各种意义，时间犹如一个运动的物体，在无限的空间中持续运动，观察者总是于"现在"的位置体验时间的各种意义。由于主观感觉会影响对时间意义的隐喻理解，相同的时间意义在时间的空间识解中有"快"与"慢"、"长"与"短"之别。时间概念与语义整合后所折射的含义是：事件、持续、矩阵等所有意义一起构成了"运动的时间"概念。例如：

（8）a. 人家说："早**过去好几天了**。"艾小爷一急，怕误了赶不上见驾。（石玉昆《小五义》）

　　b. 又**过了很长时间**，三姑娘才开门出来，送给校尉一匣珍珠。（曹绣君《古今情海》）

我们在描述事件时，事件的过去就是一个事件时间（event time）的过去，很多时候把时间与观察者之间的关系空间化，用空间中表达"远""近""长""短"的词描述观察者与时间之间的距离，空间中的距离可以用仪器和工具测量，现代人也早已用钟表和仪器测量时间，因此时距和时量都可以量化为具体的数字：(8) a 中"过去好几天"和 (8) b 中"过了很长时间"用"很长"和"好几天"描述"时间"的长短与多少，因此，"过去好几天""过了很长时间"实际上是一个量化的时距。时间像空间中的一个运动实体，已经运动至离观察者有一段较长的距离。"时间是运动的物体"也是一个结构隐喻，空间与时间投射后，时间获得了运动物体或物质所拥有的特征，有些物体或物质如流水，可以持续运动，运动至观察者位置时，它会继续一直向既定的方向运动，与河水一样，经过观察者位置（现在）后即是过去。运动事件的"过去"也是时间的过去，从观察者现在视角（位置）描述任何时间事件，时距会继续延伸、时量会继续增加，在任何一个时间事件中，观察者、时间或事件以及时间延伸概念整合在一起就是一个整体事件，这个隐喻模型中的二级层次时间概念词汇也与这些概念一起融入时间事件中。例如：

（9）a. Day time is getting the shortest with the coming of Winter Solstice.

b. The deadline has passed.

c. 即将到来的情人节给航空货运部门带来了一次美丽的花潮。（CCL 语料库）

冬至、情人节、最后期限等都融入其中。每个句子虽然都描述了一个时间事件，我们认知的是整个时间事件表征的时间概念，这些词语在表征一个特定时间概念的同时，很多时候是文化概念，因此处于事件中的次要层次，但认知整个时间事件的同时，它们被整合进运动时间模型中：Winter Solstice、deadline、情人节的到来和过去不可逆转。在"运动的时间"认知模型里，这些必然发生的事即为实体的运动，节日、日期等作为抽象概念，它们并不会真正 getting closer、"到来"或 passed，而是时间事件的运动。因此，Evans（2007：753）认为，二级时间词汇概念都可以放在运动的时间模型中去理解。

尽管对时间运动的理解是自我中心视角，但时间运动是永恒的，而观察者可以是不同的"自我"。除了空间中运动的物体这种时间构想方式，流动的物质如河流也是运动时间构想，这种构想方式在文学语言中自古有之："一江春水向东流"、"逝者如斯夫"、time flows 都是描述时间的流逝。从自我中心时间认知模型看，Smart（1949）的 The River of Time 隐喻中的时间是持续流动的河水，当前正流经身边的河水是"现在"，过去的时间是已经流过我们身边的那部分河水，未来时间是正在流向我们的那部分河水。在观察者与河水的关系方面，"自我"不是固定对象，任何观察者都可以是这个"自我"，而时间（河流）则是永恒的存在。时间的矩阵意义赋予时间无限性，即使未来时间流经现在然后流到过去，持续经过的河水会不断填补"现在"和"未来"的位置，任何一个"自我"都能在不同的环境中感知这种时间的无限性运动。

时间概念在"运动的自我"（The Moving Ego）与"运动的时间"认知模型中的词汇语义共同点是"现在"的定位都是观察者身体的当前位置，不同之处在于运动或静止的参照物交换了位置，时间被识解为静止的线或面，观察者作为运动者沿着静止线上或大地般的时间里走过，也走向前面的时间事件（未来）并走过它们（过去）。观察者前面的线或大地没有止境，静止的"线"或"面"在任何观察者前面无限延伸，这也是时间的矩阵意义。因此，只要这个观察者在沿着"线"或"面"移动，就继续向新的时间事件走去，"现在""过去""未来"的时间也无限永恒存在。

时间自我中心认知模型中的时间概念是空间隐喻识解，对时间概念阐释是一种非运动涵盖的空间关系。尽管在运动的时间认知模型中，时间被识解为运动的实体，但确定实体存在的时间时，必须定位实体，把时间固定在一个不动的点，部分拓扑空间词汇可以帮助确定这种定位，例如汉语的方位介词"在"（例如在暑假里、今天等），英语的介词 in（the afternoon）、at（night）/on（Monday）等，在表征运动或静止时间里的时间内容时，拓扑空间关系词汇的使用使时间以一种静态的空间关系形式得以表征。例如：

（10）南方和夏季都热，因为热**在南方、在夏季**"火德盛"。北方和冬季都冷，因为**在北方、在冬季**"水德盛"，冰、雪都与水相联，都是冷的。（冯友兰《中国哲学简史》）

（11）a. Nowadays the lions **in East** Africa are apparently becoming social animals in this way.

b. **In the week** before Christmas, the shops remain open until late every evening.

4　时间性与时间词汇语义

哲学领域对时间性的解释基于时间的有时性（tensed）和无时性（tenseless）区分。根据 McTaggart（1908）提出的 A 系列（A-series）和 B 系列（B-series）时间构想时间方式，时间可区分为两种语境方式——有时性和无时性，其解释力在于时间概念的意义。

A 系列里的时间概念包括现在、过去和将来三种形式。这三个概念描述的时间包含了时间的变化，如果没有这三个概念就不会有变化，由于现在、过去和将来的变化是时间的运动所致，因此，这种理解是在空间中构想时间的"有时"（tensed）法。例如：

（12）埃克哈德说，霍尔克里将在**一个月内**到任，接替于 7 月初辞职的德国人施泰纳，成为联合国在科索沃的最高民事行政长官。（CCL 语料库）

事物随时间而变化事件状态是一种客观存在，时间的词汇语义也是对时间的客观性描述。因此，（12）所描述的事件的时间性也是随时间而变化事件状态，是时间的运动：霍尔克里作为联合国在科索沃的最高民事行政长官前的身份是无职位状态，现在虽然拥有得到职位的资格，但需跟随时间变化接近职位，才能到将来的在任时间位置。"一个月"是一段量化的时间距离，时间的运动缩短了前后两个事件状态间的空间距离，直到某个"将来"与"现在"变成零距离，现在变成"过去"。由此可知，A 系列时间构想中的空间想象使时间成为运动的实体，即时间像运动的物体，时间的变化像物体在运动，时间实体的运动通过事件的发展、变化得以显现，因此，时间性展示出事件性特点。时间的事件性和事件的时间性都决定了时间存在的状态，这种状态是一种持续变化，即事件未发生时是未来，发生时是现在时间，发生后是过去。过去、现在、将来是事件和时间的共同属性（肖燕，2014）。Klein（2009：8）认为，A 系列时间是对时间运动的先后顺序的解释，是事件、过程、状态之连续。总之，运动的事件组成了时间，如果把时间隐喻为流淌的河流，事件犹如河水，从未来流到现在，再流到过去。因此，时间（或事件）都有一个依次出现的顺序（如图 8.2），顺序有时间性而且不受其他因素影响，其客观性也通过词汇语义表征出来。

图 8.2 时间（事件）的顺序

（13）a. 中国将发射北斗系统第五十五颗导航卫星。

b. 6 月 23 日 9 时 43 分，我国在西昌卫星发射中心用长征三号乙运载火箭，成功发射北斗系统第五十五颗导航卫星，暨北斗三号最后一颗全球组网卫星，至此北斗三号全球卫星导航系统星座部署比原计划提前半年全面完成。（环球网，2020-6-23）

"发射北斗导航卫星"是个时间事件，事件按顺序发展，依次从未发射到发射行动进行，发射行动完成后，事件变成过去（图 8.3），说话人在描述这个事件时，未发生、发生以及发生的视角都是以话语发生自己当前位置为参照点，表征整个事件的将来状态、现在状态和过去状态。

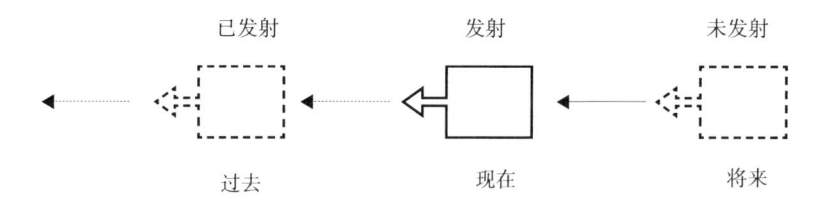

图 8.3 北斗卫星发射的时间顺序

（14）12 日上午 8 点（2016 年），中国 4500 米载人潜水器及万米深潜作业的工作母船"探索一号"科考船首航归来，停靠三亚码头。（新华网，2016-08-13）

"'探索一号'科考船首航归来，停靠三亚码头"作为一个研究存在的新闻事件，时间的次序是从还没有停靠码头到实际在码头停靠，然后成为过去（如图8.4），在没有归来前，事件的描述可以是：

（15）中国4500米载人潜水器及万米深潜作业的工作母船"探索一号"科考船将于12日上午首航归来，停靠三亚码头。

对科考船首航即将归来和已经归来这个事件的时间描述最佳视角也是观察者说话时的位置作为参照点，按照事件顺序描述其状态的变化，说明事件正在发生、已经发生或将要发生。

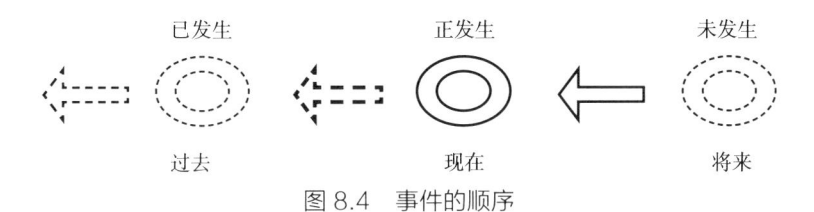

图 8.4 事件的顺序

在前面章节讨论的时间参照框架时已明确，时间性与非时间性通过不同类型表现出来：非指示性时间参照框架具有客观性，时间的顺序和状态在非指示性时间参照框架里也是一种客观存在，时间场景不涉及观察者，这种时间构想方式与B系列构想的时间方式一致。在B系列时间想象中，时间是先前、同时和后来。这种构想时间的方式使用时钟以及连续与同时关系法，把相关的事件定格在一个确定的时空中，因此，这种理解方式是在空间中构想时间的"无时"（tenseless）法。B系列时间描述了事件存在状态和事件之间的相互关系，这种关系和状态是一种客观存在，任何外部作用都不会改变它，时间只是起了联系一个事件与另一个事件的作用，同时确定事件的先后顺序关系，从时间性来看是无时的。例如：

（16）a. 前过听议者，以临为太子，有烈风之变，辄顺符命，立为统义阳王。**在此之前，自此之后**，不作信顺，弗蒙厥佑，天年陨命，呜呼哀哉！迹行赐谥，谥曰缪王。（班固《汉书·王莽传》下）

b. ...investigators attended each physical activity class and systematically administered and collected the survey. *Before* survey administration, investigators explained the survey, asking for volunteers to participate before volunteers.（Corpus of Contemporary American English, COCA 语料库）

在（16）描述的事件先后关系、事件场景中没有观察者参与，观察者与当时的事件和事件场景没有直接的联系，而是从现在的视角描述这些已经确定的关系和当时事件的状态，事件涉及的时间具有本体上的真实性，无论从什么视角去描述它们，时间和事件都是一种静止状态，它们不随时间发生变化：（16）a 中的"在此之前，自此之后"的时间事件、（16）b 中在 *survey administration* 和 *explained the survey* 的先后顺序一旦确定，它们也不会因为时间的变化而变化，事件的经历者和观察者也无法改变，这种客观性是一种永远不变的"无时"状态。

从时间认知模型看时间性，"运动的时间"和"运动的自我"两种时间思维方式、概念和词汇语义与 McTaggart（1908）提出的 A 系列（A-series）和 B 系列（B-series）时间有着一致性。两个系列的时间构想方式描述了人类认知世界过程中的时间经验，哲学、认知心理学的具身认知和经验现实主义在界定时间时，都是从人对时间的经历和体验视角出发，把经验中的认知和概念化联系作为纽带连接两个连续的现实世界经历，使时间经历具有前后关系。Alverson（1994：62）认为，在这个意义上，时间是一个双面关系，一方面，在同一系列经历中它是前后联系，另一方面，在两个或多个前后经历中，它是一种理论联系。

5　身体意识与时间词汇语义表征

由于时间构想是人在世界中的具身体验认知中形成的，这种构想与观察者身体以及身体的经历有直接联系，对时间存在的方位和运动的方向的语言表征都是基于说话人的身体结构，而且有一个最佳视角，这个视角也是观察者根据自己身体位置构想的时间，时间表征中的词汇语义呈现较多的主观性。

5.1 身体结构与时间词汇语义表征

在时间的空间识解中，时间与空间的映射原理决定了时间认知和表征的方式，而人的身体构造、现实世界中观察事物的自然状态等都直接影响时间构想和时间词汇语义表征。根据 Dreyfus（1975：150）关于身体与时间的关系解释，时间的方向性与人的身体朝向相关，这是因为人体结构是一个自我解释时间的实体，具有过去、现在和将来三个维度。这三个维度确定了时间识解的空间性，身体的空间经历直接与时间的三个维度关联起来就是时间位置。Johnson（2008：45）也认为，时间理解中的隐喻映射的源范畴都来自我们的身体及其感觉运动经历，是我们进行抽象的概念化和推理的基础。时间的想象以身体为中心，对时间运动的方向感觉是迎面而来，对时间存在的方位感觉是未来在前方，过去在身后。因此，时间构想者身体的所在位置也是时间的最佳观察视角。

时间和空间的概念和范畴映射后，在运动的时间认知模型中，从最佳观察点看时间，观察者把自己的身体与时间关联起来后，在空间中面对的运动的物体，在时间中成了面向未来，因此，未来朝着我们运动。根据 Lakoff 和 Johnson（1999：140）的解释，过去、现在、未来三个时间在时空连续体中与观察者对应的空间是：观察者位置是现在，观察者前方和后方的空间分别是未来和过去。同样，在运动的自我认知模型中，当时间被概念化为静止的大地时，也变成了一个平面空间，时间与空间同处于一个连续统中，即时空连续体。连续体中的观察者与时间的关系就是时间认知模型中自我与时间关系，自我始终在"现在"面向未来，这也是时间表征在本质上的空间性。这个连续体也说明了人性与时间性之相似性，现在、过去和未来时间一定与人相联系，通过人实现了时间和空间的融合，与海德格尔（2009，2006，2004）关于时间在空间中存在的哲学思想不谋而合。Radden（2004：228）也认为，在西方文化中，时间的方向是前后定位的，这种人的身体结构与时间关联的定位法在语言形式中有很多直接证据。例如：

（17）a. The days *ahead of* them.

　　b. Most politicians will be at/on the hustings in *the coming week*.

　　c. "It's like *looking back on* a beautiful dream," she says now.

在英语中，除了 before 和 after 表达的水平时间关系，go、come、ahead、behind 等表达的时间也是目力所及的正前方或者眼睛看不到的正后方，因此，一般认为西方人时间思维是水平的，（17）描述的时间构想方式都是以观察者为中心，并且以观察者身体朝向为基准进行的水平轴线定位方法，还没有到来或者正在来临（coming）的时间在观察者前面（ahead of us）已经过去的时间（gone by）到了观察者身后（behind us）。

实际上，时间构想和时间的词汇语义表征在中国文化中很大程度上也是基于人的身体结构和位置的前后定位方法，但还同时使用上下定位的垂直时间定位法，这种多角度的空间思维表征使汉语中诸多描述时间的词汇直接用人的身体部位词汇，特别是面部及相关器官，采用"身体部位+方位词"的方法来表达时间（表8.2）。例如："目前""眼前""眼下"。

表8.2 "身体部位词+方位词"表示的时间

身体部位	身体部位词+方位词		
面	面前	—	—
眼/目	眼前	眼下	目前
手	手上	手头	手里
脑	脑后	—	—
（脚）跟	跟前	—	—
身（体）	身后	—	—

"前"和"后"在汉语中作为时间词语一般直接与身体部位的词搭配。身体水平前方自然可视，身体后面自然视域不能及，需通过想象实现，于是"身后事""忘在脑后"都是视觉不能及的时间想象，不能直接反映在大脑中。

5.2　身体位置与时间词汇语义表征

通过前面的讨论我们可以明确一点，即观察者最佳视角中的时间存在的方位和运动的方向是由自己的空间经历所决定的，通过身体结构与空间物体运动过程关系理解时间，时间的构想是一种典型基于身体位置的空间视角。Tenbrink（2007：12）对这种现象的解释是：由于我们目力所及的空间在前面，后面的空间目力不能达到，表征身后的空间是把它想象成在前面。在联系时间时，只能从现在的视角看到未来出现在我们前面，而把过去想象为在身后。经过空间与时间的映射和我们的空间想象，时间被识解为运动着的物体后，时间实体的方向性犹如物体运动一样，总与观察者视角一致，看到的时间面向自己运动，形成了"时间的经过就是运动"这个时间隐喻（Lakoff & Johnson，1999；Lakoff，1993）。例如：

（18）a. 中国传统的新春佳节**就要到了**，很多人开始准备过年，还有不少人不远千里要赶回老家去过年。（CCL 语料库）

b. 2020 年，**历史扑面而来**，现实的戏剧性令任何大片都显得苍白。（《南方周末·新年献词》，2020-12-30）

c. 这样地春去秋来，**一年年地过去了**，英宗已有十四岁了。太皇太后自度年衰耳聩，不愿听政，当下召集三杨及英国公张辅等，嘱他们善辅皇上，太皇太后就于那日起归政于英宗。（许啸天《明代宫闱史》）

"就要到了""历史扑面而来""一年年地过去了"体现的时间观是一种本体论视角，理解这些"运动的时间"就是理解实体（物体）的运动和方位，本质上，这是时间的空间识解隐喻方式，空间性是时间的一种特性，它赋予时间以方向性。当时间被构想成一维、具有方向性的实体或者按照既定的顺序和方向不间断向前流淌的河流后，时间具有了可移动性，犹如物体运动般处于观察者视域内，方向取决于观察者视角，我们也可以据此确定事件的顺序。时间就像"一个运动着的物体"（Lakoff & Johnson，1980a：42-43），凡是运动的物体必然有前后方向，再次说明物体运动方向与观察者相向而行，因此，"未来"作为一个物体也总是在朝静止的观察者运动（如图 8.5）。例如：

过去　　　现在　　　将来

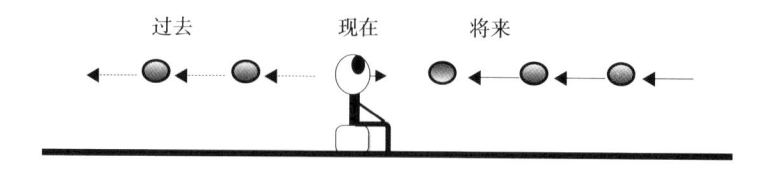

图 8.5　观察者与"运动的时间"

(19) a. 一年一度的"六一"国际儿童节**就要到了**,她怎能不思念着孩子?（CCL 语料库）

b. The worst time has passed.

(19) a 描述的"六一"国际儿童节"就要到了"和(19) b 最糟糕的时光 has passed 都是时间自然运动之力所致,像河水流动一样不可阻挡。事实上,"六一"国际儿童节和最糟糕的时光作为抽象的时间概念并不会真正来或去,在运动的时间模型中,未来必然发生的事是一种运动,这种运动不是物理学里的运动,而是随时间而变化的方位(Lakoff & Johnson,1999:139),Casati 和 Varzi(1999:172)认为,把时间作为一种空间运动形式理解是一种隐喻认知方式,是时间与空间之间的一个类比关系。

从观察者视角看,"运动的时间"认知模型中的时间仍然有现在、过去和将来的属性。根据时间流逝的隐喻看时间,它依次从将来流动到现在然后变成过去,时间的这种方向性与人的方向性互为参照。观察者"现在"位置是一个静态方位,从身体朝向看到或想象,时间是连绵不断流动的物质从"将来"某处流向自己,感知到的"现在"时间时,流水到了观察者当前位置,感知到的"过去"时间时,河水已经流到身后的空间位置,这也是这个结构隐喻具备的空间属性。

同一事物从不同视角的多方位理解往往带来不同的效果。Langacker(2004b)认为,视角是诸多因素的基础,其中一个重要因素是理解情景的最佳视点。如果我们把时间方向的认识放在视角理论框架内,这也是一个视点问题。时间短语 *the day before yesterday* 和 *the day after tomorrow* 是两种不同的定位方法。如果把两个时间短语与观察者身体结构结合起来看,不难发现,最佳视点是 *the day after tomorrow*,因为在方向上,这个时间是朝前看的，而 the day before yesterday 是向后看的。如果中文文字"前"和"后"，英文词语 before、after 与观察者身体结构的联系是前面和后面，似乎与"前"和 before 相关的时间应该是还没有发生的未来时间，与"后"和 after 相关的时间应该是已发生的时间，那么"前天"/ the day before yesterday 应该是表达未来的时间概念，"后天"/ the day after tomorrow 应该是表达过去的时间概念，恰恰相反，前者表达了过去的时间概念，后者表达了将来的时间概念，中英文双语者都不会混淆它们的用法。从字面意义看，与"过去在观察者身后，未来在观察者前面"相矛盾。事实上，在"前""后"/ before、after 这几个时间短语中表达的时间意义使用了第七章讨论的非指示性时间参照框架，用两个时间（事件）之间相互参照来确定时间的位置，时间实体不直接与观察者的身体位置相关联。尽管如此，时间表征仍然有一个观察者视角，虽然"前天"/ the day before yesterday 都已成为过去，"前天"的参照是"昨天"，the day before yesterday 的参照是 yesterday，比昨天（yesterday）更早的时间在它前面，因此中英文都使用了方向指示词"前 /before"。同理，"后天 /the day after tomorrow"的参照是"明天 /tomorrow"，"明天 /tomorrow"离观察者比"后天 /the day after tomorrow"近，以"明天 /tomorrow"为参照的"后天 /the day after tomorrow"在其后面（肖燕，2015）。例如：

（20）But I got a good flight to L.A. I'll be back *the day after tomorrow*, the weekend. The surprise was how happy Chris, who had the…（COCA 语料库）

（21）Good. The last boat for American citizens to leave Italy departs *the day after tomorrow*. "Go home. Pack your bags." " I left my father and…"（COCA 语料库）

（22）NEAL-CONAN: And that raises the issue that's going to come up *the day after tomorrow*, so-called severability. If the court rules the mandate goes too far, does…（COCA 语料库）

（23）…da vinci floor. And on a different one each day. *the day before yesterday* it stopped on the third floor, yesterday on the thirteenth, and this morning...（COCA 语料库）

（24）...accompany him on his daily painting expeditions by the sea. *The day before yesterday* we did all this side of the coast on foot, Claude Monet and...（COCA 语料库）

（25）The inspector generals reports, one of which just came out *the day before yesterday*, is just devastating, and ends with a criminal referral from someone in the...（COCA 语料库）

在 the day after tomorrow 和 the day before yesterday 两个时间描述中，据 Langcker（1990：315）的最佳视点观（vantage point of view），我们实际上也是在从两个最佳时间参照点 tomorrow 和 yesterday 理解时间。在这两个位置理解其他时间时的不同点在于，观察者理解 after 时，在时间上是朝前看的，尽管它们表达的是 B 系列静态时间，观察者可以想象 tomorrow 面向自己运动，时间在到达自己位置后，tomorrow 就与观察者身体位置重合了。

由于时间的量化主要靠空间，观察者总是从现在位置选择最佳视点观察时间方向并构想时间，因此，"现在"永远与观察者本人的位置重合，构想时间的方式和时间表征形式从根本上讲是空间的。Lakoff（1990）从映射角度阐释了这种现象：时间是事物，时间的经过就是运动，所看到的自己前面的运动物体是未来，后面的运动物体看不见，是过去。因此 the day before yesterday 表达描述的时间中，有一个相似的观察者视角，这个视角就是从当前位置向后看，yesterday 像一个运动物体一样已经在观察者身后，时间实体"前天"（the day before yesterday）作为一个运动物体在更早时候经过了当前位置。理解 the day after tomorrow 和 the day before yesterday 两个最佳视点是在一个空间场景里的时间想象，相应的时间事件发生视觉想象的可延伸物理范围内。

无论是自我中心时间模型还是时间相互参照模型，观察者都以各自的存在方式来想象和表征时间，自我中心的线性模型观察者与时间在同一时间场景中，但非自我中心模型中的观察者视角是隐性的，即使运动事件是一个封闭环路，与线性时间也有可比性。根据框架理论（Lakoff，2005；Talmy，

2000b：226-232），框架是认知结构，框架内的参与者都有自己的语义角色，框架事件有时间顺序，一个运动事件即为一个框架事件，因此，一个框架事件是一个时间性环状事件，其图形实体在事件的不同阶段有不同的凸显度，即事件的不同级别，表现事件是部分凸显、半凸显或完全凸显，每一种显露都与一个特定的时间点相联系，这个特定的时间点起背景实体的作用，如"开始""停止""继续"等动词表征的运动事件，事件的进行是凸显内容，"开始""停止""继续"都对应各自的时间，这个时间是事件运动的背景。同时，时间环路中过程的发展或多或少地影响特定的限量，与时间一起形成环路，背景实体也受其他变量的影响，激活的过程就是物体随时间运动，因此，时间的推移也是运动的时间，这种运动的识解就是通过理解空间中的运动来实现的。

5.3 身体运动与时间词汇语义表征

对时间的运动与静止理解是以人的身体为参照的。在构想时间过程中，时间的概念认知与人、空间及空间运动等联系在了一起。Margolis（1999：549）认为，一个概念之所以能够成为概念，是因为它能够与其他概念产生关系。时间就是一个能够与许多相关概念发生关系的概念，由于它是一个抽象概念，因此是一个概念上的依附结构，需要依附空间、事件、物品、运动、感情等相关概念。概念化则是体验性的，Lakoff 和 Johnson（1999：139）认为，概念化不必先于经验，人类的时间经验可以源自像事件经验这类经历。真实的时间经历都是和真实的事件经历联系在一起的，例如，一个人从出生到慢慢长大，最后老去，不仅亲历者自己感觉到时间的流逝，旁观者也能从他人的这种经历中感觉时间的流逝。我们的生命中经历的数不清的事件有序发生，Jaszczolt（2009：VIII–VX）认为这些事件帮助我们定位时间的位置特别是我们所处的时间位置。因此，身体运动既可以帮助直接感知时间位置，也可以理解语言所描述的时间位置，例如早上在去学校的途中感知是上课前的时间或理解他人的类似活动。时间认知模型之一"运动的自我"就是基于人的身体经历，诠释了观察者在运动过程中体验和经历的时间与事件，同时也感知事件的存在状态和物体的方位，其时间表达一般借助动词，特别是描述运动的动词。

（26）a. 再过几天就是开斋节，撒哈拉人同所有穆斯林一样，都忙于节日准备。（CCL 语料库）

b. 中国几百万的莘莘学子本月初参加了高考，再过几天，发榜的日子就快到了。现在，关系众多考生命运的高考阅卷工作正在各地紧张地进行着。（CCL 语料库）

（27）a. You are **going to** visit the United States soon, so I expect the human rights question will become a very important topic during your trip.

b. "If you're going to be much more global, and if you're **going to** double exports within five years, then there are a set of infrastructure projects that are **going to** help you do that," he says. "There are port projects... border crossings, gateways." Similarly, other goals might lead toward different projects. To create a low-carbon economy, one focus might be on charging stations for electric cars. To reduce delays in air travel, updated air-traffic control is needed. Good old roads and bridges can't be ignored either. Some transportation...（COCA 语料库）

（26）中的"过几天""开斋节""发榜的日子"和（27）里的 visit the United States、to double exports、to help you do 都是说话人要经历的时间，在说话人前面的将来某个位置，说话人和听话人会在经历事件过程中经历相应的时间长度，并感知时间的流逝，这个过程也是观察者接近这些日子的过程。同时，所涉及的时间和事件在某个瞬间处于将来的位置，由于观察者的运动会逐渐缩短二者之间的经历，直到经过其的位置并经历其中的时间事件，这些时间将依次也从现在的位置变成过去的位置。

由于观察者是时间构想者，有了身体的运动及其对运动的意识，于是对时间的意识及其构想相对于"动"而存在。人作为有时间意识的运动实体，可以把时间想象为点、线、面。观察者经过某个时间点，或沿着线性、无方向的静止队列移动，当时间是一个更大的面，往往被想象为"静止的大地"，观察者在这片时间大地上走过，走向上面的时间事件并经过它们（如图 8.6）。

自我所处的任何时间点都被视为"现在",未来是无止境的,它在任何一个"自我"前面无限延伸,因此,"自我"只要存在,这个"自我"就继续向新的时间事件走去,随着身体的运动,时间也在时间构想者的思维中无限延伸。例如:

(28)到下个月底我们将完成登月项目的所有准备工作。

(29)By the time we get to the demonstration of these databases, the students will have seen how Boolean operators and limiters work in Primo and should be less intimidated by the databases' search interfaces.(COCA 语料库)

上例中的 *the students* 在现在的位置经历与现在相关的事件,并正在走向 *we get to the demonstration of these databases* 的时间点,当他们看到 *how Boolean operators and limiters work in Primo* 这个事件之后,除了对 *the databases' search interfaces* 的心理畏惧,还会继续走向此事件之后的时间事件。这种时间的空间理解提供了一个关系网络,使时间的参与者和旁观者都能够借此定位物体、观察者、事件或事件的状态(如图 8.6)。

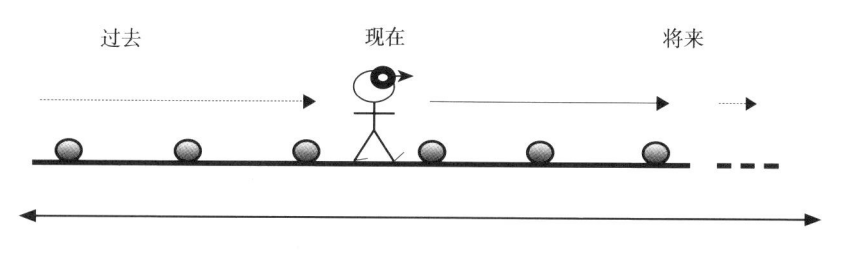

图 8.6 "运动的自我"认知模型(改编自 Evans,2007:753)

自我是时间的观察者,也是时间亲历者,可以是感受时间运动而静待某个时间的来到,也可以想象空间中的运动者靠近某个时间。例如,在"快过中秋节了"中,说话人作为一个实体,是面朝时间在运动。在这个过程中,自我经过确定的时间点(段),体验和经历时间。而在"中秋节快到了"中是定位在一个位置,面朝运动的时间,等待时间的临近。这时,观察者以不同方式理解时间。"快到的中秋节"是一个时间,也是一个想象的空间物体在前方朝观察者运动,这个物体在时间范畴成了一个时间事件。无论是"快过中秋节了"还是"中秋节快到了",都是未发生的相同时间事件的不同描述方式。这两种认知方式中,确定时间方位都依赖说话人的身体结构,根据海德格尔(2006)的时间观,时间与观察者的关系是存在与存在者的关系,作为存在者的观察者,会经历无数存在的时间或时间事件,这些时间事件是流动的河水,在人们的惯常思维中也是运动的物体,当运动至观察者身体的位置(现在),继续向其身后(过去)运动。反之,存在者的运动经过静止的时间事件(现在),继续朝前方走去,时间事件就处于观察者身后,也成为过去。人或时间作为存在与存在者,以各自存在的方式表征了过去、现在和将来的概念。

  运动的观察者在经历事件时所经过的路径往往是直线性的,因此是无限延伸的,这种时间认知方式也诠释了时间的矩阵意义。同时,丰富的时间想象力也把"大地"般的时间整合进运动的自我认知模型,时间的瞬间意义和时间大地概念整合后,结果是延续时间矩阵的离散,即被概念化为在时间大地内的离散方位。当时间的持续意义以长度方式整合进该模型后,时间概念化的结果是时间持续长度等于空间距离。因此,运动的自我认知模型中的概念整合结果是时间可以被量化,那些嵌入时间矩阵中被概念化为大地方位中的时间事件都是时间量化的源泉。例如:

(30) a. The initial prenatal appointment lasts about an hour, and subsequent visits *take 30 minutes*.(COCA 语料库)

  b. That's what's next to the line for Russell and Margaret Chiles, who are refinancing the Dunwoody house they bought last July. Neel is closing their loan in a nearby room. It'll *take 30 minutes* to explain and sign the documents. That's about *15 minutes* less than the closing of a purchase loan, when both the borrower and the seller are present. "During the busiest parts of the month, the attorneys are doing just about a closing an hour," says Ferguson, "who typically puts *in 60 hours* a week." That includes a couple of hours on the computer at home each night after putting his three children to bed. Closing attorneys and their staff started work.（COCA 语料库）

（31）他只用了 10 分钟就把场地打扫干净了。

（30）和（31）中的参观、解释和签署文件、打扫场地等事件持续过程分别用 30 分钟、15 分钟、10 分钟时间量化，每一个事件从起始到最后结束这段时间都是空间化的时间距离。在事件持续时间里，施事者或感事者以不同的运动方式经过事件中的时间。

空间中物体的方位是可以通过视觉和触觉感知到的，通过映射和认知构想，时间和事件的方位存在想象空间里，因此一个完整的事件必然包括时间和空间。Galton（2011）认为，在定位事件时，如果时间和空间缺失一个，事件知识就不完整。时间和空间在认知科学中都被看作从事件和浅表中抽象出来的概念，也就是 Gibson（1975：295）的抽象空间与世界浅表的幻象隐喻关系和抽象时间与世界事件的幻象隐喻。根据 Gibson 的观点，人类感知的时间其实是在感知事件和运动，由此推断，空间的感知就是感知空间中运动或静止的物体，时间的感知即感知事件。任何事件都发生在空间中，它们的运动也限定在某个空间范围内，因此，可以通过空间运动和事件认知时间，对物体运动的体验也是时间或时间运动的体验。例如：

（32）切尔西首次射门就几乎得手！第 12 分钟，奥斯卡脚后跟直传，伊万诺维奇禁区右侧扣过马苏亚库，在门前 9 米处左脚低射近角，阿德里安单手托出底线。随后阿扎尔禁区前沿凌空抽射高出。奥斯卡前场抢断诺布尔突入禁区右侧，在里德轻微拉拽下倒地，主裁判泰勒没判点球，孔蒂及队员表示抗议，科斯塔吃到黄牌。（新浪网，2016-08-16）

在描述的传球事件时，事件涉及的诸多参与者：奥斯卡、伊万诺维奇、马苏亚库、阿德里安、主裁判泰勒、孔蒂及队员、科斯塔、足球、时间实体所构成的事件域中，涉及的运动如传球、射球、突入、拉拽倒地、抗议、吃黄牌等分别发生在某个时间点，虽然没有专门词汇描述运动空间场所，但在说话人和听话人的认知视域和认知想象中，都不需要太多的认知努力就可以把运动事件放在足球场内。

6　小结

本章主要考察了人的身体对时间构想和时间认知表征的影响，分析了时间认知模型中的时间词汇语义与人特别是人的身体关系。在自我中心的时间认知模型中，观察者把时间想象为动态或静态两种形式，自己成为中心参照点，当时间运动时自我静止，反之亦然，这两种识解方式都基于空间隐喻。通过对时间与空间实体的运动和静止、观察者与时间和空间的关系、观察者视角中的最佳视点等的讨论，发现时间认知和时间表征都受制于人的身体，也更好地解释了时间在自我中心认知模型中的词汇语义。

时间与空间的映射后，时间可以被构想为线性空间或平面空间。空间中运动的物体在时间范畴是运动的时间，静止的拓扑空间在时间认知模型中表现为静止的时间线或面。因此，观察者以自己身体为中心参照点构想时间时，时间可以向自己靠近，自己也沿着时间线或在时间大地中前行，走向某个时间点，这些都是基于空间经验的主观认知。因此，时间构想方式是一种空间性识解，时间的"动"与"静"是相对的，观察者如何想象自己身体的位置与运动，影响了时间隐喻构想方式，时间的词汇语义也是隐喻性的。

人体在空间中的位置和方向虽然可以与时间中的方位对应，但并不是完全对称的，人体对时间构想和时间表征的影响也取决于观察时间的视角。由于"运动的时间"和"运动的自我"两种识解从本质上讲都是以自我身体或身体所在位置为中心参照点的时间构想方式，时间的方位和运动方向都取决于观察者视角，即使非自我中心的 B 系列时间表征也有一个观察时间的最佳视点。因此，无论是运动的时间还是运动的自我时间认知方式，时间的存在与运动都与人的存在相关，这也符合哲学的存在论关于人、时间和存在之间的关系阐释。

第九章 线性时间思维的空间性

1 引言

在人类认知发展中，上—下、前—后是建构其他概念和范畴的两个基础概念图式。线性和一维性是时间的典型特征，在时间构想中，这种特征直接表现为前—后和上—下线性时间思维。由于线性时间思维的表征借用了空间直线特质，以时间轴线来表达时间的方向和位置，也是一种时间的空间识解，包括了水平轴线、垂直轴线和侧轴线表征的时间。

时间的空间识解，特别是线性时间思维具有普遍性。但由于语言的文化类型不同，线性时间思维的表征也有所不同，除了时间认知模型讨论的运动时间与静止时间，水平时间和垂直时间认知表征也具有普遍性和典型性，在时间语言中较为常见。

在线性时间思维表征中，人类关于时间的方向思维是多样化的，但一般以一维、线性的时间概念为主。尽管如此，也存在水平时间和垂直时间的倾向性差别。在中西方线性时间思维方式的研究中，认知心理学及其与认知语言学的学科交叉研究用实验方法和基于心理学的语言观察方法对中国人和西方人的线性时间思维进行过研究（Boroditsky，2001，2011），发现西方人使用水平时间思维方式。西方学者，例如 Boroditsky（2000，2001，2002，2011）普遍认为，西方人以水平时间思维为主，空间时间隐喻思维中是一条水平轴线，为前后参照的空间关系，用 before、after、behind、ahead 前后方向的词来表达时间。中国人的线性时间思维以垂直时间为主，用"上"和

"下"表达线性时间，但也使用"前"和"后"表达时间，因此他们认为中国人的时间思维中同时使用水平时间和垂直时间两种方式，但更多使用垂直时间思维。这种推断是否合理有待进一步考察。本章将主要讨论线性时间轴线与其时间表征中的空间隐喻。

2 时间轴线表征的空间思维

一般认为，时间和空间概念及范畴在塑造人类思维方面起着基础作用。在塑造知觉和认知的抽象非命题概念结构方面，Lakoff（1989）总结的四类基本意象图式和上—下、前—后两个概念图式结构，是各种图式组合和转化的基础。时间思维中的前—后和上—下隐喻图式在时间轴线上凸显了其空间方向性。西方的认知心理学及其与语言学结合的跨学科研究普遍认为，人类的时间思维方式主要是线性的，特别是水平的线性时间概念更具普遍性。这个推论也符合多数学科对时间一维、线性特征的认同。即使有螺旋、环形时间概念的存在，研究者如 Núnez 和 Sweetser（2006）也认为，螺旋、环形时间里有线性时间概念，环形路径里包含线性拓扑学，在路径的任何位置，时间旅行者实际上经历的都是一个局部线性环境，在相关局部进行前后定位，形成自然的线性时间思维。因此，与时间特征相符合的水平时间线表征了普遍的时间思维方式。基于水平时间线，空间中的水平方位词汇用于表征水平时间思维。除此之外，有的语言和文化类型中也存在垂直时间轴线和边轴时间线，例如汉语的线性时间表征包括了前后定位的水平时间、上下定位的垂直时间和左右定位的侧轴时间，它们都用来帮助表征线性时间思维，都是时间的空间隐喻识解方式，也就是前—后图式和上—下图式。

2.1 时间—空间联系图式：水平时间隐喻

根据 Johnson（1987）的图式分类，时间—空间隐喻是一种典型的联系图式隐喻。汉语中的"前""后""上""下"和英语中的 *before*、*after*、*behind*、*ahead* 同时用于表征空间和时间范畴。在空间中，它们描述的是以观察者身体为中心的真实情景中的水平或垂直关系，在时间中，则是基于时间与空间之间的隐喻关系，观察者想象自己在时间轴线上，有了水平或垂直时间关系的描述。Torralboa 等（2006）认为，我们的语义记忆中同时存在非连续一致的隐喻映射可能会在不同情景里被分别激活，于是存在不同的心理时间模型，但在不同语言和文化类型中，水平时间轴线是普遍使用的时间隐喻表征方式。由于身体结构在空间中的自然朝向是水平的，目力所及优先看到的是平视的正前方，因此，认知时间顺序是，时间的水平维度优先出现在思维结构里，水平顺序因此大大高出空间的多维度。观察者在想象的时间轴线上融入无限延伸的时间里，其前面和后面的延伸都是无界的。时间的方向定位也与人的身体为参照点进行前后定位，但"观察者自己是无标记的，前面的空间表征未来的时间，后面的空间表征过去的时间"（Friedman，1975：943），视觉优先看到的始终是前面方向，以此为基础想象后面的方向。

时间轴线上的前后关系也可以隐去观察者，两个时间或事件互为参照点，作为时间轴线外的观察者，仍然能够看到一种前、后关系，就像在空间中可以看到某个物体向自己运动，也能看到两个物体在另外一条直线上运动一样，时间轴线上两个时间的关系是一种先后顺序的"前""后"关系。英语中使用时间介词 before、after 和汉语的"前""后"表达的时间关系一般指时间或事件的顺序。"暑假前"、"开学后"、before Friday、after Rio Olympic Games 等表达的都是时间关系。不同的是，中文的观察者中心时间表达和时间顺序表达都用"前""后"，而英语中观察者中心时间表达更多使用 behind 和 ahead/back（图 9.1）。例如：

（1）a.Looking *ahead* further, Mohan Malik examines how rapidly developing shifts in the global energy market could have geopolitical effects that turn the gloom-and-doom "energy dependency" talk of barely a year ago on its head.（COCA 语料库）

b.The jury has been excused. Rigopoulos, after talking about some war experiences to the court that speak to his expertise and experience, is excused for the day. Prosecution says they are ***ahead of schedule* and might be able to finish *ahead of the two months*** alloted. Court is in recess for the weekend.（COCA 语料库）

c. She had a nervous breakdown before it, y'know, so be reasonable. "Major, Alison calls out." Her smack days are **behind** her, I take it. "Just be patient. She's very unstable," I say. "And yes, her smack days are **behind** her."（COCA 语料库）

d. The average unemployment rate from the years 2001 to 2008 was 5.2 percent. The number of people participating, working in our economy is at an all-time low. The labor participation rate is about 63.8 percent. Again, if you **look back** at 2001 to 2008, the average labor participation rate was about 67 percent.（COCA 语料库）

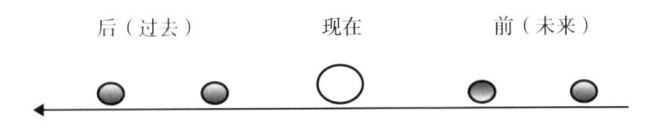

图 9.1　空间—时间图式：水平时间隐喻

水平时间轴线上观察者为参照点时，英语中 ahead 较多用来表时间，back、behind（后）更多用来表空间方位。

2.2　时间—空间联系图式：垂直时间隐喻

除了水平时间隐喻图式，时间—空间的另一种联系图式是垂直时间隐喻。在隐喻线性时间思维及其表征中，前后方向定位的时间隐喻虽然最为普遍，但上下定位的垂直时间作为一种空间性时间隐喻思维，无论是在时间构想还是时间语言表征中都比较常见，特别是汉语的时间语言中，除了前后时间隐喻，"上""下"表征的垂直时间隐喻也很普遍。当"上""下"用于描述时间时，一般说来，如果以现在的时间（时间位置）为参照点，过去的时间被构想为在上面，将来的时间在下面，也就是说，比现在早的时间在上，比现在晚的时间在下。在时间认知和表征中，白天的时间始于早上，然后从上午到下午，晚上的时间是从上半夜到下半夜（也可以说前半夜、后半夜），"上""下"与"前""后"一样成了一个图式结构隐喻（图 9.2）。例如：

（2）a. 上个月（过去，比现在早）

　　b. 下个月（将来，比现在晚）

c. 上午（比下午先开始的时间）

d. 下午（比上午后开始的时间）

(3) a. He knew too that this, offering Hiram a cigarette, was a gesture, but he'd never had much desire to take up the habit, and nothing that had happened to him *up to now* had made him feel any different.（COCA 语料库）

b. And in a related civil case, the Government can demand repayment on reports dating back 10 years — right *up to the day* when Columbia was born.（COCA 语料库）

c. Admittedly, this sample of gifted students represented only about 11% of the total number of gifted students registered with the government *up to the year* 2000, and can hardly be claimed to represent gifted students as traditionally defined in Hong Kong.（COCA 语料库）

d. By doing the book, I got a clear understanding of a lot of things that I didn't know from the past. And how all these things came about with Michael's life and who he interacted with during his business and all those things, *up to present* day. MORGAN: I mean **it seems to come down to this**. I would imagine Conrad Murray's defense is going to be that he was encouraged to prescribe this Propofol drug to Michael that night.（COCA 语料库）

图 9.2　空间—时间图式：垂直时间隐喻

"上—下"图式垂直时间隐喻也是以观察者或说话人为中心的，从空间范畴看，上下方位定位的参照与人体直立的姿势一致。在空间中，受地球引力影响，物体的自由落体运动是从上到下。经过空间与时间的投射，时间运动的方向也像运动的物体般自上而下自然落下，人们在经验现实中反复经历形成了固定的"上—下"图式，映射后的空间时间隐喻是一个空间—时间联系图式，固化为垂直时间隐喻。汉语的"上""下"用来表征时间时也按照这个顺序进行，即"上"描述了先到或过去的时间，"下"描述了后到或者未到的时间。由此可见，"上""下"表达的时间受到现实经验中人的身体姿势和地球引力双重影响。但是，Radden（2011：4）认为，地球表面的固态限制了物体垂直运动的落点，垂直时间线不适合描述时间的无限延伸性，这种说法也可以解释为什么水平时间隐喻思维在各种语言文化中更为普遍的现象。

总的说来，"上""下"用于表征时间在汉语里比较常见，而 *up* 和 *down* 在英语中主要表达空间方位，只有为数不多的几个习语用来表达时间。与 *up* 搭配的几个常用短语是 *up to time*、*up to now*、*up to present*、*up to the day*、*up to the moment*、*up to the year* 等，在语料库（COCA，2016 10 25）中使用的频率也不高（表9.1），*down* 的时间用法更为罕见。

表9.1　*up* 和 *down* 的时间使用频率例示

up	频度	*down*	频度
up to time	76	*down to present*	2
up to now	693		
up to present	14		
up to the day	42		
up to the moment	59		
up to the year	18		
up to World War（Ⅰ & Ⅱ）	16+15		
总计	933	总计	2

down the time 在 COCA 语料库中一共有 35 个词项，但在全部 35 个收录文本中，都不指示时间，只是与前面的动词搭配构成短语，不是严格意义上的时间词汇，包括：*cut down the time*、*trim down the time*、*wrote down the time*、*put down the time*、*jotted down the time*、*breaking down the time*、*pinned down the time*。其中 *write*（*wrote*）*down* 使用最多。

down to present 在 COCA 语料库中只有两个语项，而且也不是时间指示用法，它们分别是：Then I bend *down to present* to her the sleeping face（非时间指示）；A few days after the race, my son Blaine took the champion's crystal bowl *down to present* to The Lighthouse where we also treated all students and staff to a steak luncheon in the cafeteria（非时间指示）。

COCA 语料库虽然没有收录 *down the time*、*down to present* 的时间用法，但它们以及 *down* 的其他用法仍然可以表达时间，其他类似的（如 *down to next century*、*down to this generation*、*down the history* 等）偶尔也会在不同的语境表达时间。

2.3 时间—空间联系图式：侧轴时间隐喻

侧轴（lateral axis）时间是根据人的身体双侧确定的方位，汉语中用"左"和"右"组合在一起表达时间。Traugott（1975）首次提出侧轴时间线概念后，Radden（2011：4）也对此进行了阐释。侧轴时间线是人体左右两侧在空间中的映射方位，观察者身体居中，双侧对称，两边分别是过去和未来的时间。研究者（Casasanto，2017：32；Torralboa et al.，2006；Tversky & Winter，1991）认为，左和右与时间先后顺序的确定受语言文化影响。在书写文化中，从左到右书写的文字影响了时间的先后顺序，过去被映射到左边空间，而未来映射到右边空间。使用从左到右书写语言的人在概念化时间时，把早先的时间放在左边，晚一点的时间在右边。在汉字的组字结构方面，主要是上下结构和左右结构，在书写顺序方面，正好是从左到右，从上到下。因此，Casasanto（2017：32）认为，无论是时间顺序还是表达多与少、长与短等递增的次第，左都处于"先"或"少"等位置。而那些文字书写从右到左的语言如阿拉伯语和希伯来语使用者概念化时间的方式正好相反，早先的事件在右边，晚些的事件在左边。因此，侧轴时间线确定的时间先后也是从左到右。但是，空间时间映射后的时间获得了方向，因此时间是一个有先后顺序、有方向的实体。虽然"左右"可以指示身体两侧的方位，但根据 Jackendoff（1991）的解释，人体首先是站立姿势，上下维度是首要的，其次是站立着的人体才有前后方向维度，从左侧到右侧或从右侧到左侧是一种对称的双侧维度，不是指示方向维度。换句话说，经过空间映射后，时间的两个维度都有了方向和延伸性：前后水平维度可以从两个方向延伸，上下垂直维度可一个方向延伸，而左右双侧维度没有延伸的空间，也没有方向。由此可见，由于侧轴时间线不具有指示方向和方位顺序的功能，也不能指示过去和未来时间的方位和时间之间的参照顺序，侧轴时间不能像水平时间和垂直时间那样有方向和先后的顺序。虽然有足够的证据表明，人们也使用左右空间映射来概念化事件的顺序，但在任何已知语言中都没有约定俗成的边轴的空间—时间隐喻，英语中的时间隐喻也表明，事件轴是前后时间轴线而非左右边轴时间线（Casasanto，2017：32）。Núnez 和 Sweetser（2006：402）也指出，根据语言类型学的空间时间考察，现存文字记载的几乎所有语言中的水平空间时间隐喻都把未来事件映射到观察者前面空间，把过去事件映射到观察者背后空间，没有映射到左边位置或右边位置。因此，侧轴时间线只是一个理论时间轴线，表达的不是确定的时间，而是一个大概的时间，在使用侧轴时间线时，时间的先后顺序、早晚概念的确定必须依赖水平时间线（图9.3、图9.4）。

　　线性时间是限定事件时间的重要时间轴线。在事件时间隐喻中，一般认为是按时间的先后顺序进行的。从水平位置看，侧轴时间线与水平时间线一致，但由于它没有方向延伸，在方位上也没有更远的指向，只能在观察者身体的左右两侧，没有任何独立的特征，很难用于表达时间概念。虽然汉字的结构一般从左到右，但"左""右"两字并不像"前""后"可以独立描述时间方位，只能"左右"一起描述一个不确定的时间，即使"左右"位置必须依赖身体，描述时间时不使用自我中心参照点，也不是两个时间的参照，而是"左"和"右"都以某个具体时间为参照，这个时间就像人的身体一样，当这个时间不能确定时，左边的时间和右边的时间也有可能成为所指向的时间，可能是这个时间本身，也可能是"左"，还有可能是"右"：即早于某个时间或晚于某个时间。例如：

（4）当天下午**两点左右**，第四军代军长梁鸿楷来到军校办公室，向蒋介石报
　　　告："已将旅长杨金龙和东坡楼驻军两个连长都扣押，所有该旅的部队，

已撤出广州市区。"(陈廷《蒋氏家族全传》)

右　　　　　　　　　　左

图 9.3　侧轴时间线

（5）活动定在星期三左右（星期三、星期三前或星期三后）。

星期二　　星期三　　星期四

图 9.4　"左右"与"前后"时间关系

"左右"在汉语中实际上已经成了一个表示不确定数（量）的词，功能与"上下"连用表达的不确定数量相同，描述时间和其他数（量）的用法并没有多大区别，都表示一个大概的数字。例如：

（6）a. 轻熟女：广东地区，本科学历，身高 159-163cm，28 岁**左右**最受欢迎。优质男：北京地区，本科学历，月收入 2 万**左右**，身高 175-180cm，33 岁最受欢迎。（凤凰网）

b. 六十**上下**的年纪，这群人还每天到练功房练习舞蹈基本功。

所不同的是，"上下"拆分后和其他时间词语一起可以表达较具体的时间，例如"上周""下周"，但没有"左周""右周"之说。因此侧轴时间隐喻图式不是一个清晰的概念图式，在表达时间方面有模糊性。总之，与描述某个具体时间的数据一起使用时，"左右"增加了不确定性，说话人留下了一定的余地，不能独立用于表征时间，解构其具体时间意义还是需要借助水平时间轴线完成。

3　线性时间思维及其表征的特点

线性时间思维作为一种时间思维方式，其共同点是水平时间思维的普遍性，但在时间的方位和方向构想及其表征方面有着一定的语言文化差异。时间语言描述中的水平时间轴线和垂直时间轴线的使用是时间一维性和延续性以及方向性在人类时间思维中的反映。在诸多语言文化类型中，对时间定位方法包括了从前到后、从后到前、从左到右、从右到左，以及从东到西等不同方法。在对时间属性、时间与空间的部分映射关系、时间认知模型的考察后不难发现，前后方向的水平时间思维是一种更普遍的方式。但这种普遍性与差异性是并存的，不同语言文化类型中的时间概念差异表现为时间认知模型的不同，时间语言表征也各有特色，体现了各自的语言和文化类型特点，因此，语言以不同的方式描述时间运动的方向或存在的方位，在这个方面，汉语和英语有共同之处，也有各自的语言使用特点。例如：

（7）a. 记得在**光绪十年左右**，中国派驻日本的钦使，叫做黎庶昌。这姓黎的，便是在同治元年，上那万言书，由朝廷破格录用，赏给个知县，交曾国藩大营差遣的。（李伯通《西太后艳史演义》）

b. 到**立春以后**，都是梅花杂片，更无六出了。（施耐庵《水浒全传（下）》）

c. 这个周末索伦斯坦要在日本打一场球，下周她将和赖斯一起在美国佛罗里达州训练。**下周日**他们将飞往美国得克萨斯州作比赛前的最后准备。5月22日—25日美洲银行杯殖民高尔夫球赛将在那里举行，她将作为惟一女性按照男性比赛的规则和世界高手同场竞技。（CCL语料库）

（8）a. All that week, *up to next Sunday*, I kept busy ignoring Beady and didn't see a sign of Louise Marie who seemed to have completely forgotten I was the one who found those perfect sunglasses for her.（COCA 语料库）

b. And their father and mother stressed that reading and learning to use the English language were essential to a full life and to have purpose in your life. That — and the purpose of the country in those times, that era between let's say the late 19th century and 1910, or *up to the time* of the First World War, was progress on all levels.（COCA 语料库）

c. If your college days are *behind* you, you can still create common ground by finding out your boss's interests and getting involved: volunteer, join a club or learn to play golf.（COCA 语料库）

d. The game also went into detail on what you had to do and gave you hints along the way.I enjoyed the old style graphics and using skills like remembering and thinking *ahead*. Also using time against you, and choosing right and wrong decisions.（COCA 语料库）

  在上面这些表达时间早晚和先后顺序的线性时间思维中，汉语和英语两种语言表达的时间有很多共同点，两种语言在对时间进行概念化表征时，都借用了空间词汇表达时间概念。虽然用或不用空间词汇都可以表达时间，两种语言在如何用方面也有差异，无论使用与否、如何使用，空间词汇表达时间的方式并不完全一致。

3.1　线性时间思维特点：中西方研究视角与结果差异

  在线性时间思维研究方法和内容上，认知语言学和认知心理学都关注到了时间思维方式和语言表征两个方面，但关注的重心有所区别。前者重视时间语言的本体研究，一般采用溯因推理方法，通过语言分析探寻语言背后的本质特征。后者重视实验研究，并结合认知语言学语言分析方法，因此一般采用时间思维实验和语言观察。西方研究者（Radden，2011；Fuhrman et al.，2011；Boroditsky et al.，2011；Boroditsky，2001，2000；Alverson，1994）对中英文本族语者的时间思维实验和语言观察实验进行了比较分析，两种语言使用者的线性时间思维有共同之处，也有很大不同。

  就时间思维的线性特征而言，讲汉语者和讲英语者的时间思维方式都是线性的，都使用水平时间思维方式，但在水平时间思维和垂直时间思维使用上有不同倾向性。总体上，讲两种语言的人时间思维方式都是线性的，但在时间的方向性的倾向性方面，西方学者的实验观察结果表明，讲汉语的人在构想时间和谈论时间关系时，受试对象的15.4%—44.4%更频繁、自然地使用垂直时间线。讲英语的人构想时间和谈论时间时更倾向于水平时间思维，自然地使用水平时间线，在描述空间时间时使用水平空间词汇，受试者的水平时间思维为97.4%，垂直时间思维为2.5%（Fuhrman et al.，2011；Boroditsky，2001）。根据这些数据分析，西方学者认为，在有关时间方向的思维方式上，英语本族语者把时间看成水平的，而汉语本族语者把时间看作垂直的。汉语本族语者也使用水平时间轴线表达水平时间思维，但多数时候使用垂直时间轴线表达，说明垂直时间隐喻在汉语本族语者的空间时间里更频繁使用（Boroditsky et al.，2011；Fuhrman et al.，2011；Boroditsky，2001，2000）。西方学者进一步认为，线性时间思维倾向性差异是语言和文化类型差异所致，这种差异体现在时间表征的方式上，还表现在时间方位的构想不同，一些语言现象学研究者（Alverson，1994：75；Radden，2011）甚至错误地推断，汉语在表征时间方向和方位思维时，已经发生的事被想象成在观察者前面，还没有发生的事在观察者身后，与英语表征的过去与未来时间方位相反。

西方学者的实验和语言观察结论几乎是一致的，他们（Boroditsky et al.，2011；Boroditsky，2001；Gentner et al.，2002）认为，汉语和英语本族语者的时间思维方式的差异性在于垂直时间和水平时间选择的倾向性区别，即英语本族语者的线性时间隐喻思维为水平方式，汉语本族语者的线性时间隐喻一般情况下同时使用水平和垂直时间，但更倾向于使用垂直时间。

针对西方学者关于中国人时间思维倾向性的结论，特别是Boroditsky（2001）根据汉语的时间表征"上个月"在 Chinese also uses the vertical metaphors 的描述中被逐字翻译为 the month above' to mean last month 这样的用法，推导出汉语本族语者的时间思维是垂直的，中国台湾的研究者Chen（2007）对此进行了再次检验。对于Boroditsky（2001）关于"讲英语的人在回答问题时，理解水平时间问题快于垂直时间问题，讲汉语的人理解垂直时间问题快于水平时间问题"的假设，Chen（2007）认为，"这个假设明显违背我们作为汉语本族语者的直觉"。

他们实验的第一部分是从雅虎和谷歌新闻的实时语料中连续4天下载了100篇汉语新闻报道，选出了"年""月""日""季节"和空间词语"上""下""前""后"等时间词语，找出水平时间隐喻和垂直时间隐喻，结果发现，水平时间隐喻共有250个（"前"123个，"后"127个），垂直时间隐喻共有 122 个（"上" 70 个，"下" 52 个），水平时间隐喻使用在数量上比垂直时间隐喻多出一倍多。

实验的第二部分采取类似于西方学者的方法，分别用图和中英文双语对图的描述句子来测试双语中国人的空间时间思维，这些语言描述中选取方位词和时间词与第一个实验的词语完全相同，四次实验结果都不支持 Boroditsky（2001）的假设和结论。

因此，Chen（2007）的结论是：在时间构想方式上，讲汉语的人与讲英语的人没有区别。中国人的空间时间隐喻思维中既有水平时间，也有垂直时间，但中国人空间隐喻思维中的水平时间隐喻多于垂直时间隐喻。

3.2 语言文化类型与时间思维表征

如果讲汉语的人与讲英语的人在时间构想方式上没有区别，空间时间隐喻思维也相似，那差别来自哪里呢？这个问题实际上涉及了语言与思维的关系以及语言与文化的关系。

中西方时间思维及其表征有诸多共同点，但差异也是存在的。在涉及思维方式与语言文化的关系时，我们很容易从 Whorf 假说中找到依据：Whorf 和 Carroll（1964：66）认为，思维作为一种功能在很大程度上是语言的。一般认为，语言是思维的表现形式，思维是心灵的语言，从这个角度看，时间表达方式是时间构想方式的反映，语言和文化对时间思维的影响也是实实在在的。刘丽虹、张积家（2009）认为，水平时间和垂直时间思维不影响对时间本质的认识。时间本身并没有垂直和水平方向，只是被想象为水平方向和垂直方向。在最初建立时间表达方式时，不同的语言对时间有不同的规定，后人承袭前人的时间表达习惯，按照本族语言的约定俗成方式匹配时间和空间的不同维度，以与之匹配的方式构想时间。因此，时间的语言表征与时间思维是一致的，语言影响并反映时间的构想方式。

根据语言与思维的关系，英语本族语者的时间思维方式也反映在了英语词汇结构特点和书写方式上：几乎每一个英语单词都是字母的水平横组合体，书写方式也是按水平方向从左到右。Fuhrman 和 Boroditsky（2010）、Fuhrman 等（2011）认为，由于英文单词的书写方式为从左到右的水平顺序，映射到事件上后，水平事件的顺序也自然从左到右。因此，在时间布局上，水平时间线上的时间按先后顺序从左到右排列，这种先后顺序实际上仍然是前后关系。汉字的结构相对来说更加复杂，既有上下结构也有左右结构。如果根据文字书写解释空间时间映射关系，从左到右的书写文字映射为水平时间思维方式，上下结构的文字映射为垂直时间思维方式，汉字具备两种书写方式，甚至也有很多汉字在同一个字内部，其结构既有左右顺序，也有上下顺序，从这个角度看，讲汉语的人同时具有水平时间思维和垂直时间思维方式是受这门语言影响的结果。虽然研究者们认为时间表征的方式与文字书写顺序有一定关系，但 Fuhrman 等（2011）的研究表明，文字书写顺序对时间表征的影响有限，在他的实验中，受试者的语言水平对时间表征影响更大，汉语水平越高的人越频繁使用垂直时间思维方式。

语言和文化类型的差异导致了对时间概念描述的差异。Whorf 假说给我们的启示是，语言不仅仅是表达思维的工具，也塑造了我们的思维，帮助我们把认知经历组织成概念并融入语言中。语言文化、社会形态等不同，生活经历也有差异，因此时间认知也有差异。在时间认知模型中，这种差异主要表现为时间定位和时间语言表现方式的不同。因此，从语言现象上看，汉语和英语都有水平时间语言，但表达的方式有相同之处，也有不同之处，例如：

（9）a. 大家用过饭，老侠侯振远跟童林他们哥俩可就**提前**走了。（常杰淼《雍正剑侠图（中）》）

　　b. The race-polls show Emanuel holding a clear lead-illustrates the serious challenges facing the Democratic Party's recalcitrant populist wing as it tries to move the party to the left *ahead of* the 2016 election.（COCA 语料库）

表示先于某个时间的时间，类似的时间事件都用方向词汇"前"（ahead）描述，例如：

（10）a. Things are running *a couple of minutes behind time*. There's a lot of information to accumulate and a lot.（COCA 语料库）

b. 但是这位"活电脑"也有失误的时候。当她的女儿出生时，却比莎姑达拉自己算的预产期**慢了 1 个星期**。（CCL 语料库）

同样表达"晚"的时间事件，汉语用"慢"，英语用 behind。

（11） a."兄弟，这话说远了，前些日子你知道师父让我完了事不叫走，叫我收拾收拾东西，然后师父把我叫到屋里，已经**提前**教给我绝艺啦。哈……你知道吗？（常杰淼《雍正剑侠图（中）》）

b. A similar southbound train departed New York *an hour earlier*. The wreck killed eight people and injured more than 200.（COCA 语料库）

同样描述先于预定时间的时间事件，汉语用"提前"，英语用 earlier。

如果我们对语言使用和语言现象做更进一步的系统分析，会发现更丰富的用法表达时间。因此，就词汇使用的观察实验而言，很难做到全面、系统的语言和文化对比。小范围实验和观察语言使用得到结果与普遍的语言使用和大型语料库中的语言使用事实也不一定完全一致。根据 Boroditsky（2001）的实验观察，不能用英语 *earlier/later* 和汉语"上/下"描述与自己相关事件排列和顺序，在表达未来的未来时，无法说 *the meeting is earlier than us*，在他们的分析中，英语中 *Earlier/later* 表达时间时对应的汉语词汇是"上/下"，因此，它们都是绝对词汇，也就是说，只有使用绝对时间参照框架时才用它们来描述时间。但在现实语料和语言使用中，汉语的"上""下"既使用绝对时间参照框架，也使用相对时间参照框架，既可构想时间的方位，也可描述时间的顺序，即指示性和非指示性时间参照框架都可以用"上""下"表征时间。例如，"上""下"表时间的方位：

（12） a. 他说："只能说一般没有，我们**上周**的开箱合格率是 99.3%。我们的标准起码是 99.5%。（CCL 语料库）（指示性时间参照框架：时间的方位）

b. 新的宿舍管理制度**下周**开始实行。

c. 博姆：我们**上一次**讨论过，人类可能一误入歧途，就开始受到各种局限了。（CCL 语料库）（指示性时间参照框架：时间的方位）

d. 省得在此不喜欢，待我接回去住几日，劝喻他**下次**不可如此。（冯梦龙《醒世恒言（下）》）（指示性时间参照框架：时间的方位）

在上面几个时间语境中，"上"和"下"表达的时间实际上是相当于说话人所处的现在位置而言的，因此是指示性时间参照。同时，"上""下"也可以表达时间的顺序，下面的时间语境中就没有说话人（观察者），是一种非指示性时间参照：

（13）a. 经济速度可能比上半年有所回落，进一步趋向调控目标，下半年国内生产总值增长速度将在10%左右。（CCL语料库）（时间的顺序：垂直时间参照）

　　　c. **下半场**，中国队注意控制场上的比赛节奏，进攻速度明显比上半场放慢，但场上的主动权基本上在中国队控制之下。（CCL语料库）（非指示性时间参照框架：时间的顺序）

　　　d. 日韩之战，日本队控制了中场，不断组织起有力的攻势，终于在下半场由球星三浦知良门前抢点踢入一球。（CCL语料库）（非指示性时间参照框架：时间的顺序）

earlier/later 在英语中主要用于表达时间的顺序：

（14）A participant who could have chosen alternative modes of attendance but wanted to study alongside others he had worked with during an *earlier* course reported: I had to give them an ultimatum: give me Wednesdays off unpaid or I'll quit. They wouldn't give me time for studying, if I've got assignments due in, they wouldn't give me time off for that.（COCA语料库）（非指示性时间参照框架：时间的顺序）

（15）a. *A week earlier*, mobs of Azerbaijanis in Baku were accused of killing 67 Armenians in an outbreak of ethnic violence that the Soviet government referred to today as pogroms.（COCA语料库）（非指示性时间参照框架：时间的顺序）

　　　b. Where it could not be taking place, I found myself thinking, was more than 700 miles Northeast, in the forests of Northern Nigeria, where roughly the same number of individuals—young schoolgirls—were being held hostage after Boko Haram had kidnapped them *six days earlier*.（非指示性时间参照框架：时间的顺序）

c. View the video "A Private Universe *20 Years Later*" at the Annenberg Learner website at www.learner.org/ resources/series28.html?（COCA 语料库）（非指示性时间参照框架：时间的顺序）

d. Including dexamethasone, prednisolone, betamethasone and methylprednisolone. *Later* studies found greater benefits implementing higher doses and with repeated administration after surgery.（COCA 语料库）（非指示性时间参照框架：时间的顺序）

3.3 时间表征差异与参照框架的使用

我们在第七章讨论的两种类型时间参照框架用于表达时间思维时，指示性时间参照框架和非指示性时间参照框架的使用对于时间的方位和方向指向特别是时空共用词汇"前""后""上""下"表达的时间位置有很大不同。

西方心理学关于汉语和英语本族语者的过去和未来时间方向和方位表征结论也与中国人的实际语言使用有较大差距。无论是语言实验还是语言使用，把"前"说成过去，"后"说成未来，都有很大的片面性。前者已经被中国学者（Chen，2007）的实验否定，后者很容易被现实语言使用中的语义分析否定。从汉语的语言使用中可以找到大量例子。例如，在表达未来的概念时，"后天""今后""以后""从今往后"等词语都描述了未来的时间，以及表达过去概念时，"以前""从前""前年""前天""前不久"等词汇描述了过去的时间，从字面上看，"前"在这里与过去的时间相关，"后"与未来的时间相关，貌似"后"指示未来，"前"指示过去，按照西方学者的分析结论，中国人用在后面表未来，用在前面表过去。但是，如果仅仅根据这些组词把"前"和"后"的意义与过去和未来对应，这种语言观察和分析就停留在"前""后"两字的字面意义上，忽略了"前""后"两个字组词后的词汇意义、使用语境和时间参照框架的类型。在他们分析的表时间文字中，仅从字面意义看，"前""后"与其他字搭配后，确实是含"前"的词语表达了过去的概念，含"后"的词语表达了未来的概念。但并不足以就此推断"前"是过去、"后"是未来。如果我们从时间参照框架使用看，它们没有涉及自我中心参照框架，也就是说，"前天"是先于刚过去的前一天到达的时间，不是观察者前面的某个时间，"后天"是即将到来的一天后面才会到达的时间，也不是观察者后面的时间，描述使用了客观性参照框架，观察者从时间场景之外的某个视角描述时间，时间的方位与观察者身体没有联系。

因此，时间方位的构想和时间表达时，"前""后"到底表达过去还是未来，要靠参照框架的使用来确定。仅仅根据"前""后"组词得出"前"是过去，"后"是未来的类似结论往往是拆字独立解析时间词汇或者脱离语义场的结果，例如 Alverson（1994）根据"以前"和"以后"的意义分别指已经发生的事和没有发生的事件，推导出中文"前"的意义是过去，"后"的意义是将来。"前"和"后"确实可以分别表达过去和未来的时间概念，但事实上，根据词语搭配和参照框架以及观察者视角等，它们都可能既表达过去也表达未来的时间概念。与空间描述一样，当观察者置身于时间场景之外时，所描述的时间关系处于客观场景中，注意的焦点是场景中的实体本身，使用非指示性客观时间参照框架，观察者所处的时间位置与场景中的时间实体没有关系。当时间场景中的实体与观察者位置关联时，观察者自己成为中心参照点，描述时间时使用指示性主观时间参照框架，观察者自身也是时间场景中的一部分。"以前"和"以后"用于描述过去和未来时间时，观察者当前位置与所描述的时间方位分离，"前""后"表达的时间方位和方向不一定与观察者当时的身体前后方位和方向关联，参照物可以是另一个时间或事件，使用非指示性时间参照框架。例如：

（16） a. 本置冬荐，务在得人。自今**以后**，所荐官考试奏入上等人，如无他故者，准前敕类例处分。（CCL 语料库）

b.《太平经·内品修真秘诀》云：上清大真人未升天**以前**，皆二取本命之日，修行四等法诀，后步履斗星，蹑地纪，升登天门，便入金阙玉台而后圣君也。(《金锁流珠引》卷十五注)（CCL 语料库）

"以后"的时间参照点是"今"，"以前"的时间参照点是"上清大真人未升天"之时，观察者并没有在所描述的时间场景里，因此，"前""后"表达的时间与观察者身体位置的前后空间没有直接关系，只是两个时间（事件）之间的参照关系。在非指示性时间参照关系中，"以前"也描述还没有发生的事、"以后"用来描述已经发生的事：

（17）沈董事长希望，四通的产权问题，在今年年底**以前**能有一个结果。（CCL 语料库）
（18）天下都府及县官禄白直品子等课，从今载正月一日**以后**，并量给一半，事平之后，当续支遣。（CCL 语料库）

时间描述在涉及参照框架和观察者视角时，汉语和英语使用者的时间构想（过去和未来的方位与观察者朝向）实际上并没有太大差异。过去的时间"前天"和 the day before yesterday 都用了涉及身体方位的"前"和 before，不同的是，"前"与"后"在汉语里时间词和空间词共用，时间词汇并没有从空间词语中分离出来，英语的 before 和 after 已经从空间词汇中分离出来，成为专门时间词汇，ahead、behind 多用于描述框架方位，偶尔也指时间。英语指示前后方位的词汇（before/ahead、after/behind）与未来和过去有对应关系，特别是时间专用词汇 before 和 after，但空间和时间共用的 ahead、behind 的这种关联就不那么绝对，雪莱 Ode to the West Wind 里的诗句 "If Winter comes, can Spring be far behind?"，"behind"表达了还没有到来的未来时间。因此，汉语和英语的"前"、"后"、before、after 都可以表达过去和未来的时间，具体指过去还是将来，取决于时间认知模型和参照框架的使用。例如，in the following weeks 和 in the weeks ahead of us 都指未来时间，从时间认知方式看，前者是"运动的时间"认知模型，观察者静止不动，时间像物体朝观察者运动。后者使用"运动的自我"认知模型，时间静止不动，观察者朝未来运动（Lakoff & Johnson，1980a：41-44））。由此可见，英语中同样存在指示前后方位的空间词汇所表征的时间隐喻貌似矛盾的用法。

当空间与时间关联时，普遍的时间认知共识是观察者所处的位置为"现在"，但不是所有的语言文化都把未来和过去分别与观察者后面和前面对应，少数语言文化甚至与普遍的语言文化类型完全相反，把过去视为与观察者前面的空间、未来与观察者后面的空间对应。例如，在玻利维亚、秘鲁东南部和智利北部使用的 Aymara 语言里，"前面"的意义是"过去"，"后面"的意义是"将来"。马达加斯加使用的 Malagasy 语言里，taloha 或 teo aloha 是前面的空间（before、in front of），但描述发生在过去的事情时，aoriana、any aoriuna 和 amin'ny manaruka 指后面的空间，相当于英语的 after、behind 和 in the following、behind，指时间时表示未来的事件（Dahl，1995；Núnez & Sweetser，2006），似乎是一个过去在前面，未来从后面来的例证。

4　小结

本章主要考察了线性时间中的时间轴线及其时间表征的空间性。

在现有线性时间表征类型中，主要包括水平时间和垂直时间，表征时间时分别有一条隐喻的时间轴线：水平时间轴线和垂直时间轴线。水平时间轴线是根据观察者身体的前后水平方位确定的，依据这条时间轴线观察和描述时间，时间的方位和运动的方向都与说话人的身体朝向一致。垂直时间轴线是根据人体的直立姿势确定的，时间的方位和运动的方向与站立姿势及地球引力有一定关系，处于上下位置或上下运动。除此之外，时间思维中还存在边轴时间性，根据人体的左右方位确定，但由于不能表达时间的方向和无限延伸性，因此使用受限。

在线性时间思维方式上，语言文化类型对时间的构想方式和时间表征使用的时间轴线密切相关，像汉字的结构和书写方法对汉语本族语者时间思维的明显影响就是他们同时使用水平时间轴线和垂直时间轴线，但总的来说，水平时间思维在所有语言和文化类型中都具有普遍性。

在线性时间构想中的时间方位和方向问题上，虽然中西方学者都使用了类似的研究方法，对是否使用线性时间思维方式看法一致，但对时间的方位和方向看法并不完全一致。从分析方法上看，西方学者对汉语的时空共用词汇只停留在了词汇的字面意义上，没有考虑到时间表征所使用的参照框架和当时语境，因此结果有着片面性。在这一点上，中国研究者的分析方法更为全面，因此，研究结果也更符合汉语本族语者的时间思维现实。

第十章 线性时间思维表征的英汉语言类型差异

1 引言

通过前面章节的讨论已经明确,线性时间是世界上绝大多数不同语言文化类型中存在的时间思维方式。汉语本族语者和英语本族语者的时间思维方式是线性的,两种语言中都有空间词汇隐喻表征的线性时间,与时间概念的线性和一维性特征一致。但中西方心理学的研究对两种语言和文化中的水平时间和垂直时间思维及其表征是否一致存在争议,需要从更具体的空间方位词汇在时间表征使用方面来看语言文化类型的差异。

本章将根据语料库的现实语言使用情况,比较汉语和英语水平时间和垂直时间思维及其词汇语义,希望能对相关争议性问题进行进一步考察。主要从 BNC、COCA 和 CCL 语料库选取了对线性时间表征有争议的时空共用词汇,即汉语的"前""后""上""下"和英语的 before、after、behind、ahead 以及 up 和 down 表达的时间意义,对汉语和英语时间方向表征进行分析,通过语料库数据和语言使用分析,进一步考察汉语和英语在时间思维和时间表达方面的共性与差异。

2 空间—时间图式的词汇语义表征

线性和一维性是典型的时间特征,时间构想中的线性时间多为水平时间轴线和垂直时间轴线上的空间性时间隐喻,因此,时间表征中广泛使用线性时间轴线，时间的词汇语义特征表现为大量使用空间方向表征的水平和垂直词汇。几乎所有描述水平方位和垂直方位的中英文空间词汇都可以用来表达时间的方位，汉语中最常用的方位词"前""后""上""下"都用于谈论时间，英语中使用 before、after、ahead、in front of、behind 和 up、down 等空间词汇也用来描述时间，从这些空间词汇的时间用法可以看出，中英文中同时存在水平时间和垂直时间两种时间思维方式。例如：

（1）但以美国为首的北约袭击我驻南斯拉夫大使馆后，中国加入 WTO 的**前景**忽然变得模糊不清，国内一些人士对中国加入 WTO 的必要性也产生了这样那样的看法。（CCL 语料库）

（2）"一般的反应都认为是学者从政"，不但不感意外，反而予以鼓励。胡适作为自由派学者的人望，更以诗句相赠。**后来**，他也应邀出任驻美大使。凡此都说明他们对书生从政是视为理所当然的。（CCL 语料库）

（3）他就将计就计，告诉英国人说："**上年**钦差大臣林等查禁烟土，未能体仰大皇帝大公至正之意，以致受人欺朦，措置失当。"（CCL 语料库）

（4）他谈到**下年**度的社，大小干部就得六十多个，大家觉着这数目有点惊人，有的说"比一个排还大"，有的说"每两户就得出一个干部"，有的说"恐怕有点铺张"。（CCL 语料库）

（5）And knowing as much about medicine as he did, he, knew what *lay ahead* for him at some point, didn't want to endure that and took an overdose of expired (laughter) ...（COCA 语料库）

（6）Not for a second had she wondered why she was going. She was compelled to go by the logic of a story she was beginning to tell herself, a story that began somewhere in her childhood and ran on unseen into the future *in front of* her. She went before dark, and she stayed until there was no one else in the street, but two days had passed and he failed to appear. *The following day* she went again, and a third time as well.（COCA 语料库）

（7）Amy Heathcock. She'd been *two years behind* me in high school, and we'd been members of separate outcast cliques that sometimes joined and that shared the hallway outside the band hall for hanging out in the mornings before class.（COCA 语料库）

（8）Iran's interests in Syria ***up to now***, Assad has pursued an "all corners" strategy in which he deploys his troops to wherever they are needed in Syria.（COCA 语料库）

（9）His rejoinder echoes ***down the ages***, stopping the mouths of any Luddite narrow-minded enough not to see near-infinite potential in every new technology.（COCA 语料库）

如果没有具体语境，"前""后""上""下"和 *ahead*、*behind*、*in front of*、*up*、*down* 作为孤立单词（字），一般被理解为表征方位的词汇。在一般词典释义中，"前""后""上""下"方位意义通常放在第一条或靠近前面的位置，其次才是它们的时间用法，英语词汇 *ahead*、*behind*、*in front of*、*up*、*down* 也是如此。但"前""后""上""下"组成的词汇表时间的用法在语料库中也颇为频繁，由于英语中的 *before* 和 *after* 几乎完全从空间词汇中分离出来专门表时间，*ahead*、*behind*、*in front of*、*up*、*down* 主要用于表达空间关系，其中只有 *ahead* 的时间用法略微多一点。

2.1　前—后时间图式的英汉语类型差异

就空间性线性时间构想而言，尽管中西方的实验观察研究结论有不一致的地方，但都认同中英文使用者线性时间思维的普遍性。"前—后"图式隐喻在水平时间轴线上的词汇使用与空间中方向和方位词汇一致：在涉及水平时间和垂直时间思维及其表征的倾向性问题和空间描述时，"前"、"后"、*behind*、*in front of*、*ahead* 都是基于人体水平方向和方位的空间语言，它们用于描述时间时，也是水平时间思维在语言中的反映。在时间思维倾向性问题上，研究者（Núnez & Sweetser, 2006; Boroditsky, 2011, 2002, 2001, 2000）都认同英语的时间概念化表征以水平时间为主的观点。汉字"前""后"同时可以用来描述水平空间方位与水平时间方位，虽然是相同的文字，丰富的语境知识和共同的认知渠道并不会妨碍参与交际的双方正确理解表达的是空间问题还是时间问题。语料库的语言使用也可以进一步验证汉语和英语在表征水平时间思维方面的异同。

在水平时间的空间隐喻表征中，汉语的时间与空间使用了"前"与"后"两个完全相同的汉字。我们在语料库（北京大学中国语言学研究中心，即CCL语料库：Center for Chinese Lingustics, PKU）中的现代汉语库分别检索了"前""后"，获得了所有包含"前"和"后"项目结果总数。然后分别选择了常用的包含"前""后"的时间词语在其中进行检索，检索到与"前"搭配的项目共有945649条，继续检索"前"的常用时间语义词项共50个，去除频率不足1000次的词汇项目，使用频次1000以上的词汇33个，共565946条结果，时间用法频率为66%（表10.1）。检索到含"后"的项目共有1022271条，继续在其中检索常用包含"后"的时间语义词汇项50个，去掉使用频率不足1000次的词汇项目，使用频次1000以上的词汇43个，共672618条结果，时间用法频率为66%。结果显示，"前""后"组词中的时间用法在数量上高于空间用法

表 10.1 时间频度与频率："前"与"后"

前（词项总数）	945649
前（时间频度＞1000）	565946
时间频率	**60%**
后（词项总数）	1022271
后（时间频度＞1000）	672618
时间频率	**66%**

有些词项同时可用于描述时间和空间，尽管使用频率比较高，没有计入时间项中，例如出现频率较高的"眼前"（共16642个），虽然多数词条的用法是时间描述，但在检索结果里有较多的空间意义，人工逐一研读排除其中的空间用法有一定难度。例如，从第二页开始，就有空间描述出现。

……书应该是，这本书打开以后，那些关键的字，它会跳出来，跳到你的**眼前**。能掌握了这些，才是会读书的人。

……会一个本领，你看东西要看你要看的，看不见你不要看的，即使它

在**眼前**。……

……真正的把中国的语体文写得出神入化的，就在你眼前，这个人就在你**眼前**。（记者：凭什么您说您自己是最好的？）我的文章是可读的。一般人……

……分子给人做狗腿。独来独往的知识分子，我告诉你……就在你**眼前**。第一，我不靠你吃饭，这就是件很难的事情呵。没有老板，我自己吃……

答：她可爱的一面就会出现。她在你**眼前**，所以你会关心她。

……题，但是我讲真的，我只记得她的眼神。因为那个眼神太——就在我**眼前**，其他我都不会看到，是个浅色的，如果这样能够回答你的问题，因为……

周立波：刚才我拿着啫喱水瓶在化妆师**眼前**摇的时候，他的目光就跟着我的手上下上下。

……

其他的词项如"面前"（共有33942条结果）、"前面"（共有17831条结果）等，出现频次也很多，时间用法频次也较多，但由于其中有很多空间用法，都没有计入其中。

在涉及"后"的词项中，也有少数不完全表达时间和空间的词项，例如"落后"（共21494条结果）、"后面"（共有18581条结果）等出现频次较多，时间用法也很多，但由于有较多的空间用法，没有计入其中。

……础。而那时的亚洲、非洲和南北美洲都处于封建自然经济之中，远远**落后**于欧洲。这就是义务教育首先在欧洲产生和发展的历史必然性。

民族调查资料。这里指对仍然处于社会历史发展比较**落后**阶段的民族的调查资料。如，美国的杰出民族学家摩尔根长期生活在美……

……目前，曾经排名第一的摩托罗拉公司在手机市场已经下滑到第三位，**落后**于诺基亚和三星公司。桑德尔表示这些困难都只是暂时的，他已经开始……

年初，市委、市政府领导班子在承认落后，不甘**落后**，查找差距，制定新的赶超战略时提出：针对开封实际，对外开放必须……

……完成了菌种鉴定、安全性试验、应用试验等项工作，在此项研究足足**落后**30多年后，他们居然一举赶上了国际水平，填补了国内空白。因此……

……

除此之外，还有很多与"后"组成的时间词语，如后年、后来、改革开放后等，由于单个词语用法不足1000，也没有计入其中。因此，实际的时间使用频率比现有计数更高，即使在未能计入有些特别用法的情况下，"前""后"的时间用法也多于空间用法，与普遍性的水平时间思维表征一样，汉语的水平时间使用也有普遍性。

在没有语境的情况下，"前""后"是与观察者身体相关的方位象征，与英语的空间方位词一样，在词典释义中，"前""后"空间方位意义通常在前面，时间用法紧随其后。但语料库的数据显示，"前""后"与其他字组成词语后，时间意义更多，根据时间参照框架的使用划分，包括两种用法，一是自我中心时间观察法使用的指示性时间参照框架，观察者把自己定位在时间轴线上的现在位置，是未来或过去参照的"前""后"位置参照点［如（10）］。二是非我中心时间观察法使用的非指示性时间参照框架，观察者自己不出现在时间轴线上，"前""后"描述的时间方位对应的不是观察者从当前时间位置认知的将来或过去时间，而是描述时间或事件的存在状况，话语所指使用的参照框架是非指示性的，话语的重心是时间或事件的顺序，观察者隐退在场景的背景中，"前""后"只用于表达时间或事件的先后顺序如［（11）和（12）］：

（10）午餐过后，弗洛伊德休息一会儿，就开始他这天的第一次散步了。（凤凰网）

（11）满月**之后**，美娘将箱笼打开，内中都是黄白之资，吴绫、蜀锦，何止百计，共有三千余金。（CCL语料库）

（12）一些朋友抱怨的要死，说没办法登录MSN了。楼下谁说CTRL加6来着？我**前天**晚上最后一次登录，成为绝唱。（CCL语料库）

由于 before 和 after 已经完全分离出表达时间，因此，before 和 after 多数情况下都用来表达时间，但偶尔也表空间或有其他用法平均时间使用频率为 92% 在水平时间的空间隐喻表征中，英语的水平时间与空间词汇并不完全重合。我们在 BNC（British National Corpus）语料库中检索到 84905 条含 before 的结果，又在其中连续 5 次检索关键词 before，语料库每次自动随机检索生成 50 条含 before 的句子；在 BNC 语料库对 after 检索共有 113806 条含 after 的结果，然后继续在其中连续 5 次检索关键词 after，在语料库每次自动随机生成 50 条含 after 的句子中，after 有时间、空间、顺序等用法，其时间和其他用法频率区别明显（表 10.2）。

表 10.2　before 和 after 的时间频率

词项	时间频率（%）	其他用法（%）
before	95.6	4.4
after	88.4	11.6
平均	92	8

在英语中，before、after、ahead、behind、in front of 表征空间时都指水平的空间方位与方向，映射到时间范畴后也是水平时间方位与方向，但他们在表征时间和空间时，不是具有一样的时间和空间表征功能，而是形成了各自相对明确的分工。before 与 after、in front of 与 behind 分别对应时间和空间（Tenbrink，2011），因此，before 与 after 在日常使用和语料库所显示的用法多为时间表征，主要功能是表征时间，从语料库检索的大量语料使用情况和数据分析看，before 和 after 用于表征时间的使用频率分别是 95.6% 和 88.4%，与两个词语从空间中分离出来成为专门的时间用语事实相符合。in front of 和 behind 用于空间描述的情况更多，偶尔用于表达时间概念，但频率非常低，分别只有 8% 和 1.2%。

另外，除了 before 与 after，另一个时空共用词 ahead 的时间词汇语义用法也较多，出现频率为 47.6%。

2.2 上—下时间图式的英汉语类型差异

上下与前后一样，字面意义首先是空间联想，但与其他字组词成句或在一定的语境中也同样表征时间。特别是汉语的"上""下"，时间组词较为常见，而英语的 *up* 和 *down* 几乎都用来描述空间方位。就时间和空间表征而言，"上"和"下"在 CCL 语料库的使用与 *up* 和 *down* 在 BNC 语料库的使用有较大差异，这些语料证据也能在很大程度上说明英语本族语者和汉语本族语者的线性时间思维差异。

在现代汉语词库中检索了"上""下"两个字，获得了所有包含"上"和"下"项目结果总数。然后分别选择了包含"上""下"字的常用时间词语再次逐一进行检索，在结果中选择使用 1000 频次以上的常用时间组合词，统计发现这两个字组成的词语的时间意义在数量上高于空间用法。"上"在 CCL 语料库的词汇项目共有 1780911 条结果，在其中检索到含"上"字的时间语义词汇项 35 个，排除掉用法频率不足 1000 次的词汇项目，使用频次 1000 以上的词汇 21 个，共 236502 条结果，时间用法频率为 13%。在 CCL 语料库中检索到含"下"的项目共有 1002975 条结果，对"下"字与其他字组词成句的时间意义词汇项进行检索，共 35 个，去除掉使用频率不到 1000 次的词汇项目，使用频次 1000 以上的词汇 15 个，共 53401 条结果，时间用法频率为 5.3%（表 10.3）。

表 10.3　时间频度与频率："上"与"下"

上（词义项总数）	1780911
上（时间频度＞1000）	236502
时间频率	13%
下（词义项总数）	1002975
下（时间频度＞1000）	53401
时间频率	5.3%

"上"和"下"在语料库和词典中的时间与空间优先性较为一致。在汉语词典里，"上"和"下"作为方位一般被列为第一条或前面几条，被优先用于空间表征。在语料库中，"上"和"下"的时间用法频率也在空间用法之后。

根据语料库时间用法的数据和实例分析，它们主要用于表征空间，时间表征的用法频度较低。当"上"和"下"表征时间时，也是使用指示性时间参照框架和非指示性时间参照框架两种情况，分别表达说话人中心和时间中心。例如：

（13）a. 俄罗斯外交部第一副外长伊万诺夫**上周**作为总统叶利钦的特使穿梭访问了突尼斯和耶路撒冷，劝说巴以双方回到谈判桌前。（CCL语料库）

b. 老汉半信半疑地结了婚。婚礼的**晚上**，老汉问这个女人，"咱俩都已经结了婚了。你就给我说实话吧，你多大岁数？"（CCL语料库）

c. **上课**时间到了，同学们还在兴奋地讨论出游的事情，老师只好一边在黑板上写，一边耐心等待他们心情平静下来。

d. 李小月当然不会知道，在霞浦的街上，在她住地的附近，在她**上班**的酒店周围，还有她经过的早点的小摊旁，正有一双又一双眼睛盯视着她……（CCL语料库）

（14）a. 然而奥雷连诺第二并不放弃自己的勘探。尽管最后的希望破灭了，似乎只有依靠纸牌的预卜了，但他加固了摇摇欲坠的房基，用石灰浆填满了裂缝，又在房屋两边继续挖掘。在这儿，他挖到了**下一年**六月的第二个星期，雨终于开始停息。（CCL语料库）

b. 在作者是否持反犹立场的问题上，乔治大发议论，不觉间已过了**下课**时间。下课后，乔治回答了几个学生的问题，然后去食堂吃饭。饭后，他开车去医院看望生命垂危的多丽丝，她是吉姆的女友。（CCL语料库）

c. 当时我是一名工人，想考大学，既不能请假复习，又缺乏复习资料。**下班**的路上，我在公共汽车上，看到有人拿着北京市海淀区教师进修学院石老师主编的高考复习大纲。（CCL语料库）

d. 事情发生时，宋美龄正在上海。当天**下午**，她在沪开会讨论改组"全国航空建设委员会"，孔祥熙突然推门进来，告诉她说："西安发生兵变，委员长消息不明。"（CCL语料库）

"上周""下一年"是相对于说话人当时所处的时间位置而言的时间指示

用法［(13)a、(14)a］，使用了主观性较强的指示性时间参照框架。但它们同样用来表达非自我中心的时间概念，这时候，往往指时间先后顺序：一般来说，由"上"表达的时间概念是较早或顺序在先，而"下"表达的时间概念是较晚或顺序在后。

总之，早到的时间或先到的时间为上，个人具身经历的每天的时间都一样，即白天从上午到下午，晚上的时间从上半夜到下半夜。事件的经历也是开始时间为"上"，如"上班""上课"，结束时间是"下"，如"下班""下课"。但有的词语组合里，"上"和"下"所表示早晚意义时，参照对象比较隐蔽，例如常用的"早上"和"晚上"主要强调所指的一段时间，前者可能是以整个白天的时间为参照，后者可能以整个黑夜的时间为参照。

英语的线性时间思维表征中，主要为水平时间思维。表达前后方向的几个词语（*before*、*after*、*ahead/in front of*、*behind*）已经有了较明确的分工，*before* 和 *after* 专门用于表征时间。在一般的语言使用中，*up* 和 *down* 主要用来表达空间方位或方向。在任何一部英语词典中，*up* 和 *down* 都首先是作为空间用法，然后是空间隐喻用法来呈现的，在这些隐喻性词汇释义中，时间意义是很小一部分，例如，在 *Collins English Dictionary & Thesaurus*（HraperCollins Publisher，2000）中，*down* 的释义有 35 种，时间意义只有两种：*immediately*；*from a earlier to a later time*。而 *up* 有 32 种释义，全部为空间意义和空间隐喻意义。在 BNC 语料库检索到 *up* 和 *down* 的用法中，绝大多数是空间用法，用于表达时间、顺序和其他用法非常罕见。

总之，从大量的语言使用现象看，英语中的空间方位词汇表达时间概念时，绝大部分情况使用水平方位或方向词汇，*up* 和 *down* 主要用于表达空间概念，时间用法非常稀少，BNC 语料库中时间用法出现的频度也很少见。

2.3 空间—时间图式：英汉语表征差异

语料库的语言使用现象和数据分析表明，水平时间思维在汉语和英语语境中共同存在。英语空间词汇表征的时间思维主要表现为水平时间，但在汉语空间词汇表征的时间思维中，同时存在水平时间和垂直时间思维，与心理学的实验观察一致，但关于水平时间思维和垂直时间思维的倾向性问题，汉语的语言使用显示，虽然汉语本族语者同时使用水平时间思维和垂直时间思维，并没有表现出更多的垂直时间使用现象，相反，水平时间语言的使用远多于垂直时间语言，这一点与中国心理学的语言观察和实验一致，但与西方心理学的语言观察结果有较大差异。

从 CCL 语料库的语料实录看，体裁较丰富，涵盖小说、散文、学术论文、新闻报道、电视访谈实录、报告文学等形式，其中有较为正式的书面语内容，也有随意的口语和方言语料，具备反映语言的正常使用状态，"前""后""上""下"表征的空间时间思维因此也能较客观反映语言使用者的线性时间思维方式。表征的差异在语言内部表现为水平时间和垂直时间表征的不对称，在语言类型之间表现为线性时间思维方式的差别。主要体现在以下几个方面。

第一，汉语水平时间和垂直时间词语都有大量使用，但水平时间词语的使用多于垂直时间。

汉语的时间和空间共用词汇用于时间思维表征时，水平时间和垂直时间现象都有较多的实例。相比较而言，"前"和"后"表征的水平时间思维比"上"和"下"表征的垂直时间思维更为普遍，在 CCL 语料库的时间用法统计中，"前"和"后"的时间用法比"上"和"下"的比例更高，水平方位词语表征的时间使用频率明显高出垂直时间的使用频率（表 10.4）。

表 10.4　汉语水平时间与垂直时间使用频率

时间类型	时间频率（%）
水平时间	63
垂直时间	9.15

空间词汇"前""后""上""下"用来表达时间概念，是一种直接使用，这些词汇不产生任何形态变化，只以隐喻方式产生语义变化，因此空间方位和时间方位表征词汇是共用的。

根据 CCL 语料库检索词项统计，描述水平方位的"前""后"和垂直方位的"上""下"都与其他字组合形成较多的时间词汇，专门用于表征时间，表明讲中文的人同时使用水平时间思维和垂直时间思维。时间词项统计数据显示,"中文的时间表达中有较高垂直时间频率:'上'的时间词汇占 13%、'下'为 5.3%。但水平时间词汇使用的频率更高:'前'的时间词汇占 60%、'后'为 66%。"这就意味着,"前"和"后"的时间用法高于空间用法,"上"和"下"的时间用法则比空间用法少很多。从线性时间的语言表征看,中文本族语者的线性时间隐喻思维方式主要是水平的,并非西方研究者提出的中国人的时间构想以垂直时间思维为主。

第二,英语的线性时间词语主要用来描述水平时间,而且有专门的时间词汇(before 和 after),但没有专门的垂直时间词汇,描述空间的线性垂直词汇很少用于时间表征。

由于表达"前"和"后"语义时,英语时间和空间词汇已分离:before 和 after 表达时间语义,in front of 和 behind 更多描述水平空间方位,垂直空间方位词 up 和 down 主要表达空间语义,有时也表达时间概念,但并不多见。因此,before 和 after 不需要与其他词搭配,就可以独立表征时间的方位和方向。在检索到的所有 84905 条含 before 的结果和 113806 条含 after 的结果中,90% 以上是时间隐喻,根据语料库自动生成的词条,它们的时间频率分别是:before 为 95.6%,after 的出现频率 88.4%,语料库的语言使用实例和数据分析与心理学的观察基本一致,表明英语本族语者的线性时间思维以水平时间为主,语言中的时间表现为 before 和 after 表征的水平时间隐喻。

英语中,up 和 down 虽然表征时间的用法非常罕见,但说明英语本族语者除了水平时间思维,也有垂直时间思维,偶尔用 up 和 down 谈论时间。从语料库使用情况看,up 和 down 描述的基本上是垂直空间方位。

第三,汉语和英语的线性时间表征都使用时间轴线,两种语言在水平时间轴线的使用上表现出一致性,但在垂直时间轴线的使用上有很大差异性。

中英文时间隐喻思维表征都使用线性时间轴线。水平时间轴线和垂直时间轴线表征的空间时间隐喻通过与人的身体相关的前后水平方位和上下垂直方位词汇表征,虽然两种时间思维方式在中英文语言表征中都可以找到中英文时间轴线使用的一致性,但使用的普遍程度也反映了时间思维的倾向性,因此也存在线性时间思维差异。

时间轴线使用的一致性表现在水平时间思维表征方面,中英文都使用表达前后方向的空间词汇隐喻时间。在英语中，*before* 和 *after* 与 *in front of* 和 *behind* 在表达时间和空间概念时有明确分工，*before* 和 *after* 已经成为专门描述水平时间的介词，显示出英语空间时间隐喻里水平时间的普遍性。汉字"前"和"后"虽然为空间和时间描述共用，但它们在语料库中的时间用法比空间用法高出很多，表明中文的水平时间概念和水平时间轴线使用也很普遍。

表 10.5　英汉语水平时间隐喻使用频率

语言类型	时间频率（%）
汉语	63
英语	92

有研究者（Fuhrman et al., 2011; Boroditsky et al., 2011; Boroditsky, 2000, 2001）通过心理学的语言观察实验证明英语本族语者水平时间思维的普遍性，我们的语料库语言使用和统计分析也同样证明了水平时间表征的普遍性。对于中文本族语者的水平时间思维和垂直时间思维倾向性问题，从语言使用和语料库语言分析看，有以下几个特点。

首先，"前""后"的时间组词在词语数量上比"上""下"的更丰富。在 CCL 语料库中，与"前"搭配组词表达时间的词汇使用频度在 100 次以上的有 52 个，与"后"搭配组词表达时间的词汇使用频度在 100 次以上的有 58 个；与"上"搭配组词表达时间的词汇使用频度在 100 次以上的有 32 个，与"下"搭配组词表达时间的词汇使用频度在 100 次以上的有 37 个。词汇的丰富程度反映了语言使用者时间表征的倾向性，也是时间思维的反映。

其次，水平时间词语在使用频度（总数）上远远超过垂直时间词语。在 CCL 语料库中，"前""后"的时间组词使用频度在 1000 次以上的结果总数为分别是 565946 个和 672618 个，"上""下"的时间组词使用频度在 1000 次以上的结果总数 236502 个和 53401 个。

再次，水平时间词语在使用频率上超过垂直时间词汇。在 CCL 语料库中，"前""后"和"上""下"的时间组词使用频度在 1000 次以上的时间词语总数统计，计算出水平时间和垂直时间词语使用频率分别为 63% 和 9.15%。

根据语料库的这些语言使用现象和数据分析结果可知，中文本族语者的时间思维方式与英文本族语者的一样，主要是水平的；中英文时间思维的语言表征都是以水平时间为主的，但英文的水平时间使用更为频繁。

线性垂直时间思维表征中，空间方位词汇"上""下"主要用于描述空间，但时间用法也较为普遍。英语里也用 *up* 和 *down* 表征的垂直时间思维，但在语料库中的实例比较罕见，不像"上""下"频繁用于表征垂直时间隐喻。

3 时间—空间图式：时间方位与参照框架的选择

在时间描述中总有一个时间参照点，以定位现在、过去和未来的时间方位，在时间轴线上，这个参照点往往是"现在"的时间，可以是某个时间点或时间段，也可以是观察者所处的位置（同样是"现在"），时间轴线被参照点划分为三个部分：现在、过去、将来。当参照点是时间（事件）时，观察者不在话语所描述的时间轴线上，使用非指示性参照框架来描述时间（事件）：时间轴线上的现在、过去和将来的概念是以某个时间为参照，它前面的时间是先发生，为过去，后面的时间晚于它，是将来。当参照点是观察者自己时，时间、空间和人是三个重要参与者，虽然观察者是无标记的存在，空间或时间的前后方向是根据观察者视域确定的，时间概念是指示性的，描述言语事件使用自我中心的指示性参照框架，Friedman（1975）把言语行为的发生看成现在时间位置、言语行为未发生前的时间在观察者身后（过去），言语行为发生后的时间在观察者前面（将来）。例如，在 *A pleasant period is ahead of you, as opportunities for socialising with others of your kind may be at their peak*（BNC 语料库）中，说话的时候是时间轴线上的"现在"，在没有说出这句话之前的时间已经先于"现在"的时间"过去"了，话语完成后的"前面"（未来），一些没有空间方向词汇描述的时间也有同样的功能，例如 *come*、*go*、"到来"等描述的时间。

经过了空间与时间的映射后，在时间思维和表征中，空间中的方位和方向也转移过来，特别是在使用自我中心的指示性参照框架表达的时间概念时，时间有了方位和方向，并且与空间中人体方位和朝向是一致的。Lakoff 和 Johnson（1999，34-36）认为，地球上的万物都是漂浮于某个媒介里静止的整体，我们看到的全部方向其实是同等的，并无"前""后"概念，这些方位和方向实际上是身体投射的概念，身体决定自身定位和对物体之间空间关系的感知。由于身体有正面和背面之分，因此能够看到的方向是移动的。实际上，空间关系概念是具身体验，首先是身体与空间的互动才有了空间的方向与方位，在无数次的空间经历中形成了"前"和"后"概念，没有身体，前后的概念也不存在。因此，时间的前后隐喻是与空间方位相对应的具身隐喻，只有指示性时间参照框架表征的时间才能够让空间方位词"前""后"与时间范畴的未来和过去方位匹配。

3.1 时间参照框架表征的时间方位

在时间的语义表征中，时间的方位和方向是相对的，可以相对于观察者身体位置，说话人会选择指示性时间参照框架。也可以不与说话人身体位置相关联而选择非指示性时间参照框架。因此，仅凭文字的字面意义判断过去和未来方向是不准确的，特别是汉字的多义性特点更需要结合语境和话语的参照点来确定时间方位。

在空间方位词表征时间中，英语已经有专门分离出来表达时间的词（*before* 和 *after*），在表达时间时不需要与观察者的身体相关联，也几乎不与 *future* 和 *past* 对应，在时间轴线上，它们表征的只是时间（事件）的先后顺序关系。汉语的水平方位词"前""后"表征的时间也可以不与"未来"和"过去"对应，确定过去或未来的方位需要根据语境分析词汇语义。例如：

（15） a. **Before** we left for dinner we had to be rubbed down [a body search], have our pockets checked, etc.（BNC 语料库）(*to be rubbed down* 和 *left for dinner* 互为参照点表达时间的先后顺序)

 b. The next time Seve played **after** his Open win he was at St Mellion and playing the worst he'd played to shoot a 79.（BNC 语料库）(*The next time Seve played* 和 *Open win* 互为参照点表达时间的先后顺序)

（16）a. 同年 7 月，蒋廷黻乘清华放暑假之机，以去欧洲搜集史料为名，率领一个非正式使团出访莫斯科。**临行前**，蒋廷黻再次去牯岭面晤蒋介石，

接受指示。(CCL 语料库)

　　b. 中华人民共和国**成立后**，党和国家一直把普及初等教育作为"大政"放在教育工作的突出位置上。(CCL 语料库)

（15）a 和（15）b 都是两个时间点之间的参照，（15）a 的 *to be rubbed down* 和 *left for dinner* 互为参照点，（15）b 中的 *The next time Seve played* 和 *Open win* 互为参照点，它们都表达了时间的先后顺序。英语中拓扑空间介词表征的时间关系也与时间的前后关系变化有关。在 Frawley (1992：250) 区分的拓扑空间 (topological space) 和投射空间 (projected space) 中，拓扑空间是物体间静态关系，一般使用表方位的拓扑静态空间词汇，投射空间表征了运动物体关系，不用拓扑方位介词表征，在表征这种运动时，空间、物理标准和原始背景或心理映射之空间世界可以帮助理解。在识解拓扑空间关系和运动关系时，观察者与参照物也是一组相对的主观和客观关系，因此，映射或投射到时间范畴后，观察者可在或不在空间性时间场景里，例如：

（17）a. 春分在夏至之前。(非指示性时间参照框架)
　　　b. 夏至快到了。(指示性时间参照框架)

　　在时间轴线上，（17）a 里的两个节气是相互参照的静态关系，它们的方位与说话人当前位置无关。b 描述的是一种投射空间方位，说话人与"夏至"节气是一种运动关系。在这两种水平空间—时间隐喻中，a 使用的是时间为中心的参照框架（图 10.1a），b 使用的是自我中心视角的参照框架（图 10.1b），它们分别表达了时间的顺序和与观察者身体位置相关的时间方位。

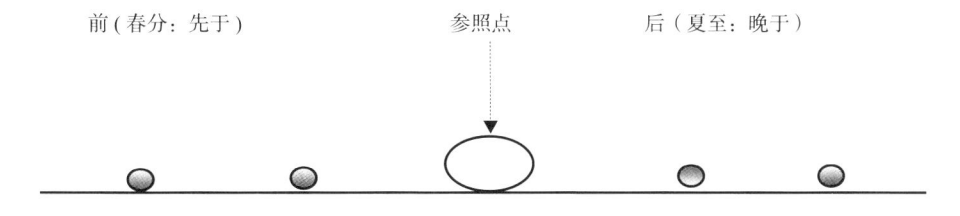

前（春分：先于）　　　参照点　　　后（夏至：晚于）

图 10.1a　时间轴线上的位置顺序：春分在夏至之前

后（过去）　　　　观察者（现在）　　　　前（夏至）

图 10.1b　时间轴线上的运动关系：夏至快到了

因此，时间参照框架的使用，可以说明文字意义与时间指示是否一致：汉语的"前""后"表征的水平时间中，是指示性和非指示性时间参照框架的共用词汇，"前"可以表征未来（自我中心时间参照），也可以不表征未来（非自我中心时间参照），"后"可以表征过去，也可以不表征过去，同样取决于参照框架的使用。英语的时间描述中，before 和 after 描述的时间几乎都是非时间指示参照。但英语中仍然有空间方位词可以与观察者身体位置联系起来，用来表达时间的方位与方向，例如 ahead 和 behind 描述时间时，多用指示性时间参照框架。例如：

（18）a. 我们刚取得了一点成绩，还不是停下来的时候，**前面**的路还很长。（CCL 语料库）（自我参照）

b. 小就加上 9，看看差数是否对得上 c 的数字根。如果对不上，那么**前面**的结果肯定是算错了；如果对上了，那么计算正确的可能性是 8/9。（CCL 语料库）（时间参照）

（19）a. DSRM are in the Auckland District League, 100 years old this year and planning a bunfight of its own **before** the summer's out.（时间参照）

b. In all respects, he continued to grow in wisdom, being prepared for the work that lay **ahead** of him.（自我参照）

c. When first God commanded Abraham to leave everything **behind**, he did not wait to see the order obeyed before giving the promises.（自我参照）

3.2　时间参照框架的选择

在时间概念的表达中，如何想象时间、如何表达时间、说话人如何看自己与时间的位置关系，取决于对时间参照框架的选择。

虽然我们可以想象时间的方向或方位，但具身经历的时间其实上是一种持续、无方向变化，变化的标记表现为时间现象时，就是我们感知到的物体与事件的出现和消失。Boroditsky（2001）认为，这种现象在所有语言和文化中都具有普遍性。当我们描述时间轴线上的某个时间时，需要有一个参照点，这个参照点可以是观察者，也可以是另一个时间，因此，必须使用时间参照框架来描述时间的方位。

无论观察者是否以时间事件中心，三个时间方位（过去、现在和未来）都在时间轴线上，即使三个时间概念是以观察者为中心所确立的，但选择了不同的时间参照框架就选择了观察者是否与所讨论的时间处于时间轴线上同一个时间段。选择指示性时间参照框架或非指示性时间参照框架描述时间的方位也决定了观察者与时间有直接关系或没有直接关系，这就意味着空间方位词"前""后""上""下"所表达的时间方位不一定与观察者身体的前后上下方位一致，是否与身体位置相关取决于参照框架的选择性使用。如果像西方研究者那样只使用指示性时间参照框架解读这几个汉字表达的时间，容易造成对中国人时间方位认知的误读。只有根据指示性和非指示性两种时间参照框架去理解时间，才能准确解释"前""后""上""下"表达的时间概念。

一方面，汉字的"前""后""上""下"在使用时相对于身体位置具有方位非指示性，如果使用了非指示性时间参照框架，"前""后""上""下"表征的方位就与观察者身体没有直接联系，"前""后"搭配的词汇用于描述时间时，多使用非指示性时间参照框架。例如：

（20）a. 5月5日上午11点整，在结束赴台驻点采访行程的**前一天**，我来到这里，摁响门铃，在李教热情、真诚的欢迎声中，走进这间除了书、还是书的李教工作间。"我有四个这样的书房，"李教介绍着，招呼我随便走走看看，"既然请你来了，就把你当成自己人了。"（CCL语料库）（参照点是结束赴台驻点采访行程的时间）

b. 人的理性思维能力不是与生俱来的，而是在**后天**的学习和实践中逐步培养起来的，它决定于认知主体的理论水平、实践根基、思维方式和思想方法，表现为主体的分析综合、抽象概括能力。（CCL 语料库）（参照点是一个人出生的时间）

c. 如果当初我能关心这位同事，及时伸出援手之后，也许就不会有**后面**的事发生了。（CCL 语料库）（参照点是先发生的事情）

另一方面，汉字的"前""后""上""下"在使用时相对于身体位置具有方位指示性，如果使用了指示性时间参照框架，"前""后""上""下"表征的方位就与观察者身体直接相关。

（21）a. 2016 年，我们一起经历了困难与收获，2017 年，我们还会一起走。**前面**的路仍然艰难，但**前景**光明、令人向往。（CCL 语料库）（参照点是说话人自己）

b. 莫愁**前路**无知己，天下谁人不识君。（高适《别董大（其一）》）（参照点是说话人自己）

因此，汉语中的"前""后"表达过去和未来概念时，指示性时间参照框架表达的时间与英语水平时间一致，将来时间在观察者身体前面，过去时间在观察者身后，或者时间先后（"前后"）的语义用其他词语表达出来，例如，用"上""往"组词表达过去：上周、上季度、上学期、往昔、往年、往天、往回等，或用"下""前"等组词表达将来的概念：下周、下回、前瞻、来年等。

英语在表达相同时间语义时，没有专门的空间方向性词汇来隐喻，但仍然有灵活方式来表达先后（"前后"）的时间语义，例如，*last time*、*look back to 2020*、*next month*、*look forward to* 等。总之，在描述与说话人身体相关的时间关系时，中英文都有可用空间方位或方向词汇，也可以用其他语言形式来表达相同的时间概念。

3.3 前—后图式：中性视角与非指示性时间参照框架

当"前""后"用于表达时间时，可以指示过去和将来的方位，也可以描述时间的顺序。水平时间轴线和垂直时间轴线上的时间实体都可以被看作独立于人的身体而存在，描述时间时使用非指示性参照框架，指时间的先后顺序，参照点是另一个时间或事件。根据语料库中"前"、"后"、before 和 after 的使用情况分析，这些词汇表征时间方位时，也使用非指示性时间参照框架，时间参照或事件参照框架，大多与观察者身体无关。

汉语的"前""后"表征时间时，观察者很多时候不把自己置于时间场景内，董为光（2004）认为，这种情况是观察者静处一旁，去观察事件序列的先后次序。在表征时间的方位和方向方面，英语的 before 和 after 主要表征了时间参照框架的非指示性，在表达时间概念时，几乎不与观察者的身体相关联，而是描述时间顺序的先后。例如，the day before yesterday 和 the day after tomorrow 的参照点都是 the day，而不是说话人。汉语也有类似的语言表达形式，"前"与"后"作为时间词语的最通行的用法是用一个事件或时间为参照，在"前天""后天"两个时间隐喻中，"前天"是先于昨天及昨天之前的一天，而非说话人（观察者）前面的一天，同理，"后天"是晚于明天即明天之后的一天，而非说话人（观察者）后面的一天，词汇语义表达的这两个时间图式的时间参照点分别是"昨天"和"明天"，不是说话人或观察者，时间的方位没有与观察者的身体联系起来，也就是说，"前"和"后"并不是观察者或说话人身体的前面或后面，而是时间的先后顺序。其他类似词汇如"前年""前不久""今后""后来"分别指"去年之前的一年""稍微先于现在的时间""今天之后""某个事件之后"等也是同样的用法。

方位词表达的时间顺序是一种相互参照关系，这种参照方式与自我中心时间认知模型不同，Moore（2006）认为，这是一个中性时间认知模型，观察时间是一个中性视角，并非自我中心，时间的顺序也是时间位置。虽然是中性的自我视角，但时间的方位与观察者身体没有关系，例如，在"主旨发言后是 10 分钟的提问时间"的时间事件中，一般理解为运动的时间，但在时间描述时，并无静止的自我与运动的时间相对应，只有时间或事件顺序，说话人和听话人会无意识自动把"主旨发言"结束的时间和"10 分钟提问"两个时间事件联系起来，这就是 Moore（2006）说的"时间线上的顺序是一条路上的相对位置，或顺序即位置"。中性自我视角的时间隐喻更清楚地解释了

"前"、"后"、before、after 描述的时间方位与它们表达的空间方位为什么有时候意义不一致。

Moore（2011）认为，中性视角的时间参照框架属于基于场景（field-based）的参照框架。在中性视角的时间表征中，确定"前""后"方位的参照基准不是观察者，而是场景里的时间或事件，这个隐喻模型把拓扑空间方位映射到了时间范畴，观察者是隐性的存在，"前"和"后"位置关系不是说话人身体所处位置，而是表达了时间或事件相互参照的位置关系。例如：

（22）a. 战国时期秦国文字的实际表明，小篆并非是秦始皇时李斯、赵高、胡母敬所作，在李斯等人**之前**一两百年，就有字形结构和书法与后世小篆基本相同的秦国文字了。（CCL 语料库）

b. 记者采访结束前，有人问，"你能用英语跟休斯敦人说些什么吗？"（CCL 语料库）

（23）现在带着那一块钱出去花吧，以后再有哪个孩子说我没打过仗，就给我狠狠揍他。（CCL 语料库）

在汉语里，含"前""后"的时间词语除了用来描述时间的顺序、过去或将来方位，有时候它们组词后的一些词的语义实际上同时包含现在和近期的未来时间，例如，目前、眼前、当前所表达的时间语义就是如此：

（24）a. 依臣愚见，为**目前**之计，只有先遣辩士与他假意磋商条款，迁延数日，勤王兵至，不怕金人不退（许慕羲《宋代宫闱史》）

b. 如以仁义礼智为非性，而以**眼前**作用为性是也。（黎靖德编《朱子语类》）

c. 他这段时间的这些做法表明，虽然对过去一年的工作有所反思，但并没有认清**当前**的工作形势。

英语的 before、after、ahead、behind 也有相同的用法，特别是它们用于描述行为动作的时间时，未来和过去的概念语义更多依赖于动词的时体，例如：

（25）He was flying about 20 minutes **behind** the Aero Club's chief instructor when he radioed to Newcastle Airport air traffic control that he was descending to below 1,000 feet because of thick fog.（BNC 语料库）

（26）Most of us would agree that it's useful to stay calm and think **ahead**, but few of us are as well organised as Caroline Lamb, who makes a point of taking her seven-week-old baby, Ben, out every day to visit friends, the clinic or shops.（BNC 语料库）

（27）As part of the Cambridge prenatal screening study, 1387 women from nine hospitals in four regions completed a postal questionnaire six weeks **after** giving birth.（BNC 语料库）

（25）的 20 *minutes behind* 语义只是"晚了20分钟"，只有与 *He was flying* 联想起来才是一个完整的过去时间。（26）的 *think ahead* 也是与动词的结合才表现了一个常态时间。除了时间语义，（27）还描述了时间的顺序特点：时间运动时，时间线上没有观察者，这种空间性时间被 Moore（2006）称为"顺序是路径上一个相对位置"或直接称为"顺序就是位置"隐喻，这种中性自我视角观察到的运动时间和观察者没有直接联系，与时间认知模型中观察者中心不同，时间存在或运动的先后顺序根据时间轴线上两个相互参照的时间确定，与 McTaggart（1908）的 B 系列时间语境方式一致，理解时间用的无时法，这是一种时钟、连续与同时关系法，时间是先前、同时和后来，主要描述时间的顺序，在表达时间的位置时也根据时钟运转顺序能够定位的时间点确定，即遵循时钟顺序。例如：

（28）a. In South China, class usually starts at 8:30 am.（时钟法）

b. A gunman is on the run after at least 39 people were killed in an attack on an Istanbul nightclub.（连续与同时关系法）

根据 B 系列连续与同时关系排序方法，相关的两个时间处于稳定静止状态，即使是两个动态时间，二者的关联关系状态也是不会改变的静态稳定关系，其时间属性也不会变化，说话人当前的位置状态不影响时间中的任何关系，持枪歹徒 *on the run* 和杀害 39 *people* 两个时间性行为顺序已经固定，其真值（先后顺序）是恒定的，它的时间性只关乎事件的顺序（Slater，2010：2-3）。由于 B 系列的事件状态是先后时间顺序（或先于、或同时、或以后）状态，事件在自己场景范围的固定时间点各归其位，观察者也在时间情景外，表征过去和未来方位时，不一定使用 before、after（ahead 或 behind）、"前"、"后"方位词汇，即使用这些词语表征时间，也不一定表征未来或过去的方位。

4 上—下图式：垂直时间隐喻的语言文化特征

垂直时间概念虽然没有水平时间概念使用普遍，但中英文都有垂直时间构想和使用的现象，与水平时间一样，在表征垂直时间概念时，指示性（相对）时间参照框架表征的时间与观察者身体方位直接相关，非指示性（绝对）时间参照框架表征的时间与观察者身体方位无关。汉语的时间与空间表征都使用"上""下"，但英语的 *up*、*down* 较少用于直接表达垂直时间概念，更接近"上""下"表征的垂直时间是由 next（following）、last（previous）、earlier 和 later 表达的垂直时间概念，这些词都可以描述时间的方位或顺序。总的说来，汉语的时间语言中，垂直时间比英语的垂直时间表征更为普遍，甚至在整个东亚语言中，垂直时间概念都具有普遍性，Radden（2011：7），认为垂直时间概念是从中国传播到周边国家的语言中去的，其概念化方法的最大可能性源自自上而下的汉字书写方法，还与长江黄河从上到下的流向相关。从语言与文化的关系看，这种解释不无道理：文字承载的信息既表达了文化，也传承了文化，但这只是汉字与时间表征的一个方面，汉字除了上下结构，也有左右结构，如果根据 Radden 的推理方法，汉字的上下结构与垂直时间相关，那么汉字的左右结构就和水平时间相关，而汉字中左右结构的字也很多。因此，垂直时间只是汉语本族语者时间构想的一个方面。

4.1 上—下图式：汉字的身体隐喻

从文化视角看，垂直时间构想与文字书写顺序相关，从物理和生理学角度看,垂直时间与地球引力和身体直立姿势相关。在垂直时间轴线上,时间上下运动的空间隐喻和人站立时的身体相关,上下表征方向性也同时描述了人体正常的站立姿势。通过身体投射,汉字"上""头""中""下""底"的语义表达了时间的早、晚或顺序的先后(图10.2)。人体正常站立时,头部为上部,自由落体运动也是从上到下,因此,时间在垂直时间轴线上运动时,与物体运动一样从高处自由往低处落下,在下落过程中,物体起于上部,经过中部,落到底部,"时间在中国文化里像一个位于垂直轴线上物体"(Tenbrink,2007:16),这个物体下落的过程经过空间与时间的映射,时间的方位和顺序隐喻是:较早的时间为"上";较晚的时间为"下"。

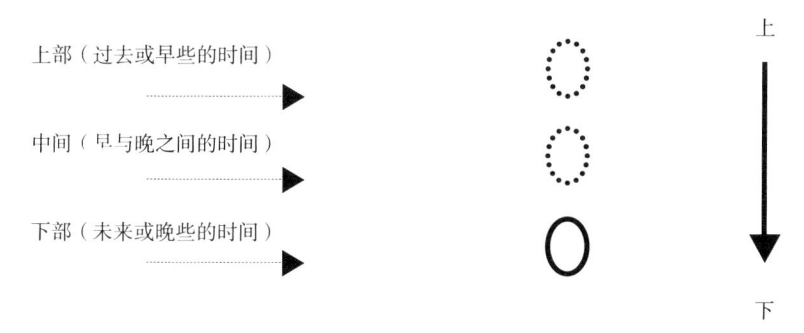

图 10.2 汉语的垂直时间的方位与方向

经过隐喻映射后,汉字中具有空间意义的"上"和"头"常用来指过去的时间或早些的时间,例如,开头、头一回、头两天、头半年、头两年、上午、上周、上旬、上学期、上半年、上一年、上次等。而"下"和"底"用来表达未来的时间方位或晚一些的时间,"底"表达"晚"的时间概念时,通常指一年或一个月的最后几天时间,"中"则表达了"早"和"晚"之间的时间概念,例如,下午、下周、下学期、下月、下年、下辈子、月底、年底、中旬、中午等。

"上"与"下"表征的时间方位和顺序与"前""后"一样,与身体相关的为指示性时间,描述了时间的方位,与身体无关的为非指示性时间,描述了时间的顺序。多数时候,"上""下"具有较明显的时间指示性。蓝纯(1999)从180万字的汉语语料中提取750个含"上"的隐喻意义句子和434个含"下"的隐喻意义句子中,时间的使用频率居第三位。表达"时间较早为上"的隐喻频率10.4%,"下"表达的"时间较迟"隐喻频率占总数的23.27%。CCL语料库的"上""下"隐喻也表明,"上""下"时间隐喻可以表过去或将来时间的位置,例如,上(下)周、上(下)年、上(下)世纪;有的隐喻表时间先后顺序,例如,头三天、上(下)午、上(下)旬等;有的隐喻兼指二者,例如,月底、年底等。如果根据时间参照框架性质看,所有含"上""下"(或基于身体语义)的时间词汇意义,也有时间指示性和非时间指示性之分。

4.2 Up-Down 图式：指示性时间与非指示性时间

英语的上—下图式多为空间隐喻,而非时间常用词汇。其水平时间已经有固化为表达非时间指示的词汇专门的介词 before 和 after 来表达。BNC 和 COCA 语料库的研究也表明,up 和 down 也很少用于描述时间,当使用它们表达时间时,也没有较明显的分界线指示过去和将来,例如,在 down to next week 中,down 表达的是从过去某个时间延伸至现在并继续延伸到未来的意义。尽管 up 和 down 的时间用法较少,但垂直时间概念在英语中仍然存在,它们也可以作为时间副词,在特定的语境中描述时间。例如：

(29) a. The quilt was passed **down** from grandma to me.
　　b. **up** to the age of thirty or so he appeared to devote himself mainly to the social life of various celebrated Parisian salons.
　　c. Time is **up**.

up 和 *down* 在表达时间概念时,西方语言与东方语言一样也把较早的时间看作"上"、晚的时间看着"下"(Radden,2011:8;2004:228),但东亚语言中的上下兼有时间指示性和非指示性特征,例如,汉语的"上个月"有时间指示性,而"上半年"却表达了非指示性时间,英语的 *up* 和 *down* 也可以表达相对于身体的指示性时间或与身体无关的非指示性时间,取决于 *up* 和 *down* 使用的语境。在指示时间方位或方向时,汉语的垂直时间表征体现的是从上到下的单向时间,过去的时间只能在上面。而英语的垂直时间可以双向运动,既可自上而下,也可从下到上(图10.3)。例如：

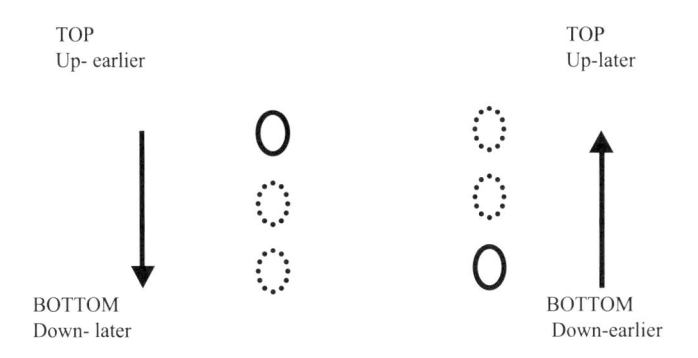

```
        TOP                    TOP
        Up- earlier            Up-later
```

图 10.3 英语的垂直时间的方位与方向

（30）a. This tradition has lasted **down** to this day.

　　　b. A new Harry Potter movie is coming **up.**

在（30）a 里，时间自上而下：早些的时间在上面，从早到晚就是从上面到下面。在（30）b 里，时间自下而上：早些的时间在下面，从早到晚就是从下面到上面。因此，在以观察者为中心的视角前提下，up 和 down 表征的垂直时间可以从上到下，也可以从下到上，也就是说，过去或现在的方位可以在上面，也可以在下面。

表示自上而下的时间，例如：

（31）a. The 17th century **down** to present.

　　　b. This year went **down** in family history.

　　　c. This tradition will last **down** into the future.

　　　d. This tradition has lasted **down** to the present day.

　　　e. The secret recipe has been **passed down** over six generations.

表示自下而上的时间，例如：

（32）a. That's **up** in the future.

　　　b. The New Year is coming **up**.

　　　c. He kept the picture **up** to 30 years.

　　　d. **Up to yesterday**, I thought he was single.

e. I haven't received any letter from her **up to** the present.

f. He is very **up to** date in his methods of language teaching.

在涉及家族传承的时间表征时，中西方的共同之处在于把与先祖相关的人文事物看成在上面：在描述家谱时，祖先始终为上，在顶部，任何先辈（上一代人）是 *ascendants*，他们的后代都是往下走的，因此晚辈（下一代人）在底部，是 *descendants*（Yu，1998：112）。与中国文化一样，西方的辈分排列方式也遵循人存在的先后次序，由于先辈存在的时间更早，作为早先时间排在上面，后辈存在的时间一定晚于他们，时间往下走，晚些的时间排在下面，同理，前辈留给后辈的东西也是从上往下传，例如：

（33）a. The custom has **come down** to us from the past.

b. Tribal lore and custom have been **passed down** orally.

c. The antiques have been **handed down** to them from one generation to another.

5　小结

本章以语言使用和语料库相关时间词汇为基础，根据时间轴线和时间表征使用的时间参照框架性质，考察了前—后（before/ahead、after/behind）和上—下（up-down）图式的时间隐喻特征和英汉语时间图式的语言类型学特征，讨论了汉语和英语在表征时间构想和方位的共同之处和不同点，分析了时间轴线和时间参照框架的使用带来的语义差异。

就时间构想和时间表征而言，两种语言使用者有很大的相似性。在CCL语料库，"前""后""上""下"既用于表达时间概念也用于表达空间概念。"前""后"更多用于描述时间，"上""下"更多用于描述空间，中文本族语者的空间时间隐喻以水平时间为主。在BNC语料库中 *before*、*after*、*ahead*、*behind*、*up*、*down* 的时间和空间用法差别较大，*before* 和 *after* 已经从空间中分离出来，专门表示时间，*ahead* 和 *behind* 表达时间的频率也较高，在表达时间的方位和方向时，可以是指示性时间，也可以是非指示性时间。总的来说，汉语和英语的水平时间表征都较为普遍，英语很少有垂直时间概念，*up*、*down* 一般用于描述空间概念，但 *up* 和 *down* 偶尔也用于表达时间概念。

汉语的方位词"前""后""上""下"用于描述时间时，时间的方位是一个较为复杂的问题，常常被西方人误读，这是因为他们只考察了这几个汉字的字面意义，没有考虑这些词表达时间概念时所使用的时间参照框架。如果从参照点和参照框架的使用来分析，并结合时间轴线，"前""后"在水平时间轴线上的位置只有使用指示性时间参照框架时，才与观察者身体前面和后面的空间一致，如果使用非指示性时间参照框架，"前""后"表征的是两个时间或事件之间的关系，与人身体前面和后面的空间没有关系。英语的 *before* 和 *after* 表达的时间概念也与人的身体前后的空间方位没有关系，使用了非指示性时间参照框架。

第十一章　认知时间词义学：成就与未来

时间是一个重要的研究课题，不仅仅在于它与人类认知的关系，而且在于它在众多学科中举足轻重，有丰富的研究内涵。自然科学和社会科学从未停止对时间的探究，也未曾对时间概念给出一个封闭的解释。时间也是一个非常复杂的概念，我们对时间的理解依托时间以外的概念，对时间概念的理解往往是间接的，很难找到一个直接解构时间的方式，"时间是一个重要关系，不仅与记忆、变化、持续、同时和非同时相关，也与我们对成因的理解相关"（Fauconnier & Turner，2002：96）。因此，时间的理解和认知表征主要由隐喻和转喻思维帮助完成，于是，概念隐喻和概念转喻成为时间语言表征的主要手段。

1　认知语言学时间范畴研究基础与视野

本书从认知语言学视角对时间概念化及其词汇语义的考察，发现时间的词汇语义研究有以下几个特点。

第一，由于时间的抽象性，需要借助较之更为具体的概念实现自身的概念化表征，因此，时间概念本身几乎可以和任何事物相关联。虽然不同的人、事件涉及不同的时间内容，但概念可以通过心理空间把这些时间整合在一起。在诸多相关概念和范畴中，时间与空间有着特别的关系，表现在三个方面。其一是认知相似性。时间与空间都有概念的抽象性，在认知方式上都是借助他物实现的。其二是范畴、概念和范畴特征的相似性，这些相似性是时间和空间之间的隐喻和转喻表征基础。其三是时间与空间的维度关联性。古今中外的时空研究中,时间和空间都是维度共同体。在中国古代的时空认知中,宇宙是一个时间和空间统一体,"宇"是三维空间,"宙"是一维时间,它是从过去到现在并延续到未来的一系列持续变化。现代天文学也把宇宙看成所有时间空间物质的总和。认知语言学、认知心理学、现代西方哲学、人类学也把时间和空间看成一个四维时空连续体。时间与空间的不可分离性也解释时间构想中的空间视角和二者之间的隐喻和转喻联系。

第二,认知语言学的时间词汇语义研究有合纵连横、承上启下的特点。在对时间传统研究的文献梳理述评之后,发现了认知语言学时间研究与其他学科的时间概念关系:哲学的隐喻观和存在论对时间的讨论颇为系统与深刻,对认知语言学的时间词汇语义学研究有深刻影响。认知科学在对人类认知的研究中,发现时间和空间是两个最基本概念,是建构人类思维的基础。认知语言学从这些发现中建构了时间和空间范畴研究基础,并从语言中空间和时间概念的普遍性证实它们在人类认知中的无所不在（Tenbrink,2011）。

第三,心理学的时间表征观与认知语言学的时间隐喻表征有很大的相似性。在语言学的时间本体研究中,结构主义语言学把时间看作一个语法概念,采用描写方法对动词的内在结构和句子的时制、时态、时体进行研究并取得了丰硕成果,为认知语言学的词汇语义学研究打下了基础。总之,时间作为一个概念在隐喻研究方面有丰硕成果,但仍有以下不足和缺陷:

一是认知语言学的时间跨学科基础;

二是时间隐喻类型的形式完整性;

三是空间关系的时间表征;

四是时间认知与时间表征的主观性;

五是线性时间认知隐喻表征差异与时间参照框架的关系;

六是时间概念化的转喻和隐转喻原理及其词汇语义形式;

七是语言本体研究（基于语料库）的中英文空间时间隐喻的对比研究。

因此,本书重点考察了时间的哲学、认知科学理论渊源及其与认知语言学时间的关系,以厘清时间的词义学研究基础;基于语料库的中西方线性时间隐喻表征差异与参照框架的关系;时间概念化中的转喻思维及其语言表征等,从多个角度分析、讨论、探究时间的概念化表征及其词汇语义特点,以及时间语言如何反映时间的概念化机制。

2 认知时间词义学研究的成就

第一，认知语言学的时间研究实际上是跨学科研究，对时间概念化的语言表征与相关学科的时间研究传统有深厚渊源。认知语言学的概念化理论本身有着深厚的哲学基础，时间的概念化认知表征与哲学和心理学的时间表征有千丝万缕的联系，这些学科的共同之处在于，时间被看作人和事物存在的方式。与哲学存在论和认知心理学的时间观的共同之处表现在两个方面、一是时间与存在问题。海德格尔的存在哲学把时间视为一种存在，认知语言学则把时间视为事物存在的方式。二是时间不仅与人的认知相关，也与人的身体相关。在对时间存在的方位及其运动方向的认知中，这些学科都把时间的方位与方向与人的身体朝向关联起来。根据 Dreyfus（1975：150）的解释，人本身就是一个时间性实体，人的身体就是对过去、现在和将来方位的自我解释，即身体在现在的位置面朝未来，过去已经到了身后。空间时间隐喻中的时间认知模型就是基于这种观点，无论是运动的时间还是运动的自我，观察者在两种认知模型中都处于"现在"的位置，前者是时间从未来某个地方向观察者运动，经过"现在"的位置运动到过去，后者是观察者从过去某个位置运动到了现在的位置，并继续向未来运动。这两种识解方式都是识解者的主观构想，因此，时间构想方式除了具有隐喻和转喻性特征，也有较强的主观性。

第二，时间隐喻表征与时间的特征相关。在诸多的时间隐喻表达形式中，价值隐喻、力量隐喻、事件隐喻、空间隐喻等是最常见的时间隐喻类型。

首先，时间是金钱或有价值的商品。时间的一维性和不可逆性让它变得非常珍贵，成了有价值的资源或物品，因此时间获得了商品意义，可以被拥有、被消费、被赠送甚至被储存。

其次，时间是一个有行动力的实体。时间的一维性和无限流逝性带来的变化不可逆转，这种变化使时间像一个具有无比力量的实体，有行动力，可以对自然和人类有所作为。

再次，时间是事件或事件的过程。时间的矩阵意义和 *river of time* 都说明了时间的无限性，同时，事件总是在限定空间内发生、发展并终止，在这个意义上事件是有界的。

最后，时间是空间。时间和空间的隐喻与时间的瞬间性、延续性和时间的矩阵意义都有关。空间隐喻时间最普遍的包括两种：时间是容器或平面，如英语中 *in*、*on*、*at* 等表达的时间；时间是空间距离，如中英文"长""短"/ *long*、*short* 表达的时间。"时间是距离"已经是广为接受的常规隐喻，"长""短"/ *long*、*short* 与时间的搭配在 CCL 语料库和 BNC 语料库都有较多的使用频率（"长时间"：5.87%，"短时间"：1.79%，"一段时间"：6.79%，"*long time*"：3.24%，"*short time*"：1.02%）。

第三，转喻思维在时间概念化表征中具有普遍性，时间转喻是时间词汇语义的重要表现形式。Lakoff 和 Johnson（1999：137）在时间概念化表征中引入转喻理论后，Radden 和 Kövecses（2007：336）、Barnden（2010）也从人类认知的转喻性属性视角出发，把时间认知与转喻看成相似的概念化过程，是时间概念化的一种方式。从时间与空间运动、时间与事件关系等方面考察，时间概念化转喻主要包括时间与事件转喻、时间与空间转喻、活动时间与活动内容转喻、整体时间与部分时间转喻、表征时间的实物与时间概念转喻等形式。

第四，隐转喻是时间概念化中的认知表征中不可或缺的手段。隐喻和转喻作为思维形式，在很多时候不是独行者，往往是隐喻中有转喻，转喻中有隐喻，隐喻和转喻互动是较为普遍的认知思维方式。在时间概念化认知表征中，隐喻和转喻并不都有明显的界线，与其他自然范畴一样，存在成员归属的等级性和范畴边界模糊性，因此，时间隐喻转喻连续体在概念化中也常常出现。包括从转喻到隐喻的认知过程、从隐喻到转喻的认知过程、隐喻和转喻并列发生三种情况。

第五，时间认知和时间表征有较强的主观性，这种主观性在选择参照框架时得到充分展现。在空间—时间隐喻图式中，时间是运动或者静止的物体，时间认知和语言表征时都依赖时间参照框架。指示性自我参照框架和非指示性并列参照框架的使用反映出时间表征的主观性与客观性。时间认知具有自动无意识性，这种无意识自动认知导致自动地选择使用指示性或非指示性参照框架，选择自动化却体现了不同的主、客观性。用非指示性并列参照框架表达时间时，只涉及两个相关的时间，说话人对时间的理解以这两个实体互相参照，时间的表征有较强的客观性。使用指示性参照框架表达未来和过去概念时，说话人把自己置于显性的场景中，对时间的认知和表征都以自我为中心，这种认知方式是一种心理时间旅行，是绝对的认知主观性。但无论使用哪一个参照框架，说话人都会选择一个最佳视点来观察和描述相关的时间或事件，因此，即使非指示性并列参照框架表达的时间也有一定主观性。

第六，时间的一维性特征与人类时间认知的方向性具有一致性，因此人类的时间思维方式主要是线性的，时间思维和时间表征中有前后定位的水平轴线，也有上下定位的垂直时间轴线和左右定位的边轴时间线，但水平轴线的使用更具普遍性。

第七，在线性时间思维隐喻表征中，汉语和英语使用者有很大共同点，但也有一定的差异性。选取中文"前""后""上""下"组成的词语表达时间的使用频率和英语 *before*、*after*、*behind*、*ahead* 以及 *up* 和 *down* 表达时间用法频率在 COCA、BNC 和 CCL 语料库的对比，发现两种语言的线性时间思维表征有如下特征。

一是汉语和英语的线性时间词汇使用都以水平时间词语为主，英语使用者的水平时间思维更具普遍性。"前""后"在中文中为空间和时间共用词语，从 CCL 语料库中的使用情况看，时间用法明显占多数，为 63%，说明中文使用者的水平时间思维也很普遍。英语的线性时间词语主要使用水平方位词 *before* 和 *after*、*up* 和 *down* 主要用于描述空间。英语描述空间方位词的 *up* 和 *down* 在 BNC 语料库中的时间用法极为罕见，两个词的时间用法均为 0.8%。在英语中，语言的发展已经让水平时间词汇从空间语义中分离出来，*before* 和 *after* 专门用于描述时间，表征时间的使用频率高达 95.6%。*in front of* 和 *behind* 主要用于描述空间。

二是汉语的线性时间词语同时使用水平方位词和垂直方位词。不仅"前""后"为空间和时间共用词语，"上""下"也是如此。"上"和"下"在 CCL 语料库中用于描述时间的频率虽然不如"前"和"后"频繁，但仍然占一定比例：上的时间用法频率是 13%，"下"的时间用法频率是 5.3%。虽然不如水平时间思维普遍，但汉语使用者很多时候有垂直时间隐喻思维方式。在垂直时间表达的方向或方位中，静止的时间可以指示方位顺序，即过去的时间为上，未来的时间为下，或者早先的时间在上，晚些的时间在下。表达时间运动时，时间的方向自上而下。从汉语垂直时间表征看，无论静止的时间还是运动的时间，垂直时间先后顺序犹如受到地球引力影响，与其方向一致。

三是汉语和英语的水平线性时间表征中的参照框架的使用总体一致，但也有一定差异。从"前""后"在 CCL 语料库的使用情况看，表达时间概念时，自我中心的指示性参照框架和非指示性参照框架都有使用，对语义的识解可以根据上下文进行判断，有两种情况。一是观察者处于时间事件的场景中，使用指示性参照框架，"前""后"与观察者身体方向有直接关系，例如，"前面的路还很长"这样的时间隐喻。但更多的时候，"前""后"用于描述两个相关的时间事件，观察者不在场景中，"前""后"描述的时间与观察者身体方向没有关系，如"春节前"，这种用法与英语的 before 和 after 表征水平时间方位一样，都不使用自我中心的指示性时间参照框架，而是使用非指示性参照框架。总之，"前""后"和 before、after 表征的时间方位不一定指示未来和过去的方位，它们更多地表示时间和事件的先后顺序。

第八，英语中也存在垂直时间隐喻思维表征。up 和 down 一般用来描述垂直空间方位或方向，无论在语料库中还是在一般文本中，up 和 down 用于描述时间的情况都不多见，但偶尔也用来表达时间。

在 up 和 down 表达时间概念时，时间的方向和方位与汉语一样，过去在上，未来在下。在表达运动的时间时，时间运动的方向与汉语表达的垂直时间方向有所不同，英语中的垂直时间可以自上而下运动，如 down to present，时间从过去自上面运动到现在，也可以自下而上运动，如 come up、up to now，时间从未来自下面运动到现在。因此，在英语使用者的垂直时间构想和英语的垂直时间隐喻表征中，时间可以从过去向未来运动，也可以从未来向过去运动。

3 认知时间词义学研究的前景

时间研究是一个多学科致力于探究的课题，对于时间到底如何概念化一直没有封闭式结论，不同学科对时间概念内容的理解也不尽相同，研究方法也各异。哲学、文学、语用学、物理学、认知科学等学科一直在探讨时间问题，但其复杂性使这些学科很难达成一致。虽然认知语言学吸收了很多哲学和认知科学的观点，但在研究方法也只能围绕认知思维与语言表征展开，尽管如此，仍然有很多问题有待解决，本研究也只是语言本体的分析研究，存在一定的局限性。

在基于语料库的研究中，虽然语料库和各种文学作品、媒体资料和现实语料都为我们提供了丰富的例证，但也不能穷尽所有的时间隐喻或转喻表达形式，即使语料库为我们提供了较为翔实的数据，但多数时间隐喻或转喻表达形式需要人工识别。不过，时间隐喻和转喻的表征这种不可穷尽性使认知语言学的时间词汇语义研究可以持续从其他学科吸收新的知识和理论，成为真正的跨学科类型研究课题。另外，语言的创造性特征决定了新的语言用法层出不穷，时间词汇语义研究需要持续捕捉创新时间隐喻和时间转喻形式，我们的研究也无法达到更远的未来。

时间作为一个多学科议题，多角度解读势必带来形形色色的方法与结果。时间范畴在认知语言学中也是一个重要研究议题，虽然对时间概念理解也是一个吸收相关学科研究的跨学科概念，但重心是对时间表征基础的探讨，更深入全面考察认知语言学意义上的时间词汇语义特征，因此，在研究方法上，认知语言学的概念化理论和研究法仍然是考察时间词汇语义的基本出发点。尽管如此，时间范畴和概念的抽象性是一个需要不断借助新的理论方法进行持续研究的课题，因此，未来的时间还需要在以下方面进行持续研究或引入新的其他理论方法进行研究。

第一，时间的意象图式研究。由于人类的概念图式来自现实世界的经验，对时间概念表征也是对时间图式的表征，与我们的经验现实密切相关，因此，未来的时间范畴和概念研究可以更多地从经验现实主义和意向图式理论视角进行探讨。

第二，时间的空间识解语言类型学研究。由于空间认知会极大地影响时间概念化，因此，时间的空间识解始终是一个永恒的研究议题。由于语言文化会影响空间的认知表征，因此空间认知和空间表征有语言文化类型差异，由此也影响到时间表征，因此，未来的时间范畴和概念研究可以考虑多种语言文化类型下的时间词汇语义特点并进行比较研究。

第三，时间的历时语言学研究。本研究涉及的时间词汇语义学研究方法主要是共时的，虽然偶尔也涉及古典语料分析，但多数是借助现代语言语料进行研究的，未来的研究可以在认知语言学框架内，结合历时研究方法，对时间的词汇语义进行更加系统的研究。

总之，由于时间在人类认知中的基础性，时间范畴和概念是值得持续探讨的课题。有关时间认知中的地域环境、文化语境、文化传统、心理因素等都值得进一步研究。

参考文献

陈昌来，2003，《现代汉语语义平面问题研究》，学林出版社。

陈幼贞等，2006，《时间隐喻表征研究现状及展望》，《心理科学》第3期。

陈振宇，2007，《时间系统的认知模型与运算》，学林出版社。

陈忠，2009，《汉语时间结构研究》，世界图书出版公司。

程琪龙，2002，《语言认知和隐喻》，《外国语》第1期。

戴维·克里斯特尔，2007，《现代语言学词典》，沈家煊译，商务印书馆。

董为光，2004，《汉语时间顺序的认知基础》，《当代语言学》第2期。

冯文丽、孔秀祥，2001，《语言表达中的时间和空间》，《修辞学习》第4期。

桂诗春，2009，《基于语料库的英语语言学语体分析》，外语教学与研究出版社。

黄希庭等，2003，《时间认知分段综合模型的探讨》，《西南师范大学学报》（人文社会科学版）第2期。

黄希庭等，2005，《时间心理学的新探索》，《心理科学》第6期。

蓝纯，1999，《从认知角度看汉语的空间隐喻》，《外语教学与研究》第4期。

蓝纯，2008，《从认知角度看汉语和英语的空间隐喻》，外语教学与研究出版社。

李伯约，2000，《从时间知觉到时间心理学的研究》，《西南师范大学学报》（人文社会科学版）第6期。

梁茂成，2012，《语料库语言学研究的两种范式：渊源、分歧及前景》，《外语教学与研究》第3期。

刘国辉，2009，《隐喻之于转喻吗？——以映射为视点》，《外国语文》第3期。

刘丽虹、张积家，2009，《时间的空间隐喻对汉语母语者时间认知的影响》，《外语教学与研究》第 4 期。

刘润清，1999，《外语教学中的科研方法》，外语教学与研究出版社。

刘正光，2002，《论转喻与隐喻的连续体关系》，《现代外语》第 1 期。

陆俭明，2009，《隐喻、转喻散议》，《外国语》第 1 期。

马丁·海德格尔，2004，《海德格尔的存在哲学》，孙周兴等译，九州出版社。

马丁·海德格尔，2006，《存在与时间》，陈嘉映、王庆节译，生活·读书·新知三联书店。

马丁·海德格尔，2009，《时间概念史导论》，陈嘉映译，商务印书馆。

毛帅梅，2009，《论转喻的分类》，《外语学刊》第 4 期。

沈家煊，2001，《语言的"主观性"和"主观化"》，《外语教学与研究》第 4 期。

沈家煊，2006，《认知与汉语语法研究》，商务印书馆。

束定芳，1998，《论隐喻的本质及语义特征》，《外国语》第 6 期。

束定芳，2004，《隐喻和换喻的差别与联系》，《外国语》第 3 期。

束定芳，2011，《隐喻与转喻研究》，上海外语教育出版社。

宋其争、黄希庭，2004，《时间认知的理论模型探析》，《西南师范大学学报》（人文社会科学版）第 1 期。

王馥芳、张云秋，2005，《关于时间的形而上学思考——〈时间结构〉略介》，《外语教学与研究》第 6 期。

王军，2011，《隐喻映射问题再思考》，《外国语》第 4 期。

王铭玉，2000，《隐喻和换喻》，《外语与外语教学》第 1 期。

王寅，2005，《事件域认知模型及其解释力》，《现代外语》第 1 期。

魏在江，2007，《概念转喻与语篇衔接——各派分歧、理论背景及实验支持》，《外国语》第 2 期。

魏在江，2010，《概念转喻与语篇连贯——认知与语篇的界面研究》，《外国语文》第 1 期。

文炼，1984，《处所、时间和方位》，上海教育出版社。

文旭，1999，《国外认知语言学研究综观》，《外国语》第 1 期。

文旭，2001，《认知语言学：诠释与思考》，《外国语》第 2 期。

文旭，2002，《认知语言学的研究目标、原则和方法》，《外语教学与研究》第

2 期。

文旭，2007，《语义、认知与识解》，《外语学刊》第 6 期。

文旭，2014，《语言的认知基础》科学出版社。

文旭、叶狂，2006，《转喻的类型及其认知理据》，《解放军外国语学院学报》第 6 期。

肖德生，2009，《胡塞尔对主客观时间关系的确立》，《安徽大学学报》（哲学社会科学版）第 3 期。

肖燕，2003，《第二语言习得中语言思维的作用及外语思维的形成》，《山东外语教学》第 3 期。

肖燕，2012，《空间参照框架的选择与空间描述的主观性》，《外语教学》第 1 期。

肖燕，2014，《时间的空间识解理据》，《外国语文》第 6 期。

肖燕，2015，《时间参照框架与时间表征的主观性》，《外国语文》第 6 期。

肖燕、文旭，2012，《时间概念化的转喻实现方式》，《外国语》第 3 期。

徐盛桓，2008，《转喻与分类逻辑》，《外语教学与研究》第 2 期。

徐盛桓，2009，《转喻语句与真值条件——"转喻与逻辑"研究之三》，《外语教学与研究》第 1 期。

袁莉容等，2010，《现代汉语句子的时间语义范畴研究》，四川大学出版社。

张辉、承华，2002，《试论汉英语法形式的转喻理据与制约》，《外语研究》第 6 期。

张辉、周平，2002，《转喻与语用推理图式》，《外国语》第 4 期。

张建理、丁展平，2003，《时间隐喻在英汉词汇中的对比研究》，《外语与外语教学》第 9 期。

张建理、骆蓉，2007，《汉英空间—时间隐喻的深层对比研究》，《外语学刊》第 2 期。

周榕，2001，《隐喻认知基础的心理现实性》，《外语教学与研究》第 2 期。

周榕，2011，《儿童时间隐喻能力发展趋势初探》，载束定芳《隐喻与转喻研究》，上海外语教育出版社。

周榕、黄希庭，2000，《时间隐喻表征的跨文化研究》，《心理科学》第 2 期。

Alloway, T. P. et al., 2001. "The Roles of Thought and Experience in the Understanding of Spatio-temporal Metaphors". In J. D. Moore and K. Stenning (eds.). *Proceedings of the Twenty-Third Annual Conference of the Cognitive Science Society*. Mahwah · New Jersey · London: Lawrence Erlbaum Associates Publishers.

Alverson, H., 1994. *Semantics and Experience: Universal Metaphors of Time in English, Mandarin, Hindi, and Sesotho*. Baltimore & London: The Johns Hopkins University Press.

Baker, L. R., 2010. "Temporal Reality". In J. K. Kampbell et al. (eds.). *Time and Identity*. Cambridge, MA: The MIT Press.

Barcelona, A., 2000. *Metaphor and Metonymy at the Crossroads*. Berlin · New York: Mouton de Gruyter.

Barcelona, A., 2002. "Clarifying and Applying the Notions of Metaphor and Metonymy within Cognitive Linguistics: An Update". In R. Dirven & R. Pörings (eds.). *Metaphor and Metonymy in Comparison and Contrast*. Berlin · New York: Mouton de Gruyter.

Barcelona, A., 2009. "Motivation of Construction Meaning and Form: The Roles of Metonymy and Inference". In K.-U. Panther, L. L. Thornburg & A. Barcelona (eds.). *Metonymy and Metaphor in Grammar*. Amsterdam / Philadelphia: John Benjamins Publishing Company.

Barcelona, A., 2019. "Metonymy".In Ewa Dąbrowska & Dagmar Divjak (eds.) .*Cognitive Linguistics: Foundations of Language*. Berlin/Boston: Walter de Gruyter GmbH.

Barnden, J. A., 2010. "Metaphor and Metonymy: Making Their Connections More Slippery". *Cognitive Linguistics*, 21 (1).

Bhatia, S. & Walasek, L., 2016. "Event Construal and Temporal Distance in Natural Language". *Cognition*, (152).

Blank, A., 1999. "Co-presence and Succession: A Cognitive Typology of Metonymy". In K.-U. Panther & G. Radden (eds.). *Metonymy in Language and Thought*. Amsterdam & Philadelphia: John Benjamins,1999.

Bogoras, W., 1925. "Ideas of Space and Time in the Conception of Primitive Religion". *American Anthropologist*, 27 (2).

Bolinger, D. & Sears, D. A., 1981. *Aspects of Language*. Harcourt Brace Jovanovich, INC.

Borbely, A. F., 2008. "Metaphor and Psychoanalysis". In R. W. Gibbs (ed.). *The Cambridge Handbook of Metaphor and Thought*. Cambridge University Press.

Boroditsky, L. et al., 2011. "Do English and Mandarin Speakers Think About Time Differently?" .*Cognition*, 118 (1).

Boroditsky, L., & Ramscar, M., 2002. "The Roles of Body and Mind in Abstract Thought". *Psychological Science*, 13 (2).

Boroditsky, L., 2000. "Metaphoric Structuring: Understanding Time through Spatial Metaphors". *Cognition*, 75 (1).

Boroditsky, L., 2001. "Does Language Shape Thought? — Mandarin and English Speakers' Conceptions of Time". *Cognitive Psychology*, 43.

Brdar, M. & Brdar–Szabó, R., 2014. "Where Does Metonymy Begin? Some Comments on Janda (2011)". *Cognitive Linguistics*, 25 (2).

Brdar, M., 2009. "Metonymies We Live Without". In K.–U. Panther, L. L. Thornburg & A. Barcelona (eds.). *Metonymy and Metaphor in Grammar*). Amsterdam, Philadelphia: John Benjamins Publishing Company.

Brdar–Szabó, R. & Brdar, M., 2003. "Referential Metonymy Across Languages: What Can Cognitive Linguistics and Contrastive Linguistics Learn from Each Other?" *International Journal of English Studies*, 3 (2).

Bredan, T., 2006. "Grammaticization and Subjectification of the English Adhectives of General Comparison". In A. Athanasiadou et al. *Subjectification: Various Paths to Subjectivity*. Berlin · New York: Mouton de Gruyter.

Bredin, H., 1984. "Metonymy". *Poetics Today*, 5 (1).

Bresnan, J., 1981. "An approach to Universal Grammar and the Mental Representation of Language". *Cognition*, 10.

Bullis, M. A., 2002. *The Subjectivity of Time*. Doctorate Dissertation of Claremont Graduate University, Claremont, California.

Calkins, M. W., 1897. Kant's Conception of the Leibniz Space and Time Doctrine. *The Philosophical Review*, 6 (4) 9.

Campbell, J., 1995. *Past, Space, and Self*. Cambridge, MA: The MIT Press.

Campbell, P., 1997. "Subjectivity, Objectivity and the Insights They Bring". *Nature*, 389.

Casasanto, D & Boroditsky, L., 2008. "Time in the Mind: Using Space to Think about Time. *Cognition*", 106 (2).

Casasanto, D., 2017. "Relationships between Language and Cognition". In Barbara Dancygier (ed.). *The Cambridge Handbook of Cognitive Linguistics*. Cambridge: Cambridge University Press.

Casasanto, D., Fotakopoulou, O. & Boroditsky, L., 2010. "Space and Time in the Child's Mind: Evidence for a Cross–Dimensional Asymmetry", *Cognitive Science*, 34.

Casati, R. & Varzi, A. C., 1999. *Parts and Places*. Cambridge, MA: The MIT Press.

Chen, Jenn–Yeu., 2007. "Do Chinese and English Speakers Think about Time Differently? Failure of Replicating Boroditsky (2001)". *Cognition*, 104 (2).

Clark, E. & Carpenter, K., 1989. "On children's use of 'from', 'by' and 'with' in oblique noun phrases". *Journal of Child Language*, 16.

Clark, H., 1973. Space, Time, Semantics, and the Child. In T. E. Moore (ed.). *Cognitive Development and the Acquisition of Language*. New York: Academic Press.

Coll–Florit, M. & Gennari, S. P., 2011. "Time in Language: Event Duration in Language Comprehension". *Cognitive Psychology*, 62 (1).

Croft, W., & Cruse, D. A. 2004. *Cognitive Linguistics*. Cambridge: Cambridge University Press.

Croft, W., 1993. "The Role of Domains in the Interpretation of Metaphors and Metonymies". *Cognitive Linguistics*, 4 (4).

Croft, W., 1999. "Some Contributions of Typology to Cognitive Linguistics". In T. Janson & G. Redeker (eds.). *Cognitive Linguistics: Foundations, Scope, and Methodology*. Berlin. New York: Mouton de Gruyter.

Croft, W., 2002. "The Role of Domains in the Interpretation of Metaphors and Metonymies". In R. Dirven & R. Pörings (eds.). *Metaphor and Metonymy in Comparison and Contrast*. Berlin · New York: Mouton de Gruyter.

Croft, W., 2006a. "The Role of Domains in the Interpretation of Metaphors and Metonymies". In D. Geeraerts (ed.). *Cognitive Linguistics: Basic Readings*. Berlin · New York: Mouton de Gruyter.

Croft, W., 2006b. "On Explaining Metonymy: Comment on Peirsman and Geeraerts, 'Metonymy As a Prototypical Category'". *Cognitive Linguistics*, 17 (3).

Crystal, D., 1997. *A Dictionary of Linguistics and Phonetics*, London: Blackwell Publiohers.

Dahl, Ø., 1995. "When the Future Comes From Behind: Malagasy and Other Time Concepts and Some Consequences for Communication". *Journal of Intercultural Relations*, 19 (2).

Deignan, A. & Potter, L., 2004. "A Corpus Study of Metaphors and Metonymies in English and Italian". *Journal of Pragmatics*, 36.

Deignan, A., 2005. *Metaphor and Corpus Linguistics*. Amsterdam/ Philadelphia: John Benjamins Publishing Co..

Deignan, A., 2008. "Corpus Linguistics and Metaphor". In R. W. Gibbs (ed.). *The Cambridge Handbook of Metaphor and Thought*. Cambridge University Press.

Dirven, R., 2002. "Introduction". In R. Dirven & R. Pörings (eds.). *Metaphor and Metonymy in Comparison and Contrast*. Berlin · New York: Mouton de Gruyter.

Dirven, R., 2002. "Metonymy and Metaphor: Different Mental Strategies of Conceptualisation". In R. Dirven & R. Pörings (eds.). *Metaphor and Metonymy in Comparison and Contrast*. Berlin · New York: Mouton de Gruyter.

Dolev, Y. 2007. *Time and Realism: Metaphysical and Antimetaphysical Perspectives*. Cambridge, MA: The MIT Press.

Dreyfus, H. L., 1975. "Human Temporality". In J. T. Fraser & N. Lawrence (eds). *The Study of Time II*. Proceedings of the Second Conference of the International Society for the Study of Time, Berlin · Heidelberg · New York: Springer–Verlag,.

Engberg–Pedersen, E., 1999. "Space and Time". In J. Allwood & P. Gärdenfors (eds.).

Cognitive semantics: Meaning and cognition. Amsterdam/ Philadelphia: John Benjamins Publishing Company.

Evans, V., 2005a. *The Structure of Time: Language, Meaning and Temporal Cognition*. Amsterdam, Philadelphia: John Benjamins Publishing Company.

Evans, V., 2005b. "The Meaning of Time: Polysemy, the Lexicon and Conceptual Structure". *Linguistics*, 41 (1) .

Evans, V., 2006. *Cognitive Linguistics: An Introduction*. Edinburgh: Edinburgh University Press.

Evans, V., 2007. "How We Conceptualize Time: Language Meaning and Temporal Cognition". In V. Evans et al. (eds.) . *The Cognitive Linguistics Reader*. London: Equinox Publishing Ltd.

Evans, V., 2013a "Temporal frames of reference". *Cognitive Linguistics*, 24 (3) .

Evans, V., 2013a. *Language and Time: A Cognitive Linguistics Approach*. Cambridge: Cambridge University Press.

Fauconnier, G. & Turner, M. 1998. "Conceptual Integration Networks". *Cognitive Science*, 22 (2) .

Fauconnier, G. & Turner, M., 2002. *The Way We Think: Conceptual Blending and the Mind's Hidden Complexities*. New York: Basic Books, A Member of the Perseus Books Group.

Fauconnier, G. & Turner, M., 2008. "Rethinking Metaphor". In R. W. Gibbs. (ed.) . *The Cambridge Handbook of Metaphor and Thought*. Cambridge: Cambridge University Press.

Fauconnier, G. ,2010. *Mappings in Thought and Language.* 世界图书出版公司 .

Fauconnier, G., 1981. "Pragmatic functions and mental spaces". *Cognition*, 10.

Fillmore, C. J., 1985. "Frames and the semantics of understanding". *Quaderni di semantica*, 6.

Fodor, J. A. & Pylyshyn, Z. W., 1988. "Connetionism and Cognitive Architecture: A Critical Analysis". In S. Pinker & J. Mehler (eds.) . *Connections and Symbols*. Cambridge, MA: The MIT Press.

Fodor, J. A., 1998. *CONCEPTS: Where Cognitive Science Went Wrong*. New York:

Oxford University Press Inc.

Frawley, W., 1992. *Linguistic Semantics*. New Jersey: Lawrence Erlbaum Associates. Inc., Publishers.

Friedman, L. A., 1975. "Space, Time, and Person Reference in American Sign Language". *Language*, 51 (4).

Friedman, W., 1990. *About Time*. Cambridge, MA: The MIT Press.

Fuhrman, O. & Boroditsky, L., 2010. "Cross-cultural Differences in Mental Representations of Time: Evidence from an Implicit Non-Linguistic Task". *Cognitive Science*, 34.

Fuhrman, O. et al., 2011. "How Linguistic and Cultural Forces Shape Conceptions of Time: English and Mandarin Time in 3D". *Cognitive Science*, 35 (7).

Gallese, V. & Lakoff, G., 2005. "The Brain's Concepts: The Role of the Sensory-Motors System in Conceptual Knowledge". *Cognitive Neuropsychology*, 22 (3/4).

Galton, A., 2011. "Time Flies But Space Does Not: Limits to the Spatialisation of Time". *Journal of Pragmatics*, 43 (3) 3.

Geeraerts, D., 2006b. "Introduction: A Rough Guide to Cognitive Linguistics". In D. Geeraerts (ed.). *Cognitive Linguistics: Basic Readings*. Berlin · New York: Mouton de Gruyter.

Geerarts, D., 2002. "The Interaction of Metaphor and Metonymy in Composite Expression". In R. Dirven & R. Pörings (eds.). *Metaphor and Metonymy in Comparison and Contrast*. Berlin · New York: Mouton de Gruyter.

Geerarts, D., 2006a. *Words and Other Wonders*. Berlin · New York: Mouton de Gruyter.

Gentner, D. et al., 2002. "As Time Goes by: Evidence for Two Systems in Processing Space→Time Metaphors". *Language and Cognitive Processes,* 17 (5).

Gentner, D., 2001. "Spatial Metaphor in Temporal Reasoning". In M. Gattis (ed.). *Spatial Schemas and Abstract Thought*, Cambridge, MA: The MIT Press.

Gibbs, R. &Colston, H. L., 1995. "The Cognitive Psychological Reality of Image-schemas and Their Transformations". *Cognitive Linguistics*, 6.

Gibbs, R. W. & Matlock, T., 2008. "Metaphor, Imagination, and Simulation:

Psycholinguistic Evidence". In R. W. Gibbs (ed.). *The Cambridge Handbook of Metaphor and Thought*, Cambridge: Cambridge University Press.

Gibbs, R. W., 1994. *The Poetics of Mind: Figurative Thought, Language and Understanding*. Cambridge: Cambridge University Press.

Gibbs, R. W., 1996. "Why Many Concepts Are Metaphorical". *Cognition*, 61.

Gibbs, R. W., 1999. "Speaking and Thinking with Metonymy". In K.–U. Panther & G. Radden (eds.). *Metonymy in Language and Thought*. Amsterdam: John Benjamins.

Gibbs, R. W., 2005. "The Psychological Status of Image Schemas". In B. Hampe (In cooperation with J. E. Grady. (eds), *From Perception to Meaning Image Schemas in Cognitive Linguistics*. Berlin/New York: Mouton de Gruyter.

Gibbs, R. W., 2008. "Metaphor and Thought: The State of the Art". In R. W. Gibbs. (ed.). *The Cambridge Handbook of Metaphor and Thought*. Cambridge: Cambridge University Press.

Gibson, J. J., 1975. "Events are Perceivable But Time is Not". In J. T. Fraser & N. Lawrence (eds.). *The Study of Time II*. Proceedings of the Second Conference of the International Society for the Study of Time. Berlin Heidelberg New York: Springer–Verlag.

Gildea, P. & Glucksberg, S., 1983. "Understanding Metaphor: The Role of Context". *Journal of Verbal Learning and Verbal Behavior*, 22.

Gissberg, K. S., 2012. *Temporal Subjectivities—Time and Difference in Hegel's Thought*. Tennessee: Doctorate Dissertation of the University of Memphis.

Glucksberg, S. & McGlone, M. S., 1999. "When Love is not a Journey: What Metaphors Mean". *Journal of Pragmatics,* 31.

Glucksberg, S., 2008. "How Metaphors Create Categories – Quickly". In Gibbs, R. W. (ed.). *The Cambridge Handbook of Metaphor and Thought*. Cambridge: Cambridge University Press.

Goatly, A., 1997. *The Language of Metaphors*. London: Routledge.

Goossens, L., 1990. "Metaphtonymy: the Interaction of Metaphor and Metonymy in Expressions of Linguistic Action". *Cognitive Linguistics*, 1 (3).

Goossens, L., 2002. "Metaphtonymy: the Interaction of Metaphor and Metonymy in Expressions of Linguistic Action". In R. Dirven & R. Pörings (eds.) . *Metaphor and Metonymy in Comparison and Contrast*. Berlin · New York: Mouton de Gruyter.

Grady, J. E., 2005a. "Primary Metaphors as Inputs to Conceptual Integration". *Journal of Pragmatics*, 37.

Grady, J. E., 2005b. "Image Schemas and Perception: Refining a Definition", In B. Hampe (In cooperation with J. E. Grady) (eds), *From Perception to Meaning: Image Schemas in Cognitive Linguistics,* Berlin/New York: Mouton de Gruyter.

Grady, J. E., 2007. "Metaphor". In D. Geeraerts & H. Cuyckens (eds.) . *The Oxford handbook of cognitive linguistics*. Oxford: Oxford University Press.

Graf, E., 2011. "Adolescents' Use of Spatial TIME Metaphors: A Matter of Cognition or Sociocommunicative Practice?". *Journal of Pragmatics*, 43 (3) .

Gries, S. & Stefanowitsch, A., 2006. *Corpora in Cognitive Linguistics*. Berlin · New York: Mouton de Gruyter.

Hacker, P. M. S., 1982. "Events and Objects in Space and Time". *Mind*, 91 (361) .

Halliday, M., 1994. *An Introduction to Functional Grammar*. London: Edward Arnold.

Harvey, D., 1990. "Between Space and Time: Reflections on the Geographical Imagination". *Annals of the Association of American Geographers*, 80 (3) .

Hawkes, T., 1972. *Metaphor*. London & New York: Methuen & Co. Ltd.

Huumo, T., 1999. "Space as Time: Temporalization and Other Special Functions of Locational-setting Adverbials". *Linguistics*, 37 (3) .

Jackendoff, R. & Aaron, D., 1991. Review of "More than cool reason: A field guide to poetic metaphor". *Language*, 67 (2) .

Jackendoff, R., 1983. *Semantics and Cognition*. Cambridge, MA: The MIT Press.

Jackendoff, R., 1989."What Is a Concept, That a Person May Grasp It?"*Mind and Language, 4*.

Jackendoff, R., 1991. "Parts and Boundaries". *Cognition*, 1991, 41.

Jackendoff, R., 2002. *Language, Logic, and Concepts*. Cambridge, MA: The MIT

Press.

Jackendoff, R., 2004. "What is a Concept, That a Person May Grasp it?". In S. Davis & B. S. Gilion (eds.) . *Semantics: A Reader*. Oxford: Oxford University Press.

Janda, L. A., 2011. "Metonymy in Word–formation". *Cognitive Linguistics*, 22 (2) .

Janda, L. A., 2014. "Metonymy and Word–formation Revisited". *Cognitive Linguistics*, 25 (2) .

Jaszczolt, K. M., 2009. *Representing Time: An Essay on Temporality as Modality*. Oxford: Oxford University Press.

Johnson, M. & Lakoff, G., 2002. "Why cognitive linguistics requires embodied realism". *Cognitive Linguistics*, 13 (3) .

Johnson, M. & Rohrer, T., 2007. "We are live creatures: Embodiment, American Pragmatism and the cognitive organism", In T. Ziemke, J. Zlatev& R. M. Frank (eds.), *Body, Language and Mind, Volume 1: Embodiment*, Berlin · New York: Mouton de Gruyter.

Johnson, M., 1987. *The Body in the Mind: The Bodily Basis of Meaning, Imagination, and Reason*. Chicago and London: The University of Chicago Press.

Johnson, M., 2005. "The Philosophical Significance of Image Schemas". In B. Hampe (In cooperation with J. E. Grady) (eds) . *From Perception to Meaning Image Schemas in Cognitive Linguistics*. Berlin/New York: Mouton de Gruyter.

Johnson, M., 2008. "Philosophy's Debt to Metaphor. In R. W. Gibbs". *The Cambridge Handbook of Metaphor and Thought*. Cambridge: Cambridge University Press.

Keil, F. C., 1992. *Concepts, Kinds, and Cognitive Development* . Cambridge, MA: The MIT Press.

Keshavmurti, S., 1991. *Space and Time*. New Delhi: Sterling Publishers.

Kit–Fong Au, T., 1983. "The Sapir–Wharf hypothesis revisited". *Cognition*, 15.

Klein, W., 1994. *Time in Language*. London & New York: Routledge.

Klein, W., 2009. "Concept of Time". In W. Klein & P. Li (eds.) . *The Expression of Time*. Berlin · New York: Mouton de Gruyter.

Klein, W., 2010. "On Times and Arguments". *Linguistics*, 48 (6) .

Knobe, J. et al., 2013. "Dual character Concepts And the Normative Dimension of

Conceptual Representation". *Cognition*, 127 (2).

Koch, P., 1999. "On the Cognitive Bases of Metonymy and Certain Types of Word Formation". In K.–U. Panther & G. Radden (eds.). *Metonymy in language and thought*. Amsterdam: John Benjamins.

Kövecses, Z. & Radden, G., 1998. "Metonymy: Developing a Cognitive Linguistic View". *Cognitive Linguistics*, 9 (7).

Kövecses, Z., 2005. "A Broad View of Cognitive Linguistics". *Acta Linguistica Hungarica*, 52 (2–3).

Kövecses, Z., 2008. "Metaphor and Emotion". In R. W. Gibbs (ed.). *The Cambridge Handbook of Metaphor and Thought*. Cambridge: Cambridge University Press.

Kövecses, Z., 2010. "A New Look at Metaphorical Creativity in Cognitive Linguistics". *Cognitive Linguistics*, 21 (4).

Kövecses, Z., 2015. *Where Metaphors Come From: Reconsidering Context in Metaphor*. Oxford / New York: Oxford University Press.

Kranjec, A. & McDonough, L., 2011. "The Implicit and Explicit Embodiment of Time." *Journal of Pragmatics*, 43 (3).

Lakoff, G. & Johnson, M., 1980a. *Metaphors We Live By*. Chicago: The University of Chicago Press.

Lakoff, G. & Johnson, M., 1999. *Philosophy in the Flesh*: *The Embodied Mind And Its Challenge To Western Thought*. New York: Basic Books, A Member of the Perseus Books Group.

Lakoff, G. & M. Johnson., 1980b. "The Metaphorical Structure of the Human Conceptual System". *Cognitive Science*, 4 (2).

Lakoff, G., & Turner, M. 1989. *More than cool reason: A field guide to poetic metaphor*. Chicago: University of Chicago Press.

Lakoff, G., 1987. *Women, Fire, and Dangerous Things: What Categories Reveal about the Mind*. Chicago: The University of Chicago Press.

Lakoff, G., 1989. "Some Empirical Results about the Nature of Concepts". *Mind & Language,* 4 (3).

Lakoff, G., 1990. "The Invariance Hypothesis: Is Abstract Reason Based on Image–

Schemas?". *Cognitive Linguistics*, 1 (1).

Lakoff, G., 1993. "The Contemporary Theory of Metaphor". In A. Ortony (ed.). *Metaphor and Thought. 2nd edition.* Cambridge: Cambridge University Press.

Lakoff, G., 1999. "Cognitive Models and Prototype Theory". In E. Margolis & S. Laurence. (eds.). *Concepts.* Cambridge, MA: The MIT Press.

Lakoff, G., 2002. *Moral Politics: How Liberals and Conservatives Think.* Chicago: The University of Chicago Press.

Lakoff, G., 2004. *Don't Think of an Elephant.* Vermont: Chelsea Green Publishing.

Lakoff, G., 2005. "A Cognitive Scientist Looks at Daubert". *American Journal of Public Health*, 95 (S1).

Lakoff, G., 2006. "The Contemporary Theory of Metaphor". In D. Geeraerts (ed.). *Cognitive linguistics: basic readings.* Berlin·New York: Mouton de Gruyter.

Lakoff, G., 2008. *The Political Mind.* New York: Viking Penguin.

Lambrechts, A. et al., 2011. Subjectivity of Time Perception. Frontiers in Integrative Neuroscience.

Langacker, R. W., 2004b. Metonymy in Grammar.《外国语》, 154 (6).

Langacker, R. W., 1993. "Reference-point Constructions". *Cognitive Linguistics*, 4 (1).

Langacker, R. W., 1995. "Raising and Transparency". *Language*, 71 (1).

Langacker, R. W., 1997. "The Contextual Basis of Cognitive Semantics". In J. Nyts & E. Pederson (eds.). *Language and Conceptualization.* Cambridge: Cambridge University Press.

Langacker, R. W., 2001. "English Present Tense". *The English Linguistics*, 5 (2).

Langacker, R. W., 2004a. *Foundations of Cognitive Grammar. Vol. I: Theoretical Prerequisites.* 北京大学出版社.

Langacker, R. W., 2006. "Subjectification, grammaticization, and conceptual archetypes". In A. Athanasiadou et al. (eds.). *Subjectification: Various Paths to Subjectivity.* Berlin·New York: Mouton de Gruyter.

Langacker, R. W., 2009. "Metonymic Grammar". In K.–U. Panther, L. L. Thornburg & A. Barcelona (eds.). *Metonymy and Metaphor in Grammar.* Amsterdam, Philadelphia: John Benjamins Publishing Company.

Langacker, R. W., 1990. *Concept, Image, and Symbol: The Cognitive Basis of Grammar*. Berlin/ New York: Mouton de Gruyter.

Laurance, S. & Margolis, E., 1999. "Concepts and Cognitive Science". In E. Margolis & S. Laurence (eds.) . *Concepts*. Cambridge, MA: The MIT Press.

Leduc et al., 2000. "Spatiotemporal Wavelets: A Group–Theoretic Construction for Motion Estimation and Tracking". *SIAM Journal on Applied Mathematics*, 61 (2).

Lehmann, W. P., 1974. "Subjectivity". *Language*, 50 (4) .

Levinson, S. C. & Wilkins, D. P., 2006. *Grammars of Space: Explorations in Cognitive Diversity*. Cambridge: Cambridge University Press.

Levinson, S. C. 1996. "Frames of Reference and Molyneux's Question: Crosslinguistic Evidence". In P. Bloom et al. (eds.). *Language and Space.* Cambridge, MA: The MIT Press.

Levinson, S. C. et al..2002. "Returning the Tables: Language Affects Spatial Reasoning". *Cognition*, 2.

Levinson, S. C., 2008. "Frames of Reference and Molyneux's Question: Crosslinguistic Evidence". In P. Bloom et al. (eds.) . *Language and Space.* Cambridge, MA: The MIT Press.

Levinson, S. C., 2008. *Space in Language and Cognition: Exlplorations in Cognitive Diversity*. 世界图书出版公司 .

Littlemore, J., 2015. *Metonymy: Hidden Shortcuts in Language, Thought and Communication*. Cambridge: Cambridge University Press.

Lyons, J., 1995. *Linguistic Semantics: An Introduction*. Cambridge: Cambridge University Press.

Majid, A. 2002."Frames of Reference and Language Concept".*Trends in Cognitive Sciences*, 12.

Mandler, J. M., 1992. "How to Build a Baby: II. Conceptual Primitives". *Psychological review,* 99 (4) .

Mandler, J. M., 2005. "How to Build a Baby: III. Image Schemas and the Transition to Verbal Thought", In B. Hampe (In cooperation with J. E. Grady) (eds). *From Perception to Meaning: Image Schemas in Cognitive Linguistics*. Berlin/New

York: Mouton de Gruyter.

Mandler, J. M., 2012. "On the Spatial Foundations of the Conceptual System and Its Enrichment". *Cognitive Science*, 36.

Margolis, E., 1999. "How to Acquire Concepts". In E. Margolis & S. Laurence. (eds.). *Concepts*. Cambridge, MA: The MIT Press.

Markman, E., 1991. *Categorization and Naming in Children*. Cambridge, MA: The MIT Press.

Matlock, T., Ramscar, M. & Boroditsky, L., 2005. "On the Experiential Link Between Spatial and Temporal Language". *Cognitive Science*, 29 (4) .

Mayo, B., 1961. "Objects, Events and Complementarity". *Mind*, 70.

McGlone, M. S. & Harding, J. L., 1998. "Back (or forward?) to the Future: The Role of Perspective in Temporal Language Comprehension". *Journal of Experimental Psychology: Learning, Memory, and Cognition*, 24.

McTaggart, J. E., 1908. "The Unreality of Time". *Mind*, 17 (4) .

Mey, J., 2001. *Pragmatics: An Introduction*. 外语教学与研究出版社 .

Michon, J. A., 1975. "Time Experience and Memory Processes". In J. T. Fraser & N. Lawrence (eds) . *The Study of Time II. Proceedings of the Second Conference of the International Society for the Study of Time*. Berlin Heidelberg · New York: Springer– Verlag.

Mihatsch, W., 2009. "Nouns Are Things: Evidence for a Grammatical Metaphor?". In K.–U. Panther, L. L. Thornburg & A. Barcelona (eds.) . *Metonymy and Metaphor in Grammar*. Amsterdam, Philadelphia: John Benjamins Publishing Company.

Millikan, R. G., 1999. "A Common Structure for Concepts of Individuals, Stuffs and Real Kinds: More Mama, More Milk, and More Mouse". In E. Margolis & S. Laurence. (eds.) . *Concepts*. Cambridge, MA: The MIT Press.

Moore, K. E., 1999. "Ego–perspective and Field–based Frames of Reference: Temporal Meanings of FRONT in Japanese, Wolof, and Aymara". *Journal of Pragmatics,* 43 (3) .

Moore, K. E., 2006. "Space–to–Time Mappings and Temporal Concepts". *Cognitive Linguistics*, 17 (2) .

Moore, Kevin E. 2011. "Ego-perspective and Field-based Frames of Reference: Temporal Meaningsof FRONT in Japanese, Wolof, and Aymara". *Journal of Pragmatics*, 43: 759–776.

Mundle, W. K., 1967. "The Space–Time World". *Mind*, New Series, 76: 302.

Murphey, G. L. & Medin, D. L., 1999. "The Role of Theories in Conceptual Coherence". In E. Margolis & S. Laurence. (eds.) . *Concepts*. Cambridge, MA: The MIT Press.

Navon, D., 1978. "On a Conceptual Hierarchy of Time, Space, and Other Dimensions". *Cognition*, 6.

Nunberg, G., 1979. "The Non–uniqueness of Semantic Solutions: Polysemy". *Linguistics and Philosophy*, 2 (3) .

Núñez, R. E. & E. Sweetser., 2006. "With the Future Behind Them: Convergent Evidence From Aymara Language and Gesture in the Crosslinguistic Comparison of Spatial Construals of Time". *Cognitive Science*, 30.

Núñez, R. E., Cooperrider, K. Doan, D. & Wassmann, J., 2012. "Contouers of Time: Topgraphic Construals of Past, Present and Future in the Yupno Valley of Pupwa New Guinea". *Cognitive Psychology,* 124.

Osherson, D. N. & Smith, E. E., 1981. "On the Adequacy of Prototype Theory As a Theory of Concepts". *Cognition*, 9.

Palmer, G. B., Rader, R. S. & Clarito, A. D., 2009. "The Metonymic Basis of a 'Semantic Partial': Tagalog Lexical Constructions with ka–". In K.–U. Panther, L. L. Thornburg & A. Barcelona (eds.) . *Metonymy and Metaphor in Grammar*. Amsterdam, Philadelphia: John Benjamins Publishing Company.

Pankhurst, A., 1994. "Interpreting Metonymy". *Edinburgh Working Paper in Applied Linguistics*, 5.

Panther, K.–U. & Thornburg, L. L., 2007. "Metonymy". In D. Geeraerts & H. Cuyckens (eds.) . *The Oxford Handbook of Cognitive Linguistics*. Oxford: Oxford University Press.

Panther, K.–U. & Thornburg, L. L., 2009. "Introduction: On figuration in Grammar". In K.–U. Panther, L. L. Thornburg & A. Barcelona (eds.) . *Metonymy and Metaphor in*

Grammar. Amsterdam, Philadelphia: John Benjamins Publishing Company.

Panther, K-U.& Radden, G. 1999. "Introduction".In K.-U. Panther & G. Radden. (eds.). *Metonymy in Language and Thought*. Amsterdam, Philadelphia: John Benjamins Publishing Company.

Panther, K–U., 2006. "Metonymy As a Usage Event". In G. Kristiansen, et al. (eds.). *Cognitive Linguistics: Current Applications and Future Perspectives*. Berlin · New York: Mouton de Gruyter.

Papafragou, A., 1995. "Metonymy and Relevance". *UCL Working Papers in Linguistics*, 7.

Papafragou, A., 1996. "On Metonymy". *Lingua*, 99 (4) .

Papafragou, A., 1998. "Experience and Concept Attainment: Some Critical Remarks", *UCL Working Papers in Linguistics,* 10,.

Peacocke, C., 1995. *A Study of Concepts*. Cambridge, MA: The MIT Press.

Peacocke, C., 2009. "Objectivity". *Mind*, 118 (471) .

Peirsman, Y. & Geeraerts, D., 2006. "Metonymy As a Prototypical Category". *Cognitive Linguistics*, 17 (3) .

Perlovsky, L., 2009. "Language and Cognition". *Neural Networks*, 22.

Piaget, J., 1969. *The Child's Conception of Time*. New York: Ballantine Books.

Pinker, S, & Prince, A., 2002. "The Nature of Human Concepts: Evidence from an Unusual Source". In R. Jackendoff et al. (eds.) . *Language, Logic, and Concepts*) . Cambridge, MA: The MIT Press.

Poidevin, R. Le., 2009. "Review: Time and Realism: Metaphysical and Antimetaphysical Perspectives". *Mind*, 118 (472) .

Radden, G. & Dirven, R., 2007. *Cognitive English Grammar*. Amsterdam, Philadelphia: John Benjamins Publishing Company.

Radden, G. & Kövecses, Z., 1999. "Towards a Theory of Metonymy". In K.–U. Panther & G. Radden (eds.) . *Metonymy in Language and Thought*. Amsterdam & Philadelphia: Benjamins.

Radden, G. & Kövecses, Z., 2007. "Towards a Theory of Metonymy". In V. Evans et al. (eds.) . *The Cognitive Linguistics Reader*. London: Equinox Publishing Ltd..

Radden, G., 2002. "How Metonymic Are Metaphors?". In R. Dirven & R. Pörings (eds.). *Metaphor and Metonymy in Comparison and Contrast*. Berlin・New York: Mouton de Gruyter.

Radden, G., 2004. "The metaphor TIME AS SPACE across Languages". In N. Baumarten et al. (eds.) . *Interkulturelle Kommunikation, Spracherwerb und Sprachvermittlung – das Leben mit mehreren Sprachen: Festschriftfür Juliane House zum 60. Geburtstag*. Bochum: AKS–Verlag.

Radden, G., 2009. "Generic Reference in English: A Metonymic and Conceptual Blending Analysis". In K.–U. Panther & G. Radden (eds.) . *Metonymy in Language and Thought*. Amsterdam & Philadelphia: Benjamins.

Radden, G., 2011. "Spatial Time in the West and the East". In M. Brdar et al. (eds.) . *Space and Time in Language*. Frankfurt, et al.: Peter Lang.

Ramscar, M. et al., 2009. "Time, Motion, and Meaning: The Experiential Basis of Abstract Thought". In K. S. Mix. et al. (eds.) . *The Spatial Foundations of Language and Cognition*. Oxford: Oxford University Press.

Ray, C., 1991. *Time, space, and philosophy*. London and New York: Routledge.

Reiser, O. L., 1934. "Time, Space and Gestalt". *Philosophy of Science*, 1 (2) .

Rey, G., 1983. "Concepts and Stereotypes". *Cognition*, 15.

Riemer, N.. 2002. "When Is a Metonymy No Longer a Metonymy?". In R. Dirven & R. Pörings (eds.) . *Metaphor and Metonymy in Comparison and Contrast*. Berlin・New York: Mouton de Gruyter.

Rohrer, T., 2005. "Image Schemata in the Brain". In B. Hampe (In cooperation with J. E. Grady) (eds.). *From Perception to Meaning: Image Schemas in Cognitive Linguistics*. Berlin/New York: Mouton de Gruyter.

Rosch, E. & Mervis, C. B., 1975. "Family Resemblances: Studies in the Internal Structure of Categories". *Cognitive Psychology*, 7.

Rosch, E., 1975. "Cognitive Representation and Semantic Categories". *Journal of experimental psychology*, 204.

Rosch, E., 1999. "Principles of Categorization". In E. Margolis & S. Laurence. (eds.) . *Concepts*. Cambridge, MA: The MIT Press.

Rundle, B., 2010. *Time, Space, and Metaphysics*. Oxford: Oxford Scholarship Online.

Sadler, J. D., 1980. "Metaphor and Metonymy". *The Classical Journal*, 76 (2).

Schwieter, J. & Sunderman, G., 2009. "Concept Selection and Developmental Effects in Bilingual Speech Production". *Language Learning*, 59 (4).

Sebald, G., 2012. "Rereadings Husserl on Time and Subjectivity". *Hum Stud*, 35.

Sider, T., 2006. "Quantifiers and Temporal Ontology". *Mind*, 115 (457).

Sinha, C. & Jensen de LoÂpez, K., 2000. "Language, Culture and the Embodiment of Spatial Cognition", *Cognitive Linguistics*, 2 (1).

Slater, M. H., 2010". Introduction: Framing the Problem of Time & Identity". In J. K. Kampbell et al. (eds.). *Time and Identity*. Cambridge, MA: The MIT Press.

Smart, J. J. C., 1949. "The River of Time". *Mind*, 58.

Smith, C. S. & Erbaugh, M. S., 2005. "Temporal Interpretation in Mandarin Chinese". *Linguistics*, 43 (4).

Smith, C. S., 1975. Review of T. Moore (ed.), "Cognitive development and the acquisition of language". *Journal of Child Language*, 2 (2).

Smith, E. & Medin, D., 1999. "The Exemplar View". In E. Margolis & S. Laurence. (eds.). *Concepts*. Cambridge, MA: The MIT Press.

Srinivasan, M. & Carey, S., 2010. "The long and the short of it: On the Nature and Origin of Functional Overlap between Representations of Space and Time". *Cognition*, 116.

Sternberg, M., 1981. "Ordering the Unordered: Time, Space, and Descriptive Coherence". *Yale French Studies*, 61 (Towards a Theory of Description).

Stocker, K., 2012. "The Time Machine in Our Mind". *Cognitive Science*.

Svanlund, J., 2007. "Metaphor and Convention". *Cognitive Linguistics*, 18 (1).

Sweetser, E., 1990. *From Etymology to Pragmatics*. Cambridge: Cambridge University Press.

Talmy, L., 2000a. *Towards a Cognitive Semantics, Volume I*. Cambridge, MA: The MIT Press.

Talmy, L., 2000b. *Towards a Cognitive Semantics, Volume II: Typology and Process in Concept Structuring*. Cambridge, MA: The MIT Press.

Taylor, J. R., 2001. *Linguistic Categorization: Prototypes in Linguistic Theory*. 外语教学与研究出版社.

Taylor, J. R., 2002. "Category Extension by Metonymy & Metaphor". In R. Dirven & R. Pörings (eds.). *Metaphor and Metonymy in Comparison and Contrast*. Berlin · New York: Mouton de Gruyter.

Tenbrink, T., 2007. *Space, Time, and the Use of Language*. Berlin · New York: Mouton de Gruyter.

Tenbrink, T., 2011. "Reference Frames of Space and Time in Language". *Journal of Pragmatics*, 43 (3).

Teuscher, U. et al., 2008. "Congruity Effects in Time and Space: Behavioral and ERP Measures". *Cognitive Science*, 32 (3).

Thibault, P. J., 2004. *Brain, Mind, and the Signifying Body: An Ecosocial Semiotic Theory*. London · New York: Continuum.

Torralboa, A. et al., 2006. "Flexible Conceptual Projection of Time Onto Spatial Frames of Reference". *Cognitive Science*, 30 (4).

Trafiry, D. et al. 2000. *Collins English Dictionary & Thesaurus*. Glasgow: Harper Collins Publishers.

Traugott, E. C., 1989. "On the Rise of Epistemic Meanings in English: An Example of Subjectification in Semantic Change". *Language*, 65 (1).

Traugott, E., 1975. "Spatial Expressions of Tense and Temporal Sequencing: A Contribution to the Study of Semantic Fields". *Semiotica,* 15 (3).

Tulving, E., 2002. "Episodic Memory: From Mind to Brain". *Annu. Rev. Psychol*, 53.

Tversky, B., Kugelmass, S. & Winter, A., 1991. "Cross–cultural and Developmental Trends in Graphic Productions". *Cognitive Psychology*, 23.

Ungerer, F. & Schmid, H. J., 2008. *An Introduction to Cognitive Linguistics* (第二版). 北京: 外语教学与研究出版社.

Vartiainen, T., 2013. "Subjectivity, Indefiniteness and Semantic Change". *English Language and Linguistics*, 17 (1).

Viard, A. et al., 2011. "Mental Time Travel into the Past and the Future in Healthy Aged Adults: An FMRI Study". *Brain and Cognition*.

Vukanović, M. B. & Grmuša, L. G., 2009. *Space and Time in Language and Literature*. Cambridge: Cambridge Scholars Publishing.

Whitt, R. J., 2011. "(Inter) Subjectivity and Evidential Perception Verbs in English and German". *Journal of Pragmatics*, (43).

Whorf, B. L. & Carroll, J. B., 1964. *Language, Thought and Reality*. Cambridge, MA: The MIT Press.

Wolff, P. & Gentner, D., 2011. "Structure–Mapping in Metaphor Comprehension". *Cognitive Science*, 35 (8).

Yu, N., 1998. *The Contemporary Theory of Metaphor: A Perspective from Chinese*. Amsterdam: Benjamins.

Yu, N., 2008. "Metaphor from Body and Culture". In R. W. Gibbs (eds.). *The Cambridge Handbook of Metaphor and Thought*. Cambridge University Press.

Zima, P. & Tax, V., 1998. *Language and Location in Space and Time*. München: Lincom Europa.